本研究系教育部人文社会科学研究青年基金（09YJC751010）资助项目，谨此致谢。

回望汪曾祺

王干 主编

人间送小温
——汪曾祺年谱

徐强 著

广陵书社

图书在版编目（ＣＩＰ）数据

人间送小温：汪曾祺年谱 / 徐强著. -- 扬州：广
陵书社，2016.7
（回望汪曾祺 / 王干主编）
ISBN 978-7-5554-0583-2

Ⅰ．①人… Ⅱ．①徐… Ⅲ．①汪曾祺（1920-1997）
—年谱 Ⅳ．①K825.6

中国版本图书馆CIP数据核字(2016)第144079号

书　　名	人间送小温——汪曾祺年谱	
著　　者	徐　强	
责任编辑	刘　栋　顾寅森	
出版发行	广陵书社	
	扬州市维扬路 349 号	邮编　225009
	http://www.yzglpub.com　　E-mail:yzglss@163.com	
印　　刷	三河市华东印刷有限公司	
开　　本	650 毫米 ×940 毫米 1/16	
印　　张	29	
字　　数	387 千字	
版　　次	2016 年 7 月第 1 版第 1 次印刷	
标准书号	ISBN 978-7-5554-0583-2	
定　　价	78.00 元	

前　言

　　"我们一直呼唤大师，也一直感叹大师的缺席。但有时候我们常常容易忽略大师的存在，尤其是大师在我们身边的时候，我们会选择性地失明。有一个作家去世十八年了，他的名字反复被读者提起，他的作品被反复重版，年年在重版，甚至比他在世的时候，出版的量还要大。我们突然意识到一个大师就在我们身边，而我们却冷淡了他，雪藏了他。他就是汪曾祺。"这是著名评论家王干先生在《被遮蔽的大师——论汪曾祺的价值》里对汪曾祺的评价。

　　"回望汪曾祺"这套丛书，就是回应王干先生并向汪曾祺致敬的一套关于汪曾祺著作和评价的文丛。先期出版五种：《夜读汪曾祺》《人间送小温——汪曾祺年谱》《汪曾祺诗词选评》《汪曾祺论沈从文》《我们的汪曾祺》。

　　《夜读汪曾祺》是著名评论家王干先生三十多年来研究汪曾祺文章的汇编，从多种角度解读汪曾祺为文为人和对中国当代文学的贡献，并由此认为"汪曾祺可以当之无愧被称为20世纪中国的文学大师，他的'大'在于融汇古今、贯通中西，将现代性和民族性成功融为一体，将中国的文人精神与民间的文化传统有机地结合，成为典型的中国叙事、中国腔调。他的价值是中国文学和文化的瑰宝，随着人们对他认识的深入，其价值越来越弥足珍贵，其光泽将会被时间磨洗得越发明亮迷人。"《人间送小温——汪曾祺年谱》是徐强先生花费多年心血研究整理的国内首部完整的汪氏年谱，具有极高的文献价值。《汪曾祺诗词选评》是金实秋先生对汪曾祺的诗词楹联的点评，有的诗词楹联还是第一次正式出版。《汪曾祺论沈从文》是刘涛先生对汪曾祺怀念老师沈从文的十余篇文章的解读。《我们的汪曾祺》由苏北先生选编，是国内文化名人、作家、评论家、读者怀念和评价汪曾祺的文章的一次集中展示。

　　我们回望汪曾祺，是因为汪曾祺的文学作品越来越受到读者的推崇和喜爱，并无可争议地成为当代文学大师。也正如王干先生所说："当中国文学回归理性，民族文化的自信重新确立的时候，汪曾祺开始释放出迷人而灼热的光芒来。"

广陵书社编辑部

追寻汪曾祺的足迹
——序徐强《人间送小温——汪曾祺年谱》

◎王　干

汪先生去世的时候，我从南京赶到北京八宝山向遗体作别。汪先生静躺在鲜花丛中，放的不是常见的哀乐，而是《天鹅之死》。我那天有点失去控制，哭成泪人似的。后来我看录像，有些奇怪自己为什么刹那间悲痛从内心涌出不能自已呢。后来想想，我们这些人都有些依恋、依赖老爷子。他是一代人的教父。他走了，自然会如丧考妣。

鲁迅曾经是一代人的教父，这在书上、文学史上和报纸上经常会得到确认。而汪曾祺作为新一代人的教父，很少有人提及，也很少有人去这么想。我在《被遮蔽的大师——汪曾祺的价值》一文中曾经写过："翻开当代的文学史，他的地位有些尴尬，在潮流之外，在专章论述之外，常常处于'还有'之列。'还有'在文学史的编写范畴中，常常属于可有可无之列，属于边缘，属于后缀性质，总之，这样一个大师被遮蔽了。"但是，随着时间的推延，随着文学本身大浪淘沙的洗礼，汪曾祺的价值在显现，尤其作为文学教父的身份在慢慢地凸显。

文学教父的价值不在于政治地位，不是因为占据了某个重要岗位就一定能够发挥精神领袖的作用。文学教父也不是博导之类的学术位置，并不是收了多少学生或者带了多少徒弟，而是对年轻作家的精神熏陶和滋润。鲁迅当过大学老师，后来成为自由撰稿人，鲁迅在大学里无疑影响了很多的青年学生，另一方面柔石、萧红、萧军等并不是在鲁迅任教的学校读书，他们反而比那些在大学接受过鲁迅教诲的学生，更具鲁迅的文学精神。汪曾祺没有当过大学老师，虽然后来也间或收些"学生"，比如1980年全国短篇小说颁奖时，接受赵本夫的跪拜，算是当了师傅，收了弟子。但汪曾祺对青年一代的影响，更多的还是通过他的文字和作品。比如他对阿城《棋王》的评论，影响的不仅仅是阿城这样一代人，对其后的年轻作家影响更为深远。徐强在年谱中提到，1993年在海口、三亚召开的蓝星笔会，在一般的文学史和文学研究中很少提及，而当年汪曾祺和之后驰骋文坛的王朔、刘恒、苏童、格非以及评论家陈晓明、王彬彬等人交往，就是文学史上的一段佳话。因为当初参加会议的全是青年作家和评论家，唯一的老作家就是汪曾祺。作为蓝星笔会策划者之一，我目睹了青年作家们对汪曾祺先生的崇拜敬仰之情，只是我当时并没有意识到，老先生被簇拥和爱戴原是因为青年作家对文学教父的无意识的认同。

铁凝在汪曾祺去世十周年的会上说到汪曾祺对她的影响："汪曾祺先生是当代中国文学界的一位大师，他的文学成就一直受到文学界的高度肯定，他的作品深受广大读者的喜爱。他的学养、人品和文品，更是我们学习的榜样。从上世纪八十年代后期到汪老去世前，我曾有机会多次与汪老交谈，他幽默机智的谈吐，乐观爽朗的人生态度，贯通古今的学养，奖掖后人的热情，时时感染着我，'与君一席话，胜读十年书'，从汪老那里我体验最深。他的音容笑貌，至今可以清晰浮现。今年新春之际，我和几位同事走访在京的一些老作家，那时我常常会想起，要是汪老还在世该多好，我又可以走到他的面前，和他聊天，听他富有感染力的教诲。"另一位女作家王安忆，在《汪老讲故事》一文中说到她和汪曾祺的一段交往，"曾有一次在上海金山开会，汪曾祺注意到我的发言稿中有'聒噪'二字，便问我的'聒'从何得来。我说并没有什么地方，就这样很平常。他让我再想想，我想了想，说：'是从《约翰·克里斯朵夫》里得来。'他便说：'这就对了，《约翰·克里斯朵夫》是谁译的？是傅雷。傅雷是什么人啊？'傅雷是学贯中西的译家，古文的底子非常厚实。汪曾祺是极重用字的，如今这一派天真纯朴，实已经是经历了二次否定的皈依。其间的奥妙，是大有文章可做的。"铁凝、王安忆对汪曾祺的理解，是从一个晚辈的视角看到前辈的精华，同时更多地也是看到了一个小说家的情怀。

徐强先生的《人间送小温——汪曾祺年谱》让我作序。我犹豫再三，不知如何下笔。前面说了那么多，无非是表明徐强的这个年谱有价值。因为现在有很多的当代作家都有年谱，但价值如何呢？不好说。汪曾祺的年谱，价值是多方面的，对中国现当代文学研究也是一件意义深远的事情，因为汪曾祺先生一生跨越了两个文学时代，他的写作发源于1940年代，这是现代文学重新认识发现现代性的时候，而汪曾祺的创作高峰是在进入1980年代后，也是中国当代文学重新回到新文学的起点上。他跨越这样的时代，连接着巴金、老舍、赵树理、曹禺这样一些现代文学大家，同时又是现代作家进入新时期文学创作并成绩卓著第一人。很多现代作家进入到当代之后依然写作，但基本上属于续貂型的，甚至影响颠覆了早期在人们心目中的形象。而汪曾祺在当代几十年的写作，尤其是新时期以来的写作，不仅超过了他自己早年的作品，也超过了同时代人的作品，这种"逆生长"的原因何在？我们在《年谱》里或许能够找到答案。至少《年谱》提到一些鲜为人知的人和事，对于现代文学史也是一个补缺，而对以后的当代中国文学史写作更是一个提醒。

汪曾祺有句名言，"流动的水，是语言最好的形象。"在阅读这本年谱时，我意外地想起汪老这句话。也许我是觉得，年谱又何尝不像语言一样，也是一种流水缓缓逝去的形象呢。一年一年过去，一生就像流水，而时间，是让静水流动起来的落差。作家的平凡肉身，如世间所有生命，根本无法摆脱或缓解时间巨大的推力。好在有文学，文学说到底，不过是一门对抗时间的艺术。好的文学作品总是能抵抗时间的落差，经久传世。这是全体人类的幸运。文学与时间，始终紧密相关。一位作家如何走过他的一生，也定然是后来的读者研究者在阅读与品鉴其作品时，无法忽略的问题。当然，还有空间——空间与时间构成一个人在世间活动的经纬刻度。汪曾祺的一生辗转多地，从南到北，从东到西，历经江阴、昆明、上海、江西、北京、张家口多地。这些迁徙之地，也以各种方式印迹在他的作品里，是我们无法忽略的。而年谱，简单些说，或许是勾画出一种时间、空间的经纬度，这种刻度与作品一起，让作家的形象与研究三维起来、立体起来。

年谱的编撰和研究，是一件非常枯燥也是非常艰难的工作，尤其像汪曾祺这样"不爱惜自己羽毛"的人，从来不记日记，也不留资料，率性自由，不刻意为自己留下什么痕迹。年谱的编撰就是一个近乎"无中生有"的探轶和解疑。徐强的认真和执着，让我钦佩。他经年累月地在报刊的缝隙和史料的边缘处搜索，通过蛛丝马迹找当事人核证、采访汪曾祺的事迹，寻觅汪曾祺渐渐模糊、淹没的足迹，努力还原出一个真实的汪曾祺，居然洋洋经营80万字之多，可赞可叹！我周围的朋友中，有一大帮"汪迷"和"汪粉"，他们对汪曾祺先生的热爱和寻觅，已经让我极为惊讶，而徐强的工作更为笨拙和愚憨，也是这种笨拙和愚憨让他的年谱成为一种历史性的文献。当然，我也隐隐感到徐强在探轶和考寻的过程中，又时常产生某种愉悦和快意——发现的愉悦、解惑的快意。

现在出版的虽是简本，但依然能够清晰地呈现出汪曾祺在人世间弯弯曲曲的足迹。常有人讲，人生最好的事，是这世界上还有人记得你是如何度过一生的。这句"鸡汤体"的话，却也阴差阳错道出身为写作者的一生旨归，不为留名、不为逐利，只是留下一些篇章文字，以及在世人心中留下一些美好回忆。雁渡寒潭，本就不是为在寒潭留影，但却是大雁飞翔的身姿与方向，为人间传递着季节更替的信息。

2015 年 6 月 17 日

凡　例

一、本谱全面、简明地记载汪曾祺的行实、创作、交游。

二、作品撰日清晰或可考的，系于撰日下，同时交待刊出时间。撰日不清楚、不可考的，系于刊出时间下。少数作品的撰作与刊出时间都有意义的，则在撰日与刊出时间下均述及。

三、事迹系日确切的，置于日下；仅知某月某旬的，置于旬下；仅知月份的，置于月下；仅知季节的，置于季下；至于"初春""秋深"等节令标志，据当年历书并结合前后事迹情况酌情归位；仅知年份的，置于当年后。作品系年不清者，统一在书后附录列出。

四、引述作家自己作品中的叙述，用【】随文注出篇名和写作年代；引述他人著述、访谈等材料，以脚注形式交代来源。

五、作家对自己作品的谈论评价，择要系于所评价作品之下。

六、旧体诗，原有标题者，径以标题称之；原无标题者，多据情况拟定标题，并以括注方式给出诗之首句，以便区别、查找。

七、书画作品，凡原作有标题者，皆以书名号称引其标题；无标题者，以题材（如"菊花"）称，不加书名号；有时视情况加引号或括号说明。

　　八、重要交游人物，以脚注加以介绍；一般交游人物，则只随文列出身份、与谱主关系等关键信息。

　　九、在谱主一生中的很多阶段里，个人工作化入集体行动中。例如在《民间文学》编辑时期，编辑部的重要组稿、采访、编刊、集会等活动；1963年后直至"文革"结束前北京京剧团的现代戏、样板戏活动，有一些不提名的报道、不署名的文章，实际都有汪曾祺的工作在内。此种情况，凡有间接证据能证明汪曾祺参加的活动，或虽无间接证据，但活动本身和汪曾祺本人的生活、创作有极为密切关联者，均置于正谱之中。

　　十、谱主年岁，在年谱传统中向来有虚岁、周岁两种算法。本谱采周岁，系与汪曾祺本人习惯算法保持一致，故生年称"0岁"。

目 录
CONTENTS

民国 9 年　1920 年，0 岁

3 月 5 日

正月十五，元宵节，汪曾祺生于江苏高邮。

高邮地处长江以北、淮河下游、江苏中部、里下河西缘。东邻兴化，南连江都、邗江、仪征，西接金湖及安徽天长，北界宝应。京杭大运河傍城而过，西濒中国第六大淡水湖高邮湖。高邮自古以来就是交通枢纽，有"江左名区、广陵首邑""襟带苏皖，控引下河"之谓。地势西南丘陵，东北低洼，主要为水乡平原。除大运河、高邮湖外，县境内还有十多片湖滩遍布，数百条河流交错。

自五六千年前的新石器时代，就有人类在此居住。秦王嬴政时筑高台置邮亭，因名高邮。西汉武帝时始设高邮县。自北宋至清初，历置高邮军、承州、高邮路、高邮府、高邮州，领辖过高邮、兴化、宝应三县，为扬淮间的繁华之地。乾隆时改为散州。民国元年（1912）废州设县。高邮境内居民有汉、回、蒙、满等近十个民族。到汪曾祺出生的 1920 年，境内居民近 12000 户、56 万人。

高邮是帝尧故里，有悠久的人文历史。宋至清代，共有进士 203 人，举人 428 人。历代名人有：北宋词人秦观、文学家孙觉、教育家乔竦，明代右丞相汪广洋、散曲家王磐、一代枭雄吴三桂，清代训诂学家王念孙、王引之父子等。明代洪武八年始建的盂城驿是保存最完好的古代驿站。

汪本姬姓，文王之后。得姓始祖为颖川汪侯。高邮汪曾祺家这一脉，来自徽州歙县，徽州汪氏皆其江南始祖汉龙骧将军汪文和所传。公元 197 年，汪文和因避战乱，渡江南迁，被孙策授为会稽令，居歙县，是为徽州汪氏一世祖。清初，第八十一世汪起凤迁居高邮。汪曾祺为第八十九世。自汪起凤到汪曾祺的曾祖汪恒为止，直系各世代传承如下：汪起凤—汪观—汪志龙—汪湛—汪成德—汪恒。

曾祖汪恒，字秉卿，恩贡生，五品衔，元和县训导，荆溪县训导。生六子：嘉言、嘉勋、嘉元、嘉禾、嘉庠、嘉善。

汪恒的次子汪嘉勋是汪曾祺的祖父。汪嘉勋生于清同治癸亥年（1863）十二月初二日，[1] 字铭甫，优廪生，赈案保举训导，娶谈氏。谈氏与汪嘉勋同年，生于四月廿四日，是邑中名士谈人格的女儿。

汪嘉勋生三子，依次为广生、长生、菊生。

汪曾祺的大伯父汪广生字协坤，喜养猫。汪曾祺在小说《绿猫》（1946）、《猫》（1997）中都有多篇与猫有关的作品，均有汪协坤的影子。

汪协坤生二子，分别叫曾濬、曾炜。

二伯父汪长生字常森，早亡无嗣。汪长生与三弟汪菊生同在南京读旧制中学时加入新党，崇拜黄兴。性格刚烈，曾在课堂上因为历史教员言语中对黄兴不恭，打了教员一个嘴巴。某年暑假自宁返乡，路过镇江，被车站搬运工敲竹杠，负气把几个行李捆绑自背，没走几步，突然吐血而亡。

汪嘉勋的三子汪菊生即汪曾祺的父亲。

汪菊生生于清光绪丁酉（1897）年，因生日为阴历九月初九，故名菊生。字谈卢（一作淡如），后来用过别号亚痴、灌园生等。曾在南京读旧制中学。性格开朗，热爱运动，富于艺术情趣与才华。能奏多种乐器，也擅长绘画、篆刻及制作风筝等各种手工。曾为朋友张仲陶刻过图章，阳文"中匄""珠湖野人""天涯浪迹"。乐善好施，热心公益。

汪菊生的第一个夫人即汪曾祺的生母杨氏。杨氏家庭为高邮望族。杨氏名字不详，排行"遵"字辈，又叫"强四"，或为小名。读过书，能写清秀大字。

杨氏在汪曾祺三岁的时候就病逝，汪菊生后来先后娶张氏、任氏。

依例，长房次子汪曾炜为二房之嗣，由于二伯母孙氏喜欢的是汪曾祺，

---

1 汪嘉勋生年，采《汪氏族谱》记载。按，汪曾祺在《我的父亲》（1992）中说到，1931 年的大洪水中，父亲汪菊生划船救人的事迹"写进了地方上人送给我祖父的六十寿序里，我记得很清楚"，《一个暑假》（1993）还明确地说祖父 60 寿序为高北溟撰文、韦子廉手书，足证汪曾祺对其事记忆深刻，但汪嘉勋生于 1863 年的话，则六十寿辰当在 1923 年，远早于洪灾之年 1931。或为汪曾祺把 70 寿辰或 66 寿辰误记为 60 寿辰。

经过协商，曾炜、曾祺都过继给孙氏，前者为"派继"，后者为"爱继"。[1]

汪曾祺很得祖父宠爱，怕他活不长，认了好几个干妈，在和尚庙、道士观里也都记了名。在寺庙的法名是"海鳌"。按高邮"贴符"习俗，每年端午节，城隍庙的老道士、汪曾祺的寄名干爹就派小道士送符来贴在堂屋的门楣上，用以辟邪。【《端午的鸭蛋》（1986）】

民国12年　1923年，3岁

是年

生母杨氏因肺疾逝世。

幼小的汪曾祺已有记忆。后来在《我的母亲》（1992）一文中，写下了当时的记忆：

> ……她得的是肺病，病后即移住在一个叫"小房"的房间里，她也不让人把我抱去看她。我只记得我父亲用一个煤油箱自制了一个炉子。煤油箱横放着，有两个火口，可以同时为母亲熬粥，熬参汤、燕窝，另外还记得我父亲雇了一只船陪她到淮城去就医，我是随船去的。还记得小船中途停泊时，父亲在船头钓鱼，我记得船舱里挂了好多大头菜。我一直记得大头菜的气味。

汪曾祺还记得，母亲去世后，父亲汪菊生为她糊制了几箱子衣裳。

父亲很喜欢汪曾祺，在汪曾祺的母亲去世后，父亲带着汪曾祺睡，汪曾祺常常在半夜醒来就笑。【《我的父亲》（1992）】

汪曾祺生活主要由母亲出嫁时带过来的保姆大莲姐姐照料，有时是大莲

1　汪曾炜 1951 年毕业于南京大学医学院，旋参军为军医，后成为著名的心血管外科专家。

姐姐带着睡。【《大莲姐姐》（1992）】

民国14年　1925年，5岁

本年

入县立五小幼稚园。

五小幼稚园甫建，汪曾祺是第一届学生。幼稚园的建筑和设施都是全新的。幼稚师范毕业的王文英是园内唯一的老师。她用脚踏风琴伴奏，带孩子们唱歌跳舞。其中表演唱《小羊儿乖乖》和小歌剧《麻雀和小孩》都令汪曾祺记忆深长。在全班小朋友中，汪曾祺较得王文英老师宠爱。【《我的小学》(1992)、《师恩母爱》（1996）】

本年

汪曾祺的父亲汪菊生续娶张氏。

汪曾祺的继母张氏是乡下财主的长女，张家原住高邮张家庄，后搬到高邮城。张氏年幼丧母，父亲续娶，张氏是跟自己的年轻守寡的姑母（姑母的夫家姓吴，汪曾祺称其"老姑奶奶"）长大的。

张氏也有肺病，婚前咳嗽得厉害，和汪菊生拜堂时是临时服用进口杏仁露止咳。张氏父亲不怎么钟爱这个女儿，嫁到汪家时妆奁不多，汪曾祺甚至因此而对她有可怜之情。

汪曾祺叫继母为"娘"。张氏娘对汪家三个孩子都很好，尤其喜欢汪曾祺。每次归宁，都带着汪曾祺姐弟三人。

约本年

汪曾祺年纪很小时，开始有了最初的疾病记忆。

有一次得了小肠疝气，在床上大叫"大莲姐姐，我疼"。大莲姐姐就熬草药，倒在痰盂里，抱汪曾祺坐在上面薰。又试过各种偏方。【《大莲

姐姐》（1992）】

《对口——旧病杂忆之一》（1992）则记母亲故去后某年，后颈第三节颈椎处生恶疮（俗称"对口"）。父亲带着去自己的朋友、西医外科医生张冶青处治疗。张冶青为行引流，期间父亲往他嘴里塞了一颗蜜枣，口含蜜枣就顺利接受了手术，并数次换药，年幼的汪曾祺从未哼过一声。

父亲与继母结婚，让大莲姐姐十分不快，因为她与汪曾祺的生母感情很深。继母还没过门嫁妆先发来，她就拍着一张小八仙桌说："这是红木的，不是海梅的！"她还教汪曾祺唱："小白菜呀，地里黄呀……"，幼小的汪曾祺觉得这很不好。

大莲姐姐对汪曾祺很好，常追着喂饭，带着他睡，他生病后她更加细致地照料，熬草药、寻偏方。【《大莲姐姐》（1992）】

民国 15 年　1926 年，6 岁

夏天

从幼稚园毕业。

毕业前全班在游戏厂上照合影，其他小朋友都蹲着、坐着，只有汪曾祺骑在一头木马上，还有另一个同学骑在一只灰色木鸭子上。【《我的小学》（1992）】

秋天

入高邮县立第五小学读一年级。

县立五小成立于民国 7 年（1918）[1]。全校只有六个班。隔壁就是承天寺，承天寺里有个罗汉堂，汪曾祺与同学们三天两头去罗汉堂看罗汉。【《罗汉》】

晚年汪曾祺仍记得一年级的国语课文，认为这些课文选得很好。一年级"国语"课开头是"大狗跳，小狗叫"，后面还有《咏雪》这样的诗：

1　据《高邮县志》，江苏人民出版社 1990 年版，第 616 页。

一片一片又一片，两片三片四五片，

七片八片九十片，飞入芦花都不见。

"我学这一课时才虚岁七岁，可是已经能感受到'飞入芦花都不见'的美。我现在写散文、小说所用的方法，也许是从'飞入芦花看不见'悟出的。"【《我的小学》（1992）】

约本年

保姆大莲姐姐辞事离开汪家。

民国16年　1927年，7岁

上半年

继续在县立五小读一年级。

5月29日

北伐部队（"党军"）与孙传芳部（"联军"）在高邮开战，很多人都躲进了红十字会。汪曾祺一家也躲了进去，度过一个难忘的夜晚。[1] 年幼的汪曾祺感到这种打破常规的生活十分新鲜。

5月30日

形势平静下来，全家离开红十字会回家。

1　作者自云此事"记不得是哪一年，总之是我还小，还在上小学"（《故乡的食物·炒米和焦屑》（1986））。查《高邮县志》，"党军"与"联军"在高邮城开战，为本年5月29日事。

秋后

升入二年级。

二年级国文课文中有两则谜语，其中之一是：

> 远观山有色，近听水无声，
>
> 春去花还在，人来鸟不惊。

谜底是"画"。直到晚年汪曾祺还认为，"这对培养儿童的想象力是有好处的"，"希望教育学家能搜集各个时期的课本，研究研究，吸取有益的部分，用之今日。"【《我的小学》（1992）】

民国 17 年　1928 年，8 岁

本年

在县立五小读二年级，秋后升入三年级。

1927 年 8 月，国民政府教育行政委员会制定"学校施行党化教育办法草案"，随之，各小学普遍实施"党化教育"。从 1928 年起，小学课程中增加"三民主义"（党义）、"党童子军"二科，以"陶融学生'忠孝仁爱信义和平'之国民道德"。

三、四年级的语文老师是周席儒。周席儒老师非常喜欢汪曾祺。汪曾祺觉得他"真是一个纯然儒者"。他经常为学生批改大字，汪曾祺说"我的毛笔字稍具功力，是周先生砸下的基础"。

本年

二伯母亡故，汪曾祺作为孝子服丧。[1]

1947 年所作《飞的·矫饰》中描写到当时情景：

> 八岁的时候，我一个伯母死了。我第一次（第一次么？不吧？是比较重大的一次。）开始"为了别人"而做出种种样子。我承继给那位伯母，我是"孝子"。嚇，我那个孝子可做得挺出色，像样。我整个缺少皱纹的脸上满是一种阴郁表情，这很容易被人误认为是哀伤。我守灵，在柩前烧纸，有客人来吊拜时跪在旁边芦席上，我的头低着，像是有重量压着抬不起来，而且，喝，精彩之至，我的眼睛不避开烟焰，为的好薰得红红的。我捏丧棒，穿麻鞋，拖拖沓沓的毛边孝衣，一切全恰到好处。实在我也颇喜欢这些东西，我有一种快乐，一种得意，或者，简直一种骄傲。我表演得非常成功，甚至自己也感动了。只有在"亲视含殓"时我心里踌躇了，叫我看穿戴凤冠霞帔的死人最后一眼，然后封钉，这我实在不大愿意。但我终于很勇敢的看了。听长钉子在大木槌下一点一点的钉进去，亲戚长辈们都树在我身后，大家都严肃十分，很少有人接耳说话，那一会儿，或者我倒想挤出一点感情来的。也模糊了，记不大清。到葬下去，孝子例须兜了土在柩上洒三匝，这是我最乐意干的。因为这是最后一场，戏剧即将结束。（我差点儿全笑出来。说真的，这么扮演也是很累的事。）而且这洒土的制度是颇美的。我倒还是个爱美的人！

高邮肖像画家管又萍为给她画像，到家里来和汪菊生谈了几次，汪曾祺

因能知道画工画像的大体程序。

二伯父早逝后，二伯母多年一直寡居守节，性格有些古怪。汪曾祺经常到二伯母房中。据《我的家》（1991）交代，1982 年发表的小说《珠子灯》中的孙小姐就是以二伯母为原型。

民国 18 年　1929 年，9 岁

本年

汪曾祺在县立五小上三年级，秋后升入四年级。

约本年

酷爱美术，并显示出独到的创造力。汪曾祺记得，三年级时画过很多指墨画："只用大拇指蘸墨，在纸上一按，加几笔犄角、四蹄、尾巴，就成了一头牛。大拇指有胴纹，印在纸上有牛毛效果。"

约本年[1]

夏季大旱，导致县境内闹蝗灾。汪曾祺记忆深刻，在《我的小学》（1992）中曾有描绘。

1　暂未发现在此前后高邮蝗灾有关史料。据与高邮一湖之隔的天长的有关史料，是年天长大旱之后蝗灾爆发，致使颗粒无收。是年高邮也大旱，而前后其他年份则未有旱灾记录，故推蝗灾约在本年。

民国 19 年　1930 年，10 岁

本年

在县立五小读四年级，秋季开始升入五年级。

五年级的国文老师是高北溟先生。这是对汪曾祺有着重要影响的一位老师，汪曾祺升入初中后，初一、初二的国文老师仍是高北溟。

民国 20 年　1931 年，11 岁

暑假

祖父汪嘉勋教汪曾祺读书、作文。每天早晨来讲《论语》一章，剩下的时间由汪曾祺自己写大小字各一张。大字写《圭峰碑》，小字写《闲邪公家传》。隔日作文一篇，是一种叫做"义"的文体，只是解释《论语》的内容。有一题是"孟子反不伐义"。（《寻常茶话》）

夏秋

高邮洪灾。

六、七两月，淮河流域连降暴雨，高邮湖和邵伯湖水位高企，漫入里运河。7 月 25 日高邮御码头水位 8.3 米，此后持续上涨，江苏省水利局派人督促固坝，高邮方面请求开坝泄洪，但遭到兴化等地人的阻挠。双方僵持数日。8 月 2 日，在水位高达 9.15 米的情况下，开坝仍受阻。当日下午西南风猛烈，河水猛涨，运堤危急，终于开车逻坝。4 日西风猛雨扑东堤，晚间续开新坝，南关坝则被冲破。三坝齐开，但运河水势仍上涨。8 月 15 日，高邮御码头达到当年峰值 9.46

米。20 日以后，高邮湖水位稍跌，乡民演戏酬神，拜佛求签。

　　8 月 26 日凌晨，挡军楼等多处运堤轰然崩塌，大水像海潮一样奔腾而下，城乡全境没于波涛之中，由于祸起仓促，水面浮尸，多如过江之鲫。据统计，里运河堤决口 46 处，1226 万亩农田失收，房屋倒塌 2602 万间，淹死、饿死 7.7 万人，仅挡军楼一处就死伤、失踪一万多人，泰山庙附近捞尸 2000 多具。[1]

　　这次高邮洪水，是中国 20 世纪灾变史上的著名洪灾之一。汪曾祺多次在自己的作品中描述到这场水灾。《他乡寄意》（1986）中写道：

　　　　民国二十年的大水我是亲历的。湖水浸入运河，运河堤破，洪
　　水直灌而下，我家所住的东大街成了一条激流汹涌的大河。这一年
　　水灾，毁坏田地房屋无数，死了几万人。

　　这次水灾，事前已经有了很多征兆。《我的家乡》记，运河平漕，天王寺前虾蟆爬在柳树顶上叫，汪家阴沟里蹦出一条大鱼。七月十三，"倒了口子"。顷刻之间，高邮成为泽国。汪曾祺一家住进竺家巷一个茶馆的楼上。直到约一星期后水退。粮食绝收，慈姑芋头却丰收。汪家虽不至于挨饿，但没有菜吃，老是吃慈姑汤、芋头梗子汤。【《我的家乡》（1991）】

　　水灾之后，父亲汪菊生积极参与赈灾，汪曾祺对此记忆深刻。《我的父亲》（1992）：

　　　　我每天看他蹚着齐胸的水出去，手里横执了一根很粗的竹篙，
　　穿一身直罗褂，他出去，主要是办赈济。……去送"华洋义赈会"
　　发来的面饼。

　　后来在小说《钓鱼的医生》（1981）中所写的医生王淡人，就以父亲为原型，把父亲急公好义、划船赈灾的形象改为划船为人治病的情节。

　　1　洪水状况，据倪文才《故事里的故事》（中国工人出版社 2006 年版）、《扬州市志》（中国大百科全书出版社 1997 年版）。

秋季

洪灾后的高邮流行瘟疫，又死亡几千人。

汪曾祺升入六年级。

五、六年级均与许荫章（后改名许长生）同桌，坐在教室第二排，成为挚友。晚年许长生回忆：

> 曾祺兄天资聪颖，思维敏捷，有一目十行的不同凡响的功能，上课时偷看《三国演义》《水浒传》等小说书。平时看不到他啃书本，但每次考试皆是名列前茅，深得语文教师高北溟、图画教师王廷骧两位先生的称赞。

在国文教师高北溟先生的课堂上，汪曾祺写了篇题为"高邮运堤决口后的感想"的作文，高北溟先生评点中说该文是篇"情感真挚、层次分明、语言流畅的好文章"，将它作为范文张贴在成绩布告栏内。

但汪曾祺在《我的小学》（1992）中称，教六年级国文的是张敬斋，据说很有学问，妻子长得漂亮，外号"黑牡丹"。张敬斋教《老残游记》，讲得有声有色，其中的大明湖上那副对联"四面荷花三面柳，一城山色半城湖"使得汪曾祺对济南非常向往。不过在讲"黑妞白妞说书"时，对于文中提到的一个湖南口音的人发了一通议论，张敬斋老师不以为然，说"为什么要说'湖南口音'呢？""湖南话很蛮，俗说是'湖南骡子'。"汪曾祺后来从未见过"湖南骡子"之说，不知道张敬斋有什么依据，所以汪曾祺一直忘不了他的这种"歪批"。【见《我的小学》（1992）】

教图画的王廷骧老师，口头禅是"譬如"，因此学生送外号"王譬如"。他有时候带学生们外出写生，最常去的地方是运河堤，画得最多的是堤上的柳树，用的是6个B的铅笔。【见《我的小学》（1992）】

许长生还记得，汪曾祺与自己一同玩耍时，曾为自己作"树荫垂钓图"，画的是一老者垂钓，"钓线若有若无，寥寥数笔，神采奕奕颇具神韵"。[1]

本学年开始学英文。但除了 book、pen 等少数几个单词外，没记住多少东西。【见《悔不当初》（1992）】

民国 21 年　1932 年，12 岁

夏季

汪曾祺读完六年级，小学毕业。

暑假

住进三姑父孙石君家，与表弟一起，受教于三姑父请来的乡中名儒韦子廉（别号鹤琴）先生。[2]1993 年，汪曾祺为高邮政协拟编写的韦鹤琴纪念册《鹤影琴音》题诗并跋，跋文中回忆当时情景：

> 小学毕业之暑假，我曾在三姑父孙石君家从韦鹤琴先生学。先生日授桐城派古文一篇，督临《多宝塔》一纸。我至今作文写字，实得力于先生之指授。忆我从学之时，弹指六十年矣，先生之声容态度，闲闲雅雅，犹在耳目。

韦鹤琴学问广博，于桐城派钻研体会尤深，所传授姚鼐《登泰山记》、

1　以上除汪曾祺作品中材料外，参见许长生《我与汪曾祺》，《高邮文史资料》第十七辑，高邮县政协文史资料委员会编，2001 年版；陈其昌、姜文定主编《走近汪曾祺》第 25 页。

2　陆建华《汪曾祺传》所附《汪曾祺年谱》说："小学毕业那年暑假，汪曾祺先后跟祖父聘请的张仲陶、韦子廉两位先生学《史记》和桐城派古文，获益匪浅。"（《汪曾祺传》第 342 页），《汪曾祺传》本文则说韦子廉"是曾祺的三姑父把他请到汪家"（第 43 页），似均与汪曾祺本人的说法稍有抵牾。

方苞《左忠毅公逸事》、戴名世《画网巾先生传》等诸篇,对汪曾祺影响深刻。

同一暑假,又曾随乡贤、名中医张仲陶读《史记·项羽本纪》。高邮学士多读经部和集部,张仲陶是少有的耽于子、史二部者。据《一辈古人·张仲陶》记述,父亲在茶馆吃早茶时听张仲陶赞赏《史记》、尤其是《项羽本纪》之生动,突然起意把汪曾祺领到张先生家:

> 他教我的时候,我的面前放一本《史记》,他面前也有一本,
> 但他并不怎么看,只是微闭着眼睛,朗朗地背诵一段,给我讲一段。
> 【《一辈古人·张仲陶》】

9月

升入高邮县立初级中学,读初一。

县立初中校址在高邮城东门,是在道观赞化宫的遗址上新建的。校长耿同霖。共三个年级,各有一班,图书馆有几橱《万有文库》丛书。

初中的主要课程是"英(文)、国(文)、算(数学)"。另有历史、地理、三民主义、美术、音乐等课程。

自认为初一、初二的英文没有学到什么,因为教员不好。但国文方面收获颇大。

初一、初二国文老师仍是县立五小时期的高北溟先生。他让学生每周抄写一篇《字辨》。还编过一些字形歌诀,如"戍横、戌点、戊中空"。他还编过《国学常识》讲义,要求学生背诵"三坟五典八索九丘","乾三连、坤六断、震仰盂、艮覆碗"。高北溟先生除了讲课本,还自己选了很多文章作"讲义",例如《檀弓》的《苛政猛于虎》,柳宗元的《捕蛇者说》,归有光的《先妣事略》《项脊轩志》《寒花葬志》等,一一讲解。【据《寻根》(1985)】归有光善于描写妇女和孩子的情态,尊重妇女儿童,给汪曾祺深深的感染。汪曾祺后来从这些选文中体会到一种贯穿性的思想——人道主义。高北溟先生教书很严格,十分重视朗读和背诵,学生背不出书要挨打。

国文、历史课都增加了培养民族意识的内容,作文也常从这方面命

题。有一次高北溟先生命题"救国策"，汪曾祺的堂兄汪曾溶开头写道"国将亡，必欲求，此不易之理也"，这个句子汪曾祺终生记得。【《我的初中》（1992）】

初中三年的美术老师是张杰夫先生。张系盐城人，毕业于上海艺专，画水彩和国画，日临《礼器碑》大字一张。张在吕祖楼东边闲房中开辟图画教室，订制了画架、画板。他性格孤僻，与本地籍同事少有交往，只和史姓地理老师算是知交。

教地理的史老师是常州人，只教了一学年即离开。

音乐老师也姓张，他用五线谱教音乐，而不用简谱。教学生唱过一些外国歌，汪曾祺从他学会了《伏尔加船夫曲》等。张老师也是学历低、薪水也低，郁郁不得志。【《我的初中》（1992）】

民国 22 年　1933 年，13 岁

夏天

高邮县立五小教师、地下党员夏普天被捕。

汪曾祺在上小学期间对夏普天有印象。《我的小学》（1992）中回忆：

> 校园之北，是教务处。一个很大的房间，两边靠墙摆了几张三屉桌，供教员备课，批改学生作业。当中有一张相当大的会议桌。这张会议桌平常不开会，有一个名叫夏普天的教员在桌上画炭画像。这夏普天（不知道为什么，学生背后都不称他为"夏先生"，径称之为"夏普天"，有轻视之意）在教员中有其特别处。一是他穿西服（小学教员穿西服者甚少）；二是他在教小学之外还有一个副业：画像。用一个刻有方格的有四只脚的放大镜，放在一张照片上，在大张的画纸上画了经纬方格，看着放大镜，勾出铅笔细线条，然后用剪秃了的羊毫笔，蘸碳粉，涂出深浅浓淡。说是"涂"不大准确，

应该说是"蹭"。我在小学时就知道这不叫艺术，但是有人家请他画，给钱。夏普天的画像真正是谋生之术。夏家原是大族，后来败落了。夏普天画像，实非不得已。过了好多年，我才知道夏普天是我们县的最早的共产党员之一！夏普天给我的印象：一个非常聪明的人。

秋

升入初二。

初二代数老师为王仁伟。王老师少孤，父亲曾云游四方。王老师曾拿来他父亲的册页，叫汪曾祺拿回家让父亲汪菊生题字。

王老师学历不高。因家境不富裕，白天上课，晚上为十多个孩子补习，很辛苦，性格多疑而易怒。汪曾祺代数不好，但他却很喜欢汪曾祺。

初二以后，张杰夫老师的美术课画水彩画。汪曾祺由此知道分层布色，知道什么叫"笔触"。画的最多的是鱼。最有兴趣的事情则是倒石膏模子。【《我的初中》（1992）】

初中时经常在放学路上看画家张长之画画：

中市口街东有一个画画的，叫张长之，年纪不大，才二十多岁，是个小胖子。小胖子很聪明。他没有学过画，他画画是看会的。画册、画报、裱画店里挂着的画，他看了一会就能默记在心。背临出来，大致不差。他的画不中不西，用色很鲜明，所以有人愿意买。他什么都画。人物、花卉、翎毛、草虫都画。只是不画山水。他不只是临摹，有时也"创作"。有一次他画了一个斗方，画一棵芭蕉，一只五彩大公鸡，挂在他的画室里（他的画室是敞开的）。这张画只能自己画着玩玩，买是不会有人买的，谁家会在家里挂一张"鸡巴图"？

他擅长的画体叫作"断简残篇"。一条旧碑帖的拓片（多半是汉隶或魏碑）、半张烧糊一角的宋版书的残页、一个裂了缝的扇面、一方端匋斋的印谱……七拼八凑，构成一个画面。画法近似"颖拓"，但是颖拓一般不画这种破破烂烂的东西。他画得很逼真，乍看像是

剪贴在纸上的。这种画好像很"雅"，而且这种画只有他画，所以有人买。【《看画》】

民国 23 年　1934 年，14 岁

秋天

升入初中三年级。

初三的语文老师为张道仁先生（后来与幼稚园老师王文英结婚）。

张道仁毕业于上海大夏大学，较早把新文学传到高邮。

教导主任顾调笙先生授初三几何。顾毕业于中央大学，自视高，看不起私立大学毕业的同事，称私立大学为"野鸡大学"，有时在课堂上公开讥刺。顾老师器重汪曾祺，曾加意辅导，一心培养汪曾祺进中央大学，学建筑，将来当建筑师。汪曾祺画画没问题，但几何实在不行。

他在我身上花了很多功夫，没有效果，叹了一口气说：你的几何是桐城派几何!【《我的初中》（1992）】

初三增开"一门奇怪的课"："英文三民主义"。校长耿同霖亲自执教。耿同霖是国民党党部委员，讲课效果差。他有一个习惯，"讲话或上课时爱用两手抹煞前胸。他老是穿一件墨绿色的毛料的夹袍"。【见《我的初中》《悔不当初》（1992）】

民国 24 年　1935 年，15 岁

约此时

初中期间，汪曾祺爱唱京戏，唱青衣，"嗓子很好，高亮甜润"。在家里，父亲汪菊生拉胡琴，汪曾祺唱。汪曾祺的同学里有几个能唱戏的，学校开同

乐会，汪曾祺邀请父亲到学校去为自己伴奏，几个同学都只是清唱。

夏天

父亲汪菊生陪同投考江阴的高中。在江阴，住在一个小旅馆。《我的父亲》（1992）：

> 我到江阴去投考南菁中学，是他带着我去的。住在一个市庄的栈房里，臭虫很多。他就点了一支蜡烛，见有臭虫，就用蜡烛油滴在它身上。第二天我醒来，看见席子上好多好多蜡烛油点子。我美美得睡了一夜，父亲一夜未睡。

考取南菁中学。秋季入学，开始读高中一年级。

南菁中学的前身，是光绪八年（1882）创办的"南菁书院"。清末，南菁中学是江苏全省最高学府和教育中心。

国文老师姓史。曾在课堂上讲纪晓岚编纂《四库全书总目提要》时一边抽烟一边编书的轶事。【《烟赋》（1991）】

南菁中学的数理化及英文教学质量全省有名，轻视文史。汪曾祺的英文老师是吴锦棠，圣约翰大学毕业，英文很好，能背《英汉四用辞典》。汪曾祺曾回忆他上课时的情形：

> 讲《李白大梦》，模仿李白的老婆在李白失踪后到处寻找李白，尖声呼叫；讲《澳洲人打袋鼠》，他会模仿袋鼠的样子，四脚朝天躺在讲桌上。高中一、二年级的英文课本是相当深的，除了兰姆的散文，还有《为什么经典是经典》这样的难懂的论文，有一课是《凯撒大帝》剧本中凯撒遇刺后安东尼在他的尸体前的演讲！除了课本以外，还要背扬州中学编的单页的《英文背诵五百篇》。

吴先生糊涂，给上一班出过的考试题目很快忘记，给下一班继续用同样的题目，月考和大考都是如此。所以学生只要把上一班的考题要到，就可以应付。而且吴先生对学生要求宽松，即使文不对题，只要能背一段下来，就给分数。汪曾祺后来将这归结为英文没学好的原因之一。

汪曾祺自己买了一部词学丛书，课余用毛笔抄宋词，既练了书法，又略窥词意。"词大都是抒情的，多写离别，这和少年人每易有的无端感伤情绪易于相合。"

江阴吃食中，鮰鱼和粉盐豆令汪曾祺印象深刻。江阴的鮰鱼很便宜，因此经常吃到食堂做的白烧鮰鱼。【《鱼我所欲也》（1992）】星期天，常常是在自修室里喝水，吃粉盐豆，读李清照、辛弃疾的词度过的。【《食豆饮水斋闲笔·黄豆》（1992）】

汪曾祺久闻江阴河豚之名，南菁中学的生物实验室里搜集了各种标本，浸在盛有福尔马林的玻璃器内。江阴正街上有家饭馆，一块祖传的木板上刷印保单，称在此吃河豚中毒致死，主人可以偿命。好几个同学都曾约汪曾祺到家里吃河豚，但一直没能实现。在江阴两年没能吃到河豚，汪曾祺一直引以为憾。【事见《城南客话——四方食事》（1989）】

民国 25 年　1936 年，16 岁

本年

继续在江阴江苏省南菁中学就读。

暑假

在镇江军训。

入夏前后，国民政府颁布《暑期军训办法》，规定凡没有参加军训或"军训成绩不合格"的应届毕业生，不得升入高中或大学。另外，还将军训考核纳入会考成绩。高一下学期，需到镇江参加为时三个月的学生集训。《金陵王气》（1993）说："当时强邻虎视，我们从初中时就每天听到'国难当头'的宣传教育，学生的救国意识都很浓厚，对军事化并无反感。"来自苏州、

扬州、无锡、常州、江阴等江苏各地的高一学生和大学一年级学生，在镇江郊区三十六标集训。《金陵王气》回忆：

> 集训无非是学科、术科、"筑城教范""打野外"、打靶……这一套。再就是听国民党中要人的演讲。如"中国国民党是中国青年的党，中国青年是中国国民党的青年"（叶楚伧语）；"信仰领袖要信仰到迷信的地步，服从领袖要服从到盲从的地步"（周佛海语）等等。

军训期间，结识同在一个中队的巫宁坤、赵全章。三人同年，都是十六岁，三个月同吃、同住、同操练，简直比亲兄弟还亲。[1]

集训即将结束时，江浙两省的高一学生调集南京，接受蒋介石训话。在南京看了一些高大华美的建筑，例如中央军校校址"励志社"。南京的绿化也给他留下很深的印象。中山陵的建筑，在他眼里堪称"完美"，"既很素静，又很有气魄"。军训生在中山陵接受蒋介石训话。次日一早，就返回镇江。

军训快结束时，负责军训的"政教处"找了一些"表现好"的学生集体谈话，说是要吸收他们参加一个组织，其中有汪曾祺。直至某日晚上这些学生被组织集体宣誓时，汪曾祺始知这就是"复兴社"。

秋季

升读高中二年级。

军事教官把汪曾祺等几名同学召集到家中，成立了复兴社的一个小组，汪曾祺被任命为组长。活动多为开会、填月报。月报中有一项内容是提出"可疑人物"，这使汪曾祺为难。因不关心政治，提不出名单，为了交差，只好把校长列为"可疑人物"。[2]

本年

汪曾祺继母张氏因肺疾离世。

1　巫宁坤《往事回思如细雨》，载《文汇读书周报》2004 年 7 月 19 日。
2　汪朗等《老头儿汪曾祺——我们眼中的父亲》，中国青年出版社 2010 年版，第 67 页。

民国 26 年　1937 年，17 岁

上半年

继续在南菁中学读高二。

春季，阖校春游缴墩。此地遍植梅花。忽遇大雨，衣服尽湿，路滑如油，众仆跌。[1]

开始自己的初恋。初恋的滋味和江阴的水果香味融合在一起，让汪曾祺终身难忘。晚年文章中还不断回忆这段时期的体验。1993 年的《我的世界》（《逝水》自序）中写道：

> 江阴是一个江边的城市，每天江里涨潮，城里的河水也随之上涨。潮退，河水又归平静。行过虹桥，看河水涨落，有一种无端的伤感。难忘缴墩看梅花遇雨，携手泥涂；君山偶遇，遂成离别。几年前我曾往江阴寻梦，缘悭未值。

上半年 [2]

父亲汪菊生续娶任氏，汪曾祺姐弟参加了父亲的婚礼。

任家为邵伯大地主，婚礼在邵伯举行，汪菊生写信叫汪巧纹和汪曾祺去参加婚礼。姐弟乘船到邵伯码头，任家派了长工推独轮车来码头迎接，汪曾祺和姐姐一人坐在一边，这是汪曾祺第一次有乘坐独轮车的体验。

任氏娘对汪家姐弟很客气，称汪曾祺为大少爷，直到 1986 年汪曾祺回乡

1　见《江阴漫忆·忆旧》（1997）诗自注。

2　《我的母亲》（1992）："我父亲是到邵伯结的婚。那年我已经 17 岁，读高二了。"汪曾祺读高二是 1936—1937 学年，故将婚礼时间系于上半年。

时才改口称"曾祺"。

暑假

在家为初恋的对象写情书，父亲在一旁"瞎出主意"。【《多年父子成兄弟》（1990）】

暑假后

日军攻占江阴，江北处于危急之中。汪曾祺不得不离开南菁中学，在家闲居，或随祖父、父亲到离高邮城稍远的庵赵庄避难。

闲居期间，自己读书，开始倾慕沈从文。

在淮安借读一学期。英文老师姓过，无锡人，他教的英文太浅，对高三学生从最起码的拼音教起。【见《悔不当初》（1992）】

民国 27 年　1938 年，18 岁

夏秋之际

姐姐汪巧纹赴大后方考大学，汪曾祺把姐姐送到大运河边乘船。[1]

7 月 28 日

日军飞机轰炸高邮城。

约此前后

在淮安中学、私立扬州中学、盐城临时中学等校辗转借读。

1　据陈其昌《骨肉情深——汪曾祺与其兄弟姐妹》，载《扬州日报》2007 年 5 月 16 日。

本年

在盐城借读期间，盐城的水给汪曾祺留下很深的印象：

> 盐城真是"盐城"，水是咸的。中产以上人家都吃"天落水"。下雨天，在天井上方张了布幕，以接雨水，存在缸里，备烹茶用。【《寻常茶话》（1990）】

本年

同父异母弟弟汪曾庆（海珊）生。

约此时

学会抽烟喝酒，父亲并不干涉，每次喝酒时都给汪曾祺倒上一杯，抽烟时也是父子一人一根，父亲还为儿子点火。父亲尝说"我们这是多年父子成兄弟"。这种父子关系模式影响了汪曾祺和子女之间的关系。[1]【《多年父子成兄弟》】

民国 28 年　1939 年，19 岁

夏

汪曾祺从高邮到上海，会合了几个南菁中学的同学，还有同乡朱奎元[2]，准备一起赴云南，报考大学。

1　汪文称学会抽烟是在"十几岁时"。
2　朱奎元后来成为作者在昆明时期最为密切的友人之一，但在作者现存作品中都没提到其名字。90 年代后，汪曾祺 40 年代写给朱奎元的一批信件重见天日（朱奎元捐献）。我们从这些信中可以判断，此同乡即朱奎元。

离开高邮到大后方考学，与姐姐汪巧纹的一封来信有关。[1]

进出越南需持法国领事馆的签证。因汪曾祺从高邮动身晚了好几天，抵沪后签证还没办妥，几乎不能成行。后经朱奎元的父亲帮忙（朱父是医生，据说给黄金荣看过病，凭黄金荣的一张名片到法国驻上海领事馆迅速办好签证）。[2] 购买船票则得到了小姑爹崔锡麟的帮助。[3]

几个人一起乘船经香港到越南河内，再转乘火车，经滇越铁路到昆明。从上海到昆明，一共走了半个多月。【《七载云烟》（1994）】在从香港到越南的轮船上，结识了一个带孩子的广东籍陈姓妇女。在昆明期间，朱奎元、汪曾祺和这对母女一直有交往。[4]

到昆明后，以间接的旧日同学的关系，居住在青连街的同济大学附中。

青连街是一个相当陡的坡，原来铺的是麻石板；急雨时雨水从五华山奔泻而下，经陡坡注入翠湖，水流石上，哗哗作响，很有气势。【《觅我游踪五十年》（1991）】

赴昆明之初，曾拜访高邮籍著名古生物学家、西南联合大学教授孙云铸。1986 年所作《他乡寄意》一文有所回顾，高度评价孙云铸。

7 月 25 日至 30 日期间

报名投考西南联合大学。

据《二十八年度国立各大学统一招生简章》，本年度中央大学、西南联

1　据陈其昌《骨肉情深——汪曾祺与其兄弟姐妹》，载《扬州日报》2007 年 5 月 16 日。

2　参见陆建华《汪曾祺的回乡之路》。

3　参见汪朗等《老头儿汪曾祺——我们眼中的父亲》，中国青年出版社 2012 年版，第 61 页。崔锡麟（1902—1987），生于高邮，少时从铁桥和尚学画。1926 年加入国民党，1927 年后任国民党东海县代理县长，江阴、川沙等县视察员，国民党 25 路军少将秘书，上海《时事新报》等多家报纸总管理处发行主任，国民党 32 师少将参议，中国农民银行业务专员兼镇江支行经理，国大代表等职。1950 年底从香港返回大陆，历任上海大光 X 光医疗器械公司总务组长。1955 年因潘汉年事件入狱，1981 年平反后定居高邮，历任高邮政协委员、常委、江苏省文史馆馆员、高邮县侨联委员。1987 年病逝。崔锡麟娶汪嘉勋之妹汪嘉玉，汪曾祺按高邮习俗称之为"小姑爹"。

4　参见本谱 1943 年纪事及相关注释。

合大学、西北联合大学等 23 所国立大学统一招生。报名日期为 7 月 25 日至 30 日，昆明区报名在大西门外龙翔街国立西南联合大学办公处。试验日期 8 月 7 日至 10 日。共可报考三个志愿。

汪曾祺以西南联合大学为第一志愿。同时因为喜欢画画，作为后备志愿填报了当时同在昆明的国立艺专。

汪曾祺之所以报考西南联大中文系，和沈从文有一定关系。他从中学时就喜读沈从文小说，而此时沈从文刚受聘为联大师范学院国文系副教授。他多次提及：

> 不能说我在投考志愿书上填了西南联大中国文学系是冲着沈从文去的，我当时有点恍恍惚惚，缺乏任何强烈的意志。但是"沈从文"是对我很有吸引力的，我在填表前是想到过的。【《自报家门》（1988）】

8 月 6 日前几日

来昆途中，在越南感染疟疾。

疟疾是汪曾祺身上的顽疾，自小学到高中年年在固定季节（桃子上市时）发病。每次发病，都硬挺着，有时吃几剂汤药，但最后往往是服用蓝印金鸡纳霜（奎宁片）有效。父亲说是阴虚，曾吃很多海参调理。

这次到昆几日后即发病。同济中学的同学送到校医室，化验后转送医院治疗。

8 月 6 日

要求出院。医生不准，但因第二天考试，医生才同意。【见《疟疾——旧病杂忆之二》（1992）】

8 月 7 日至 10 日

带病参加教育部统一组织的国立院校统一招生考试。据《二十八年度国立各大学统一招生简章》，考试在青云街国立云南大学。

　　1939 年招考区设重庆、成都、昆明、贵阳等十五考区，昆明考区报名在大西门外龙翔街国立西南联合大学办公处，考试在青云街国立云南大学。报名日期 7 月 25 日至 30 日。试验日期 8 月 7 日至 10 日。[1]

　　本年招考按照科系不同分为三组，每组考试科目不同。文史法商等属于第一组，必试科目有：公民，国文，英文，本国史地，数学丙（代数、平面几何、三角），外国史地；选试科目有物理、化学（任选其一）；生物。

　　录取结果公布，汪曾祺被联大中国文学系录取。本年度中国文学系录取正式生、上年度统考录取本年、试读生等 20 余名，实际报到 20 人，其中女生 5 人。同学中有后来成为语言学家的李荣，成为文字学家的梁东汉，成为作家的刘北汜。二年级转系进入的朱德熙（从物理系转入），后来成为著名语言学家。[2]

　　福建闽侯籍考生施松卿同时考入西南联大物理系。后来成为汪曾祺妻子。[3]

9 月 25 日

　　西南联大 1939—1940 年度第一学期开始注册。

10 月 2 日

　　西南联大本学期开始选课。

　　1　云南省档案馆有关档案，转引自刘秋梅、马俊林《西南联大招考方式考察》，《商丘师范学院学报》第 26 卷（2010 年）第 11 期。又《二十八年度国立各大学统一招生简章》，清华大学档案，见《国立西南联合大学史料》三（教学科研卷）。

　　2　据《廿八年度新生名册》，1939 级年中国文学系新生名单：刘昌润、王宝书、梁东汉、汪曾祺、王继锋、李昌义、黄金莲（女）、黄赏林、李荣、刘北汜、马龙来、黄蕙英（女）、杜干民、吴庆祝、王大章；1938 年考取入读本年的有高金钊；试读生有刘盛铦、梅丽、施真、刘稚苓。见《国立西南联合大学史料》五（学生卷），云南教育出版社 1998 年版。

　　3　在《廿八年度新生名册》中，汪曾祺年龄写 20 岁（采虚岁），施松卿的年龄写作 19 岁，见《国立西南联合大学史料》五（学生卷），云南教育出版社 1998 年版，第 132、135 页。事实上，施松卿生于 1918 年 3 月 15 日，比汪曾祺大两岁，见《老头儿汪曾祺——我们眼中的父亲》，中国青年出版社 2012 年版，第 56 页。

10月4日

上午九时到十一时，在西南联大新校舍参加始业式及精神总动员。梅贻琦任主席。

汪曾祺开始大学一年级课业。

可能是在中文系为大学一年级开设的"大一国文"课上，开始受教于沈从文。

西南联大"大一国文"是第一学年全校必修课，开课一学年，分"读本"（4学分）、"作文"（2学分）两部分。因系全校通修，分班授课。一、二班的由朱自清、沈从文共同担任，其中"读本"部分，两班均由朱、沈合上，"作文"则由朱自清负责一班，沈从文负责二班。[1]

在"大一国文"作文课上受教于陶光，以后成为曲友。[2]

"大一国文"课程对汪曾祺影响很大。1939年5月开始，时任中文系主

1　汪曾祺在《沈从文先生在西南联大》（1986）中说："沈先生在联大开过三门课：各体文习作、创作实习和中国小说史。三门课我都选了。"此说为很多研究者承袭。事实上，沈从文从1939年6月27日被聘为西南联合大学师范学院国文系副教授起，一直到1946年5月4日西南联大结束，他在联大期间一共开设至少八门课，其中汪曾祺就学期间（1939—1943）开设的有"大一国文""大二各体文习作（一）""各体文习作（三）""中国小说""创作实习"五门。其他三门开课时汪曾祺虽已离校，但仍在昆明，且和沈从文交往不断，不排除有选听的可能。如前所述，汪曾祺来西南联大之前，就对沈从文十分仰慕，那么来到西南联大之后，正好第一学期就有沈从文的"大一国文"，他不太可能错过。

2　《晚翠园曲会》（1996）中说："我的作文课是陶重华先生教的。他当时大概是教员。"文中并详细描述了陶重华上课、讲评作文的情形。可见汪曾祺作文课确曾受教于陶光。但查《西南联合大学各院系必修选修学程表》，唯在1938—1939年度所开设的"国文作文"中有陶光任教的记录。其他各学年，均未见有陶光任教任何课程的记载。汪曾祺入学修习"大一国文"是在1939—1940年度，《国立西南联合大学各院系教职录（1938年）》列入师范学院国文学系助教名单中（79页）；《国立西南联合大学廿九年各院系教职员名册（1940—1941年度）》中列入师范学院史地学系教员（联大聘）名单中。据此，不排除本年度朱、沈任教班级临时由陶光代部分或全部"读本"课的可能。

任朱自清，主持"大一国文委员会"的杨振声、罗常培等共同编选了《大一国文》课本。[1]《西南联大中文系》（1988 年前后撰）中提到这是对自己影响非常大的一本书。他回忆了该教材中的语体文部分的选目："语体文部分，鲁迅的选的是《示众》。选一篇徐志摩的《我所知道的康桥》，是意料中事。选了丁西林的《一只马蜂》，就有点特别。更特别的是选了林徽因的《窗子以外》。这一本《大一国文》可以说是一本'京派国文'。"作者高度估计这本小书对自己的影响："严家炎先生编中国流派文学史，把我算作最后一个'京派'，这大概跟我读过联大有关，甚至是和这本《大一国文》有点关系。这是我走上文学道路的一本启蒙的书。"

本年"读本"统一命题、统一阅卷评分，试题之一是"读《示众》及《我所知道的康桥》所得印象的比较"。

作文每两周一次，以命题作文为主，大多在课外完成（每学期有一次自命题）。规定用语体文，不能以新诗代替。

本学年修习哲学心理系的"逻辑"课，受教于金岳霖教授。"逻辑"也是各院系一年级必修课。

修习历史系开设的一二年级必修课"中国通史"和"西洋通史"（各 6 学分）。"中国通史"本学年共开甲乙两班，甲班由吴晗教授为文学院、师范学院授课。"西洋通史"是一二年级必修课，本学年共开甲乙两班，甲班由皮名举教授为文学院、法学院授课。皮名举教授要求记笔记，并绘历史地图上交。皮名举在汪曾祺所绘马其顿国地图上批道："阁下之地图美术价值甚高，科学价值全无。"【《西南联大中文系》（约 1988）】[2] 上学期期终考试，"世界通史"只得了 37 分。

修习法商学院经济商学系"经济学概论（演讲）"，在甲班，陈岱孙教授主讲。一学年，6 学分。另外，还修习"第一年军事训练"和"第一年体育"。

1　朱自清的日记中有关于该教材编选的若干记录，见《朱自清全集》第十卷，1939 年 5 月 19 日、6 月 16 日、7 月 10 日、20 日、8 月 14 日等日记。朱自清以"大一国文""国文选本""大一中文"等称呼之。

2　《新校舍》（1992）所记批语与此稍有出入。

入学后头两年，主要住在新校舍学生宿舍25号[1]。新宿舍住的是文、理、法商三院的男生。汪曾祺睡在靠门的上铺，由于常在系图书馆通宵看书，和下铺的一位历史系河南籍刘姓同学几乎没有见过面。[2]

11月

同时考取联大的巫宁坤，从武汉辗转抵达昆明，到联大外文系报到。他和汪曾祺住在同一间宿舍，两位好朋友得以重逢。

冬

时沈从文居住在北门街，萧珊偕王育常（王树藏）从女生宿舍迁居沈从文宿舍大院二楼居住。[3]汪曾祺也曾在此居住。同室或近邻的有中法大学法国文学系学生王道乾[4]、联大学生何炳棣、吴讷孙[5]等，王道乾的同学徐知免亦常来访。[6]

1　也一度在校外租房居住，见本谱下文。

2　这是《新校舍》的说法。《炸弹和冰糖莲子》（1997）则说："我住三号床的下铺，他（指郑智绵）住五号床的上铺。"郑智绵（1921—），后来成为物理学家。又，巫宁坤回忆2005年接受采访时说自己和汪曾祺睡上下铺。见访问记《巫宁坤：和菲茨杰拉德有缘》，载《新京报》2005年10月7日。

3　见《巴金年谱》，四川文艺出版社1989年版，第533页。

4　王道乾（1921—1993），浙江绍兴人，法国文学学者、翻译家。1945年毕业于中法大学法国文学系，1947年赴法国巴黎索邦大学留学。1949年10月归国。先后供职于华东文化部、《文艺月报》编辑部、上海文学研究所、上海作协组联室、上海人民出版社、上海译文出版社、上海社科院文研所研究员。译著有文论、传记、长中短篇小说若干，后期以翻译了兰波《彩画集》及杜拉斯的《情人》等系列作品而蜚声文坛。

5　何炳棣（1917—2012），浙江金华人。历史学家。1934年就读北京清华大学历史系，1938年毕业，在西南联大任教，1945年底赴美国留学，1952年获博士学位。后成为著名史学家。吴讷孙（1919—2002），生于北京，1937年入长沙国立临时大学，学哲学、生物，1942年自外文系毕业。1945年赴耶鲁大学留学，攻读美术史。后在美国执教。1959年以笔名鹿桥在香港出版长篇小说《未央歌》。

6　间接引述据汪曾祺《觅我游踪五十年》，收入《十五日夜走滇境》；徐知免《最后一次看到汪曾祺》，载《散文》1998年第8期。

10月20日

为纪念鲁迅逝世三周年（10月19日），西南联大邀请鲁迅的老友孙伏园来校作报告，地点在昆中南院"南天一柱"大教室。同日，文协昆明分会也举行纪念会，杨振声、朱自清、吴晗等出席。

11月14日

朱自清辞去中国文学系及师院国文学系主任职务，罗常培暂代。

12月

学期结束前，中文系在一间大教室举行迎新茶话会。中文系主任罗常培及教授罗庸、魏建功、浦江清、朱自清、杨振声及本学期新入学的20余名中文系新生等参加。当时在中文系就读（后来转到历史系）的刘北汜在问卷中表示希望增加新文学类课程，罗常培有针对性地说："有一个同学（……）说他爱读新文学，讨厌旧文学、老古董。这思想要纠正。中国文学系，就是研究中国语言文字、中国古代文学的系。爱读新文学，就不该读中文系！……"朱自清、杨振声马上予以反驳，提出中文系课程中应该增加现代文学比重。茶话会几乎成为辩论会，气氛一时十分紧张。[1]

民国 29 年　1940 年，20 岁

1月22日前后

联大开始本年度上学期考试。

1　见刘北汜《朱自清先生在昆明的一段日子》，载《新文学史料》1982年第4期。

1月26日

联大寒假开始。

2月13日

1939 到 1940 年度第二学期开始注册。

2月16日

本学年第二学期开学。

本学期继续修习"大一国文""读本"及"作文"。

本学期继续修习皮名举教授的"世界通史"。因上学期这门课仅得 37 分，这学期至少需要达到 83 分，才能以平均 60 分以上的成绩及格。期末考试时，拉了钮钧义等两个历史系同学分坐自己两侧，考场上抄两位同学的卷子，最终得了 85 分。【《新校舍》（1992）】[1]

年初

冬青文艺社成立，汪曾祺为成员之一。[2]

4月12日

作小说《钓》，刊于昆明《中央日报》1940 年 6 月 22 日"平明"副刊。

1　查《廿八年度新生名册》（见《国立西南联合大学史料》第五卷，云南教育出版社 1998 年版），历史系只有钮钧义这一名钮姓学生（见该书第 134 页）。查有关资料，钮钧义 1919 年生，兴化人，1946 年任教于云南富民县立初级中学，1947 年后任兴化私立念劬中学教导主任，解放后在扬州中学、扬州教师进修学校等校任教。

2　关于冬青社成立的具体时间，有不同说法。《国立西南联合大学校史》有"1940 年初"和"1940 年 9 月"两说（分别见第 357 页、第 387 页），《联大八年》说"有联大就有冬青社"，《闻一多年谱长编》说是"1940 年 11 月"。此采杜运燮、李光荣说法。

作者生前未收入作品集。这是目前所见汪曾祺最早发表的文学作品。

6 月 10 日

学年考试开始。

6 月 23 日

西南联大暑假开始。

大学一年级期间

延续自初中起就喜欢的爱好——唱京剧，常约同学带着胡琴来宿舍演唱过瘾。因为唱京剧，开始结识物理系一年级的朱德熙，后成为终生挚友。

7 月底

巴金抵达昆明，探望在西南联合大学外文系就读的未婚妻陈蕴珍（萧珊）。汪曾祺因此得以第一次见到巴金。

8 月 3 日

聆听沈从文应联大师范学院国文学会邀请所作的演讲，题为"小说作者和读者"。

8 月 20 日

汪曾祺的祖父汪嘉勋去世，享年 77 岁。[1]

9 月 9 日

联大 1940 至 1941 年度上学期旧生开始注册。

1　汪嘉勋卒年，采《汪氏族谱》记载。具体月日，采陆建华先生在《汪曾祺传》所附年谱中的说法。陆先生把卒年定为 1936。

10 月 7 日

文、理、法商、师范学院开始上课。汪曾祺开始二年级（1940—1941 年度）课业。中文系二年级课程基本不分文学组与语言组。本年中文系为二年级开设的必修课均为一学年，计有：文字学概要，陈梦家讲授；声韵学概要，罗常培讲授；中国文学史，余冠英讲授；各体文习作（一），沈从文讲授；历代文选（唐、宋），张清常讲授。

通修课方面，汪曾祺修习的有"哲学概论""第二年体育"和"英语"。"哲学概论"分甲乙丙三组上课。汪曾祺分在丙组，教师为哲学系讲师石峻。【《泡茶馆》（1983）】本学期英语课由一位俄国老太太教，"她一句中文也不会说，我对她的英文也莫名其妙"，遂导致英语学习失去兴趣。[1]

本学期

汪曾祺本学年听闻一多为文学组四年级学生开设的"古代神话"。[2]《闻一多先生上课》（1997）回忆"古代神话"课堂情景：

> 闻先生教古代神话，非常"叫座"。不单是中文系的、文学院的学生来听讲，连理学院、工学院的同学也来听。工学院在拓东路，文学院在大西门，听一堂课得穿过整整一座昆明城。闻先生讲课"图文并茂"。他用整张的毛边纸墨画出伏羲、女娲的各种画像，用按钉钉在黑板上，口讲指画，有声有色，条理严密，文采斐然，高低抑扬，引人入胜。

1　《悔不当初》（1992）。查《国立西南联合大学各院系必修选修学程表》（1940年至 1941 年度），本年度外国语文学系无俄罗斯外教记录。

2　资料表明，汪曾祺听课比较任意，有时并非为自己所在年级开设的课程，他也会旁听。查《西南联合大学各院系必修选修学程表》，闻一多在 1939—1940 年度休假故未开课，1940—1944 年度期间仅这一学期开设过"古代神话"一课。

他还听了刘文典教授为文学组三四年级开设的"中国文学专书选读"(庄子)一课,两学期,4学分。汪曾祺回忆听他讲课的情形:

> 刘文典先生讲了一年庄子,我只记住开头一句:"《庄子》嘿,我是不懂的喽,也没有人懂。"他讲课是东拉西扯,有时扯到和庄子毫不相干的事。倒是有些骂人的话,留给我的印象颇深。[1]

本学期

朱德熙从物理系转入中文系,与汪曾祺成为同班同学。

入学不久,朱德熙突发急性小肠疝气。汪曾祺叫了人力车把他送到医院,当即留院手术。三天的手术、医疗费,是汪曾祺到朱德熙的舅舅、联大物理系教授王竹溪家取的钱,后来朱德熙又患恶性疟疾,治疗期间也是汪曾祺侍候。

10月13日

敌机27架再次轰炸昆明,西南联大师范学院(昆华中学北院)男生宿舍全被炸毁,清华大学办事处(西仓坡)也被炸,死工友两人。师院借昆华工校校舍上课。沈从文、卞之琳合住的宿舍炸坏,沈从文搬到文林街20号楼上居住。此后联大学生与昆明文学青年经常造访此处。每周沈从文一进城,汪曾祺必去拜访、闲聊、借书、还书。《我的老师沈从文》(1980)写道:"我在西南联大几年,所得到的一点'学问',大部分是从沈先生的书里取来的。"

沈从文喜欢上了昆明的一种竹胎的缅漆圆盒,进城时就到处寻找置买,前后搜集了几百个,鉴赏越来越精。汪曾祺常随他"满城乱跑,去衰货摊上觅宝"。

10月17日

14点,敌机36架轰炸昆明。15点半,复响警报,17点解除。谣传夜袭,

1　《西南联大中文系》(1988)。查《西南联合大学各院系必修选修学程表》,刘文典只在本年开设过"庄子"课,据此系年。

后敌机未来。

11 月 1 日至 2 日

作小说《翠子》，刊于昆明《中央日报》1941 年 1 月 23 日。生前未收入作品集。

11 月 21 日

草成小说《悒郁》，刊于 1941 年元月昆明《今日评论》周刊第五卷第三期。作者生前未收入作品集。

本学期

与外文系巫宁坤、赵全章过从甚密，经常在一起泡茶馆。期间开始小说写作。最初的几篇小说是坐在钱局街的一家老式茶馆里写出来的。

"哲学概论"期终考试，汪曾祺是把考卷拿到茶馆里答完再交上去的。【《泡茶馆》（1983）】

约本年

有一次和沈从文一起到一个图书馆去，在一列一列的书架面前，沈从文叹息道："看到有那么多人，写了那么多书，我什么也不想写了。"【见《给一个中年作家的信》（1980）】[1]

民国 30 年　1941 年，21 岁

1 月

警报频仍，但多数并无敌机来袭。29 日 13 点到 14 点之间，敌机分批到，

1　《给一个中年作家的信》未缀写作时间，笔者考辨确认是 1980 年所作，详见 1980 年本事。文中说此事发生于"四十年前"，故系于此时。

盘旋久之，正义路北段、文庙街、民生街、文林街、翠湖北路均遭轰炸，联大幸未遭大损。

年初

刘北汜、萧荻、萧珊等冬青社社员搬到金鸡巷4号住，此地一时成为冬青社及文学爱好者的聚会场所，汪曾祺也是这里的常客。据刘北汜回忆，本年初，他读二年级下学期的时候，跟他同宿舍、也读历史系的好友萧荻（原名施载宣）在钱局街金鸡巷4号租到了楼上的三间房子，邀请萧珊、王育常、刘北汜以及王文焘（一位男同学）同住。两位女生住东头那间，三位男生住西头那间，当中的那间空着，留做公用。[1]

2月3日

沈从文致信正在福建长汀厦门大学的施蛰存，其中提到"新作家联大方面出了不少，很有几个好的。有个汪曾祺，将来必大有成就。"[2]说明这时候沈从文通过授课已经充分认识到汪曾祺的潜力。

2月13日

联大考试。

2月20日

寒假开始。

2月13日

小说《寒夜》刊于本日《中央日报》。生前未收入作品集。

1　刘北汜《四十年间——关于巴金、萧珊的片断回忆》，收入《雪霁集》，宁夏人民出版社1986年版。

2　《沈从文全集》第18卷，北岳文艺出版社2009年版，第391页。

2月16日

是夜，为纪念自己的 21 岁生日，作新诗《自画像——给一切不认识我的和一个认识我的》，刊于《大公报》1941 年 9 月 17 日"文艺"。

2月17日

小说《春天》刊于《中央日报》1941 年 3 月 13 日。生前未收入作品集。

3月2日、3日

小说《复仇——给一个孩子讲的故事》，分两次刊于 3 月 2 日、3 日重庆《大公报》"战线"第 734 号、第 735 号。生前未收入作品集。

3月3日

新诗《昆明小街景》刊于本日香港《大公报》"文艺"。

3月8日

西南联大 1941 至 1942 学年度第二学期开课。汪曾祺继续修习上学期各门课程。

4月8日

敌机 27 架狂炸昆明市中心区。

4月21日

新诗《昆明小街景》重刊于桂林《大公报》1941 年 4 月 12 日。与前此香港版上发表本略有差异。[1]

1　桂林版《大公报》1941 年 3 月 15 日开始出版。或因创刊初期稿源不足，某些文章系港版已刊登过的。

4月25日

《猎猎——寄珠湖》刊于本日桂林《大公报》"文艺"第16期。文体介乎小说、散文之间。

5月9日

作新诗《有血的被单》，刊于桂林《大公报》1941年7月30日"文艺"。

5月26日

新诗《小茶馆》刊于本日桂林《大公报》。

6月9日

在刘北汜联络下，《贵州日报》（前《革命日报》）副刊"革命军"上的《革命军诗刊》栏刊发"昆明西南联大冬青文艺社集稿"。这标志着冬青社活动转向校外。

6月12日

新诗《消息——童话的解说之一》刊于本日昆明《中央日报》。

6月16日前后

联大期终考试。

汪曾祺平常不记笔记，临到考试时借同学笔记本看，接连开了几个夜车，到"大二英文"期终考试时，因睡过了头而没有参加考试，结果本门课程零分。这是后来他没能如期毕业的原因之一。[1]

1　事见《悔不当初》（1992）。

6 月 18 日

新诗《昆明的春天——不必朗诵的诗，给来自故乡的人们》刊于本日《大公报》"文艺"。

7 月 20 日

作小说《河上》，分两次刊于昆明《中央日报》1941 年 7 月 27 日和 29 日"文艺"副刊第 71 期、第 72 期，署名"西门鱼"。生前未收入作品集。

8 月 14 日

凌晨跑警报。敌机疯狂轰炸昆明，联大新校舍学生宿舍、办公室、图书馆、实验室、教职员宿舍损失惨重。

8 月 16 日

新诗《封泥——童话的解说之二》刊于本日《中央日报》（昆明）"文艺"。

8 月 26 日

应罗常培之邀，正担任中华全国文艺界抗敌协会理事的作家老舍飞抵昆明，居留 77 天。期间在昆明演讲六场。

8 月底

完成小说《匹夫》，刊于 1941 年 8 月 31 日、9 月 6 日、9 月 7 日、9 月 8 日、9 月 10 日、9 月 25 日昆明《中央日报·文艺》第 85、87、88、89、90、91 期，署名"西门鱼"。

9月8日

下午三时，老舍在西南联大作首次演讲，题为"抗战以来之文艺"。地点在潘家湾昆中师范学校。闻一多主持并致辞。中文系教授悉数出席，场面盛大。

后来，冬青社又单独邀请老舍在联大新校舍一间大教室作了一次关于写作的演讲。

9月16日

小说《灯下》刊于本日出版的昆明《国文月刊》第1卷第10期"习作选录"栏。当期《国文月刊》配有"编后记"：

> 本期《灯下》一篇，由沈从文先生交来，是西南联大语体文习作班佳卷。作者汪曾祺先生是联大文学院二年级学生。

9月18日

罗常培再次请辞两系主任职务，闻一多请辞代主任，杨振声受聘继任。

9月23日

1941至1942年度第一学期旧生开始注册。

10月6日

1941—1942年度开课。汪曾祺开始三年级学业。

本学年中国文学系为文学组三年级开出的必修、选修课程（有些只面向文学组，有的同时面向文学组、语言组；有的只面向三年级，有的同时面向三、四年级）计有：各体习作（二），余冠英讲授；历代诗选（唐），闻一多讲授；历代诗选（宋），朱自清讲授；中国文学专书选读系列（诗经，罗庸讲授；楚辞，闻一多讲授；战国策，唐兰讲授；汉书，彭仲铎讲授；文选，刘文典讲授；吕氏春秋，许维遹讲授）；中国文学史分期研究（三），罗庸讲授；散文研究，朱自清讲授；现代中国文学，杨振声讲授；温李诗，刘文典讲授；杂剧与传奇，吴晓铃讲授；中国小说，沈从文讲授；创作实习，沈从文讲授；校勘实习，许维遹讲授；中国文法研究，王力讲授。

汪曾祺修习朱自清主讲的"宋诗"课【即"历代诗选（宋）"】，感觉朱自清授课效果不佳，遂不能坚持出勤，以至于朱自清有所不满。

修习刘文典主讲的"昭明文选"课【即"中国文学专书选读（文选）"】。刘文典上课随意，一个学期只讲了半篇木玄虚的《海赋》。有好几堂课大讲"拟声法"，在黑板上写了挺长的一个法国字，举了好多外国例子。【《西南联大中文系》（1988），《新校舍》（1992）】

本学年修习闻一多两门课："中国文学专书选读：楚辞""历代诗选（唐）"，是为中文系及师范学院国文系三、四年级所开设。对闻一多的学问和风度都备极欣赏。【《闻一多先生上课》（1997）】

本年下学期选修《中国文学史概论》，讲到词曲部分，师生一起拍曲，汪曾祺吹笛，朱德熙唱旦角。常唱《思凡》。[1]

选修沈从文《创作实习》。同时选修沈从文《创作实习》的还有低一级的马识途等。[2]

本学年选修外国语言文学系开出的"法文壹"，2 学分。在朱德熙推荐下，汪曾祺选的是刚获得硕士学位留校的青年教师李赋宁任教的 E 班，同班同学有马汉麟、李荣、许师谦等，共五人。[3]

1　据课程表，《中国文学史概论》课先后由浦江清、游国恩讲授。查《国立西南联合大学校史》，1942 年以后该课均由游国恩主讲。浦江清在日记中多有与陶重华来往（包括一起拍曲）的记录。汪曾祺《八仙》（1985）又说："我的老师浦江清先生（他教过我散曲）曾写过一篇《八仙考》。"故笔者怀疑此处"老师"指浦江清。查课程表，浦江清所授可能与散曲有关的课程则有"中国文学史分期研究"。

2　据马识途《想念汪曾祺》，收《你好，汪曾祺》，山东画报出版社，2007 年版。

3　李赋宁《悼念朱德熙同志》，见《朱德熙先生纪念文集》，语文出版社 1993 年 7 月版。李赋宁《学习英语与从事英语工作的人生历程》一书记述相同（见第 54 页）。据《国立西南联合大学各院系必修选修学程表（1941 至 1942 年度）》（《西南联合大学史料》第三卷），A 班任课教师为吴达元教授，B 班任课教师为闻家驷教授，与李赋宁先生文中所述略有出入。

本学年还修习了哲学心理学系冯文潜教授的《美学》[1]。冯文潜曾举白居易《长相思》（"汴水流"）为例，给汪曾祺留下深刻印象。【《新校舍》（1992）】

10月4日

作十四行新诗《落叶松》，后先后抄改6稿，于11月6日定稿，刊于1941年11月24日昆明《中央日报·文艺》第101期"十四行特辑"，署名"汪若园"。

10月

完成小说《疗养院》，刊于1941年12月8日、12月21日昆明《中央日报》"文艺"第108、109期，署名"郎画廊"。

10月

中文系四年级（1938级）林抡元（林元）等开始筹划出版文学刊物，后来著名的"文聚社"开始形成,汪曾祺成为该社团的积极分子。成员有马尔俄（蔡汉荣）、李典（李流丹）、马蹄（马杏垣）、穆旦（查良铮）、杜运燮、刘北汜、田堃（王铁臣、王凝）、汪曾祺、辛代（方龄贵）、罗寄一（江瑞熙）、陈时（陈良时）等。[2]

文聚社的成立，得到沈从文的大力支持。据方龄贵回忆，"文聚"这个名字也是沈从文所起的。[3]

1　据《国立西南联合大学各院系必修选修学程表（1941至1942年度）》，本课程"除本系哲学组学生外他系三年级以上学生方能选修"。本学年汪曾祺为三年级学生，故可选修。故本课程之修习，未必是因为下引汪曾祺所说"西南联大的课程可以随意旁听"。

2　据林元《一枝四十年代文学之花——回忆昆明〈文聚〉杂志》，《新文学史料》1986年第3期，收入《碎布集》，北京：文化艺术出版社1991年版。

3　参见李光荣《季节燃起的花朵》，中华书局2011年版。

11月6日

十四行新诗《落叶松》抄改第六稿，定稿后刊于 1941 年 11 月 24 日昆明《中央日报·文艺》第 101 期"十四行特辑"，作者署名"汪若园"。

11月16日

新诗《文明街》刊于本日出版的昆明《中央日报·文艺》第 95 期，署名"汪若园"。

11月中旬

从四川合川二中毕业考取西南联大外文系的巫宁坤，历经两月，终于到达昆明报到。

11月

朱德熙休学一年后于本学期复学，受聘担任何孔敬（后成朱德熙夫人）的弟弟何孔先的家庭教师。汪曾祺陪同朱德熙到文明新街何家开的瓷器店，与何孔敬的父亲见面商定。何孔敬印象很深的是：两个大学生都穿着灰色的长衫，十分潇洒，汪曾祺的头发特别长。他们走后，何孔敬的父亲说，那位汪先生可真是个聪明人。[1]

12月9日

散文《私生活》发表于本日出版的成都《国民公报》"文群"副刊第

1　汪朝《君子之交：汪曾祺与朱德熙、李荣》。【汪曾祺之友 http://blog.sina.com.cn/s/blog_5b1077250100aczf.html】。何孔先《回忆德熙师在昆明的二三事》（收《朱德熙先生纪念文集》，语文出版社 1993 年版）说时在 1941 年冬（当年立冬在 11 月 8 日），到何孔先于次年 7 月考取私立天祥中学之前一共 8 个月。又何孔敬《长相思》说当时朱德熙刚过完二十岁生日不久（朱德熙生在 1920 年 10 月 24 日）。笔者综合上述情况，将此事系于本年 11 月。

三七二期，共有三题：《图像与教训》《作客的摹想》《蛊》。本篇是目前所见汪曾祺最早发表的散文作品。

12月11日

改抄小说《待车》，刊于《文聚》半月刊1942年一、二期。生前未收入作品集。

12月18日

敌机袭击昆明，死伤甚众。

年底

太平洋战争爆发（12月8日）后，香港失陷。施松卿带病返回昆明，转入外文系。

本年

热衷于唱昆曲，积极参加昆明"昆曲研究会"的活动。

陶光、罗常培和任职于航空公司的许茹香组织下组成的昆曲研究会，在1941年有极大发展，成员主要是西南联大、云南大学、中法大学的师生。除个别传授外，每月集中拍曲一次，主要由许茹香教唱。参与曲社活动的教师有罗常培、沈有鼎、浦江清、张友铭等，习曲的学生则有朱德熙、王年芳、汪曾祺、缪鸾和、吴征镒、齐良骥、航空公司查阜西等。朱德熙、王年芳、汪曾祺曾被许茹香称为"联大三杰"。[1]

1　昆明昆曲研究会坚持活动到1948年。到1997年又恢复活动。参见吴新雷主编《中国昆剧大辞典》（南京大学出版社2002年版）"云南昆明昆曲研究会"条。

民国 31 年　1942 年，22 岁

2月2日

学期考试开始。

2月15日

"文聚"社社刊《文聚》创刊号出版。先后出版两卷共六期（一说八期），到 1945 年停刊。

3月2日

本学期开学。中文系文学组三年级仍继续学习上学期各门课程，本学期没有新开课程。

汪曾祺修习余冠英为下一级（1940 级）学生所开设的《中国文学史概要》，与同学、好友朱德熙、杨毓珉在一个班。

听过外国语文学系吴宓教授的"中西诗之比较"。【《新校舍》（1992）】

3月16日

朱自清为国文学会讲《诗的语言》，这是国文学会主办的中国文学十二讲之第一讲。以后又有刘文典《红楼梦》、沈从文《短篇小说》、冯友兰《哲学与诗》、罗常培《元曲中之故事类型》等。

4月16日

作小说《谁是错的？》，刊于《大公报》1942 年 6 月 8 日。生前未收入作品集。

上半年

与中文系同学杨毓珉、哲学系同学周大奎等成立"山海云剧社"。随后试演南国社的《南归》、陈白尘根据艾芜小说改编的《秋收》。[1]

6月22日

学年考试开始。

暑假

山海云剧社演出曹禺的《北京人》，汪曾祺管化妆。

7月27日

小说《结婚》开始在本日出版的桂林《大公报·文艺》第183期刊出，至28日该刊第184期刊完，署名汪曾祺。

8月24日

昆明儿童剧团开始公演根据班台来耶夫著、鲁迅译的《表》改编的同名五幕六场儿童剧。编剧为同济大学机械系学生董林肯，导演为西南联大工学院土木工程学系1938级学生劳元干，主要演员有徐飞飞、程杭生、刘绮等，连演十余场，受到文艺界好评。汪曾祺受邀担任化妆工作。

8月30日

冬青社组稿的《贵州日报》"革命军诗刊"改报头"冬青"发刊，但当期同时刊出《联大冬青文社启事》，宣告停刊。

---

1 魏铭让《西南联大·中国建设中学——我们创办了一所特殊的学校》，《西南联大北京校友会简讯》第28期。

雨季

写了一些昆虫散文，集为《昆虫书简》。1943 年《烧花集》题记提及此书。书未出版。篇目及发表状况不详，多数仍见遗诸集。

下半年

何孔敬的弟弟何孔先在尚在联大就读的朱德熙辅导下考取昆明的名牌学校——天祥中学，但何父决定放弃入读天祥，继续延聘朱德熙教授何孔先。为照顾朱德熙在联大上课，在文林街北段的地藏寺 2 号租下一套小厢房，供师生居住、教学。地藏寺 2 号成了他和师友的文化沙龙，汪曾祺也常常来此。

9 月 14 日

联大开学。汪曾祺开始大学四年级学业。本学期（或全学年）中国文学系为文学组四年级开出的必修、选修课程（有些只面向文学组，有的同时面向文学组、语言组；有的只面向三年级，有的同时面向三、四年级）计有：词选，浦江清讲授（本学期）；中国文学专书选读系列：周易（本学期），闻一多讲授；左传，史记，杜诗（均为全学年课程），分别由许维遹、彭仲铎、罗庸讲授；语言学概要，王力讲授；文学批评，朱自清讲授；中国文法研究，王力讲授；文辞研究，朱自清讲授；中国文学史分期研究（一），罗庸讲授；中国文学史分期研究（四），浦江清讲授；中国小说，沈从文讲授；诗法，王力讲授；中国文史问题研究，闻一多讲授。

9 月 21 日

西南联大 1942 至 1943 学年度第一学期正式开课。

本学期修习"词选"课，本为浦江清主讲，因浦江清休假回上海老家后辗转在途仍未归滇，由文字学家唐兰代为讲授。【《新校舍》（1992）】

也选修了王力的《诗法》。修习过程中，根据一位同学题抽象派画的一句新诗"愿殿堂毁塌于建成之先"填了一首词上交。王力教授写了两句诗作为评语："自是君身有仙骨，剪裁妙处不须论。"[1]

另外，也选修了杨振声教授为文学组三年级、语言组四年级开设的"历代诗选（汉魏六朝）"一课。在汪曾祺印象中，"他上课比较随便，也很有长者风度"，[2] 汪曾祺根据"车轮生四角"这句古诗写了一份很短的作业《方车论》，从诗句的奇特想象阐发依依惜别之情的独特表达，杨振声十分欣赏，期末宣布他唯一免考的学生。[3] 后来，汪曾祺与杨振声过从甚密。

11月13日

新诗《二秋辑》刊于本日出版的昆明《生活导报》周刊第一期。

11月22日

写完《唤车》初稿。刊于《世界学生》1943年第2卷第3期。生前未收入作品集。《十月》2008年第1期刊出解志熙整理本，将其断为小说。

12月8日

新诗《旧诗》刊于本日桂林《大公报》。

民国 32 年　1943 年，23 岁

1月17日

本学期大考。

1　《西南联大中文系》（1988）提及此事，未说该学生的名字。在家和子女则说其人就是他自己。参见汪朗等《老头儿汪曾祺——我们眼中的父亲》，中国青年出版社2012年版，第32页。

2　《听沈从文上课》，见《与老人聊天》，大象出版社2003年版。

3　汪曾祺在文章（如1988年所写的《西南联大中文系》一文）中忆及时，均未提这是他自己的事，但在家中对子女说如此。见汪朗等《老头儿汪曾祺——我们眼中的父亲》，中国青年出版社2012年版，第32页。

2 月 20 日

寒假结束，新学期开学。

除全学年开设的课程继续进行外，本学期为四年级新开的课程有：曲选，浦江清讲授；中国文学专书选读系列：尚书，陈梦家讲授；毕业论文，本系教授指导；文学概论，杨振声讲授；训诂学，罗常培讲授；乐府诗，闻一多讲授；元遗山，刘文典讲授；吴梅村，刘文典讲授。

3 月 1 日

10 点，"国民月会"讲座，由来访的著名科技史家、英国剑桥大学教授李约瑟演讲，题为"科学在盟国战争中的地位"，梅贻琦主持。

3 月 10 日

作散文《小贝编》，刊于昆明《大国民报》第九期、第十期《艺苑》（1943 年 4 月 28 日、5 月 1 日）。作者生前未收入作品集。

3 月 11 日

冯友兰本学期休假离校，杨振声暂代文学院院长职务。至 8 月 2 日，冯友兰续任该职。

3 月 13 日

草成小说《除岁》，后刊于桂林《文学杂志》第 1 卷第 2 期（1943 年 11 月 5 日出版），作者署名汪曾祺。

3 月 18 日

晚间，联大文史讲座由罗常培主讲"语言与文化"。

毕业前夕

致信朱奎元。信中告诉朱奎元，罗常培允诺自己先在联大先修班教一个班的国文，以待明年取得毕业文凭后正式留校任教：

> 明天也许在决定我生活方向上是一个相当重要的日子：我们系主任罗先生今天跟我说，先修班有班国文，叫我教。明天正式决定。他说是先给我占一个位置，省得明年有问题。这事相当使我高兴。别的都还事小，罗先生对我如此关心惠爱，实在令人感激。联大没有领得文凭就在本校教书的，这恐怕是第一次。[1]

此后不久，罗常培为写介绍信，叫汪曾祺自己持信找先修班主任李继侗，信中提到"该生素具创作夙慧"。[2]

5月25日

晚上，西南联大中文系为欢送本届毕业同学，在中法大学礼堂演出吴祖光的名剧《风雪夜归人》，全体同学参与，汪曾祺当在内。演出由中文系主任罗常培主持，历史系教授孙毓棠导演，杨振声舞台监督，闻一多舞台设计，沈从文、罗庸担任顾问，全系同学参加。演出甚为成功。[3]

6月14日

学年考试、毕业考试开始。

1　收信人朱奎元后来到台湾。1990年代将保存的汪曾祺书信十通捐献给家乡的高邮中学。这封信不缀年月日。"罗先生"指罗常培，他自1940年6月起正式担任联大中文系主任，直至联大复员北返。事实上，后来汪曾祺并未留联大任教。

2　《西南联大中文系》（1988）提及此事，未说是学生的名字。在家和子女则说是自己。见汪朗等《老头儿汪曾祺——我们眼中的父亲》，中国青年出版社2012年版。

3　《吴祖光名剧〈风雪夜归人〉联大精彩演出》，《云南日报》1943年5月26日。

6月23日

暑假开始。

因体育和大二英文成绩不合格，汪曾祺未能在 1943 年夏天如期毕业，滞留于西南联大补修课程。

约6月下旬

参加暑假山海云剧社排练曹禺根据巴金小说改编的话剧《家》。主要演员有徐韦、张轩子、柳凝等，觉新一角由冯友兰的儿子冯钟辽饰演。汪曾祺负责化妆，并扮演剧中的老更夫。

雨季

写了一些散文，集为《雨季书简》《蒲桃与钵》。本年年底所作《烧花集》题记提及此书。书未出版。篇目及发表状况不详。

9月6日

联大 1943—1944 年度开学。13 日正式开课。

10月2日

山海云剧社在省党部礼堂公演曹禺根据巴金同名小说改编的话剧《家》，为中国建设中学募集基金。[1]

10月末

周大奎、杨毓珉、魏铭让、刘彦林、董杰等在李公朴、马约翰、龙云的支持下，取得中华职业社的孙起孟支持，筹办中国建设中学。汪曾祺也是创办人之一。

1　西南联合大学北京校友会编《国立西南联合大学校史——一九三七至一九四六年的北大、清华、南开》，北京大学出版社 2006 年版，第 405 页。

10 月

闻一多在唐诗课上朗诵田间的诗，誉之为"时代的鼓手"。

11 月 12 日

西南联大教授委员会决定，四年级男生一律征调为译员，不服征调两年兵役者，不发毕业文凭。

11 月

始在西南联大师范专修科担任书记，至次年三月结束。据《国立西南联合大学全校教职员名单册（1946 年）》，汪曾祺"学历及经历"一栏注明其为"联大国文学系补学分学生、本校书记"。[1]

12 月 2 日

12 月，作散文《烧花集》及"题记"。刊于昆明《建国导报》创刊号（1943 年 12 月 25 日出版）。作者生前未收入作品集。《十月》2008 年第 1 期刊解志熙辑佚整理本。

细味"题记"知，《烧花集》似为本年下半年所作系列散文结集。书未出版。篇目及发表状况不详。

本年

卞之琳所译的福尔《亨利第三》与里尔克的《旗手》以《亨利第三与旗手》（叙事散文诗两篇）为名，由昆明文聚社重新出版。这两个作品对汪曾祺的写作有极大影响。他在 1946 年所写的散文《他眼睛里有些东西，决非天空》，篇题出自里尔克的《旗手》。1947 年的《短篇小说的本质——在解鞋带和刷

1　《国立西南联合大学史料》第四卷（教职员卷），云南教育出版社 1998 年版，第 291 页。

牙的时候之四》中回忆自己在"教我们写作一位先生"[1]的试卷上要求学生写"一个理想的短篇小说"，自己写的是"一个理想的短篇小说应当是像《亨利第三》与《军旗手的爱与死》那样的！"[2]

约本年

自到昆明以来，汪曾祺与在香港到越南轮船上结识的广东籍陈姓母女续有交往。约本年某次应约到陈家，母亲的美姿与所养的墨绿垫卧着的一只小白猫，给汪曾祺留下了极为深刻的印象。1947 年在上海写的小说《绿猫》中，引用主人公柏（以自己为原型）的一段散文，隐隐约约透露这次的经历；直到晚年，汪曾祺对这一场景仍念念不忘。1996 年作画《墨绿缎垫上的"昆明猫"》，在跋文中重述美人风姿，并特赋诗，有句云"四十三年一梦中，美人黄土已成空"。1997 年又作散文《猫》，说起陈氏和猫：

> 母亲有一次在金碧路遇见我们，邀我们上她家喝咖啡。我们去了。这位母亲已经过了三十岁了，人很漂亮，身材高高的，腿很长。她看人眼睛眯眯的，有一种惶惶忽忽的成熟的美。她斜靠在长沙发的靠枕上，神态有点慵懒。在她脚边不远的地方，有一个绣墩，绣墩上一个墨绿色软缎圆垫上卧着一只小白猫。（……）屋里有一盆很大的素心兰，开得正好。好看的女人、小白猫、兰花的香味，这一切是一个梦境。[3]

1　指沈从文。

2　《军旗手的爱与死》系《旗手》的另一译法。

3　"四十三年一梦中"，如按 1996 往前推算，实当为"五十三年"，容为作者笔误。本谱据此将此事系于本年。据 1944 年汪曾祺与朱奎元多封通信，其中的"（陈）潆宁"，或即为该陈姓女子的女儿。

民国33年　1944年，24岁

约1月19日

期末，好友、1940级学生杨毓珉修习闻一多"唐诗研究"，汪曾祺代他写期末读书报告《黑罂粟花——李贺歌诗编读后》。该文受到闻一多激赏。《闻一多先生上课》（1997）忆及，闻一多，对"那位同学"（杨毓珉）说："你的报告写得很好，比汪曾祺写的还好！"作者生前未收入作品集。作者去世后，生前好友杨毓珉说明情况并向家属提供底本，2000年汪朗、汪明、汪朝著《老头儿汪曾祺——我们眼中的父亲》一书由中国人民大学出版社出版，首先揭载该文。[1]

1月26日

西南联大全校416名四年级学生前往战地服务团进行体格检查，以应征担任随军译员。2月19日又进行了补检。经过这一番措施，进入译训班的西南联大学生达到243人。[2]

汪曾祺对此采取消极态度。关于他不去应征的原因，有人说他"认识高"，"有骨气"，例如朱德熙。但汪曾祺则对子女说了另外的隐衷：一是觉得外语水平太差，恐怕应付不了这个差事；二是当时生活窘迫，连一件像样的衣服都没有，身上的一条短裤后边破了俩大洞，露出不宜见人的部位。于是没去参加体检。[3]

1　见该书第26—31页。"唐诗研究"实为"历代诗选（唐）"。

2　据闻黎明《抗日战争与中国知识分子》，社会科学文献出版社2009年版，第304页。

3　见汪朗等《老头儿汪曾祺——我们眼中的父亲》，中国青年出版社2012年版，第50页。

3月11日

晚上，西南联大学生自治会在省党部大礼堂举行盛大集会，欢送作为译员走上前线的同学。梅贻琦、冯友兰、查良钊、樊际昌等参加并讲话。[1]

3月24日

在"咳嗽了三四天，今天头疼不止"的情况下致信朱奎元。时朱奎元刚离开昆明赴贵州不久，还没来信。故信中述说分离之后的伤感、悬揣对方旅途及寓居状况，也描述了自己的精神状态：

> 我自然还是过那种"只堪欣赏"的日子。你知道的，我不是不想振作。可是我现在就像是掉在阴沟里一样，如果我不能确定找到一池清水，一片太阳，我决不想起来去大洗一次。因为平常很少有人看一看阴沟，看一看我，而我一爬出来，势必弄得一身是别人的眼睛了！

对方分手前曾希望汪曾祺写关于他的文章。信中解释为什么不能马上动手的原因，从中隐约透露出这个时期汪曾祺的写作观：

> 我如果对一个对象没有足以自信的了解，决无能下笔。你有许多方面我还不知道，我知道你不少事情，但其中意义又不能尽明白，我向日虽写小说，但大半只是一种诗，我或借故事表现一种看法，或仅制造一种空气。我的小说里没有人物，因为我的人物只是工具，他们只是风景画里的人物，而不是人物画里的人物。如果我的人物也有性格，那是偶然的事。而这些性格也多半是从我自己身上抄去的。

1　此据闻黎明《抗日战争与中国知识分子》，社会科学文献出版社2009年版，第305页。《昆明文史资料选辑》（6）中载《昆明大事记》称事在3月12日，恐为此事见报时间。

所以我没有答应你一时就写出来。

这封信一直写到深夜三时。全信凡三千言，是写给朱奎元信中最长的一封。[1]

3月25日

在上封信后补充数段闲话。

4月3日前后

经朋友邀约，到南英中学教书，不久，校方拟任为训育主任，婉谢。4月18日致信朱奎元叙述此事：

> 我被"朋友"逼往南英中学教书。唬小孩子，易易事耳。现已上课半月，不知校方何以忽发奇想，要撤换原有训育主任，以我承替。奎元知我放浪不理政事，且尚计自读书，写我大作，必不应之也。我以"名士派"为辞，愿依然作闲人。

4月9日

何孝达（何达）等12人成立"新诗社"，闻一多为导师。此后经常举行诗歌朗诵、讨论活动。

同日，西南联大壁报协会成立。

4月13日

因物价飞涨，云南省教育厅决定自4月份起，各校学生副食费由原来的130元涨到165元。

1　本年及下年汪曾祺致朱奎元信多通，均不缀确切年月日。本谱所系时间，按笔者考证结论。具体推论过程不展开。

4 月 18 日

致信朱奎元。现存件仅残存后半部分。这部分谈及从吴奎口中得知中学老师顾调笙的情况，请对方代向调笙师问安。问及初中同学李小姐。

报告在南英中学教书半月以来的状况。表示缅北战事进展后，想各处看看。

这封信的行文多有文言风格，大约是与朱奎元先前曾要求汪曾祺表示有意提高自己的文言水平有关。[1]

4 月 27 日

作小说《小学校的钟声——茱萸小集之一》，后刊于《文艺复兴》第一卷第二期（1946 年 2 月 25 日出版）。

5 月 7 日

晚上十一点多，在文林街遇到任振邦，聊到一些事情，也聊到朱奎元。任问是否需要钱，遂向任借得 1000 元。这时汪曾祺因为无钱，已经十二个小时没有吃饭了。[2]

5 月 9 日

写长信致朱奎元。信中叙述了前日与任振邦的见面、谈话。信中报告自己一个月来的心境和写作进展：

> 一月来，除了今天烦躁了半点钟，其余都能安心读书作事，不越常规。即是今天，因为连着写了五封不短的信，也差不多烛照清莹，如月如璧了。……百忙中居然一月写了三万字，一部分是自传，写我的家，我的教育，我的回忆和"回忆"；另一部分仍是自传，

1　见 1944 年 5 月 22 日致朱奎元信提及。

2　据 5 月 9 日致朱奎元信。

写近一年种种，写那种将成回忆的东西。

信的主要部分，则是宣泄了两个方面的积郁。一是述说因父亲未能汇钱来，自己陷入困顿，因此对父亲产生抱怨；二是述说自己与"蓝家女孩子"的感情体验。

5月18日

散文《葡萄上的轻粉》刊于云南《民国日报》1944年5月18日"文艺"副刊第二期。

5月22日

收到朱奎元的信一周后，本日作复信。讲述了与蓝家女孩子的感情波动，报告自己的工作近况与计划，说："我已经够忙了，但我还要找点事情忙忙。我起始帮一个人编一个报，参与筹谋一切。我的小说一般人不易懂，我要写点通俗文章。除了零碎小文之外，有计划写一套'给女孩子'，用温和有趣笔调谈年青女孩子各种问题。现在正在着手。印出来之后寄你看看。"以略带戏谑的口吻谈起自己的困顿之状：

> 我还是穷。重庆那笔钱已经接洽好，我已经接到家里信，说已送了去，可是那边一直不汇来！不过不要紧，我已经穷出骨头来，这点时候还怕等吗。你只要想我不久就可稍稍阔起来，有两件新大褂，一双皮鞋，一双布鞋，有袜子，有手绢，有纸笔，有书，有烟，有一副不穷的神情，就为我高兴吧。

约此时

租住民强巷五号一王姓人家的东屋。[1]民强巷生活这段时期是汪曾祺十分

1　五六月份与朱奎元通信多封，唯6月9日信上注明"信寄民强巷四号"，这透露是在此前开始搬到这里住的。

困窘、落魄的时期。

杨毓珉从越南前线回来，到民强巷看望汪曾祺。杨毓珉回忆：

> ……他已搬到从前周大奎住的那间五平方米的小房子里，真可谓家徒四壁，屋里只有一张三屉桌、一个方凳，墙角堆了一床破棉絮、几本旧书，原来此公白天在桌上写文章，晚上裹一床旧棉絮，连铺带盖地蜷缩在这张三屉桌上。看起来能卖的都在夜市上卖了。肯定时不时还要饿几餐饭。[1]

随后，杨毓珉找到筹办中国建设中学的周大奎，在他提醒下，周大奎吸收汪曾祺加入该校任教。

6月9日

在"心里还是乱的很，本来不想写信""早已很疲倦了"的状态下致信朱奎元。谈到自己的精神状态，说："最近的战争也让我不大安定，这个不说。我的虚无的恋爱！报纸事情不大顺利。我穷得更厉害。"因办报的事情，请朱奎元帮忙疏通有关方面。

暑假前夕

致信朱奎元。透露自己的写作计划：

> 我想把未完成的"茱萸集"在我不死，不离开，不消极以前写成，让沈二哥从文找个地方印去。

6月28日

联大放暑假。

1　杨毓珉《往事如烟》，收《永远的汪曾祺》，上海远东出版社 2008 年版。

7月25日

据26日致朱奎元信报告，本日晚上醉酒，吐了一地。

7月29日

下午致信朱奎元。称自己这两天精神"居然不坏"，今天尤其好，觉得很幸福。坚决规劝对方离开贵州桐梓。

9月

暑假过后，中国建设中学搬到昆明北郊黄土坡观音寺。这里是一个荒村，原资源委员会废弃的汽油仓库。学校在公路边，门口朝北。简陋的瓦顶土房，窗户没有玻璃。教员每人一间教室，室内床、桌、椅各一。当地治安不好，学校有几个校警。西北围墙外有家孤儿院，管理员每天教孤儿们唱京戏，老是唱《武家坡》——"一马离了西凉界，不由人一阵阵泪洒胸怀"。汪曾祺晚年回忆起来，说"听了一年《武家坡》，听得人真想泪洒胸怀"。西边是一家茶馆，兼卖市酒。再往西是美国救济总署办的专为国民党士兵灭虱子的"灭虱站"。校门北面、马路对面是一片农田，种了胡萝卜，常有女同学买了当水果吃。学校南面是一片丘陵，上有池塘，塘有鲫鱼，汪曾祺等有时带着自制的钓竿来此钓鱼。"坐在这样的人迹罕到的池边，仰看蓝天白云，俯视钓丝，不知身在何世。"

约本年秋天

应教生物的同事邀请，参加了师生野外考察活动，与西南联大生物系助教蔡德惠同行。【《蔡德惠》（1947）】

10月1日

中秋节，朱德熙、何孔敬订婚，何孔敬的父亲在文明新街瓷器店楼上设宴，以桐城人的"水碗"招待两位媒人——朱德熙的舅舅、西南联合大学物理系教授王竹溪和文字学家、朱德熙的老师、联大中文系教授唐兰，汪曾祺作陪。[1]

约本年

在黄土坡写成小说《复仇》，后刊于 1946 年《文艺复兴》第一卷第四期（1946 年 5 月 1 日出版）。初收《邂逅集》。

民国 34 年　1945 年，25 岁

约春天某月 [2]

在黄土坡作日记数篇，其中 7 日的日记述："过王家桥，桥头花如雪，在一片墨绿色上。我忽然很难过，不喜欢。""纪德的书总是那么多骨。我忘不了他的像。""葛莱齐拉里有些青的果子，而且是成串的。"这透露出汪曾祺当时的文艺欣赏之一斑。[3]

8 日的日记说"把梅得赛斯的'银行家和他的太太'和哈尔司法朗司的'吉普赛'嵌在墙上"，并记下自己的欣赏感受。[4] 9 日的日记写到自己的闲适、孤寂、忧愁，也写到了对女子 N 的回忆与怀念，留下恋爱生活之鳞爪："念 N 不已。

1　何孔敬《长相思——朱德熙其人》，中华书局 2007 年版，第 54 页。

2　这几篇日记未缀具体写作时间，只缀以"七日""八日""九日""十日"字样。根据其中提及的一些物候情况，笔者判断其作于春季。

3　《葛莱齐拉》是法国作家阿尔封斯·德·拉马丁（Lamatrine A.）的长篇小说，有陆蠡译本，文化生活出版社民国二十五年四月初版。小说以意大利的渔人生活为背景，以游意大利认识渔家少女葛莱齐拉后的初恋故事为内容，诗人以自然细腻的笔调，描绘了意大利的古迹，炎热地带的风物，海的变色和恢复安静，青年人的纯洁之情。

4　这里提到的是两幅著名的绘画作品，前者指文艺复兴时期画家 Quentin Massys（1456—1530），通译"马西斯"）的重要的作品《银行家和他的太太》（《通译"银行家和他的妻子"》），画的是安特卫普的钱铺掌柜。后者指荷兰画家弗兰斯·哈尔斯（Frans Hals 约 1582—1666）的名作《吉普赛女郎》。

我不知道这一生中还能跟她散步一次否?"

　　1946年,在白马庙工作时将这四篇日记抄出,以"花·果子·旅行——日记抄"为题,刊于《文汇报》1946年7月12日"笔会"副刊。

5月2日

　　月初,西南联大、云南大学、中法大学、英专等校联合举行"五四"纪念活动周。活动周中各项活动,都有中学生、社会青年等参加,其中包括中国建设中学师生。

　　本日,国民党云南省执行委员会通过昆明市政府向各学校下达第一二四号密令,要求"务须严密防止学生参加非法活动"。是日晚,西南联大新诗社举行"诗歌朗诵晚会",闻一多、何孝达、朱自清、张光年、吕剑、郭良夫、常任侠等朗诵了诗歌,2000多人出席。

5月3日

　　晚,西南联大历史学会在新校舍北区东饭厅召开"五四以来青年运动总检讨会",3500多人出席。闻一多、雷海宗、吴晗、曾昭抡、沈有鼎等发表演讲。即将毕业的哲学心理系学生、中国建设中学负责人周大奎也在"总检讨会"上发表了演讲。[1]

5月5日

　　下午,文协昆明分会与西南联大文学会、外国语文学会、文艺社、冬青社及云南大学文史学会、中法大学文史学会七团体在西南联大图书馆前大草坪联合举办纪念第一届文艺节晚会。

6月17日

　　时隔一年之后,再次致信朱奎元。首先描述下乡教书一年来,恍如隔世,心情大变,"收不到家里的信,和蓝家孩子在一起又分开了,整夜不睡觉……"

1　闻黎明抄录档案,载《闻一多研究动态》第八十四期,2010年4月出版。

信中表达了对朱奎元近况的牵系，希望对方来信告知。叙述了自己最近一年的情况："我在乡下住了一年，比以前更穷，也更孤独，穷不用提，孤独得受不了，且此孤独一半由于穷所造成，此尤为难堪。"

6月

所作散文《花园——茱萸小集二》刊于本月出版的《文聚》第二卷第三期。作家出版社 2005 年版《草木春秋》收入时缀以"写于四十年代初期"。

7月8日

作《干荔枝》，包括《一、恶作剧》《二、波斯菊》《三、遗憾》三篇。《恶作剧》《波斯菊》发表于《观察报》三十四年（1945）七月十四日，"新希望"第三十四期，《遗憾》发表于《观察报》民国三十四年（1945）7月16日，"新希望"第三十六期。作者生前未收入作品集。

7月

施松卿从西南联大外文系毕业。

约本年上半年

山海云剧社公演《雷雨》，汪曾祺兼化妆主任，并扮演了剧中的鲁贵一角。【《观音寺》（1987）】

8月15日

日本宣布无条件投降，"二战"结束。昆明到处放炮仗。建设中学的同事也有的联系汽车，准备离开昆明。有些则一时回不去，不免凄惶。有人抄了一首唐诗贴在墙上："故园东望路漫漫，双袖龙钟泪不干。马上相逢无纸笔，凭君传语报平安。"（岑参《逢入京使》）【《观音寺》（1987）】

9月20日

中秋节，朱德熙、何孔敬结婚，婚事全由汪曾祺帮助操持。他为何孔敬取送礼服，并陪他们坐小汽车从何家回到钱局街染布巷的新居。[1]

9月21日

朱德熙、何孔敬结婚之次日。按照桐城人规矩，结婚第二天回门。汪曾祺也来了，陪同西装革履的新郎朱德熙、穿粉色旗袍的新娘何孔敬，一路边聊天边走回文明新街孔家。

午饭后，三人到南屏电影院看电影《翠堤春晓》。[2]

朱德熙、何孔敬婚后，汪曾祺常常陪同朱德熙到何家玩，和何孔敬一起在何父开的瓷器店后面的仓库去挑好玩的小酒壶、小花瓶之类。【《觅我游踪五十年》（1991）】

到朱德熙、何孔敬的长女诞生前后，他们住在染布巷24号，家里常客不少，汪曾祺（常携施松卿）是其中之一。其他常来者还有杨周翰、王还夫妇、李赋宁、陈镇南、郑侨等。[3]

约9月

原在观音寺的中国建设中学，后一年迁到白马庙。

12月1日

"一二·一惨案"发生。暴徒袭击云大、联大，南菁中学教员于再、联大学生李鲁连、昆华工校学生张华昌、联大女生潘琰牺牲。

1　何孔敬《长相思——朱德熙其人》，中华书局2007年版。按，《长相思》记结婚在"8月"，未言具体日期。笔者请汪朝女士帮助核实，2012年10月21日汪朝女士电话询问何孔敬老人，老人告以是在"农历八月十五"。

2　见何孔敬《长相思——朱德熙其人》，中华书局2007年版。

3　见何孔敬《长相思——朱德熙其人》，中华书局2007年版。

12月2日

下午三点，昆明市中等以上学校罢课联合委员会在西南联大新校舍图书馆前举行四烈士入殓仪式。朱德熙、汪曾祺、李荣一起参加。

本年

在白马庙作小说《老鲁》，刊于 1947 年 4 月 1 日出版的《文艺复兴》第三卷第二期。初收《邂逅集》。

民国 35 年　1946 年，26 岁

年初

寒假期间，沈从文全家从呈贡桃源新村搬到昆明城内西南联大昆中北院宿舍。

约本年初

汪曾祺为牙疼所苦。三一圣堂有个法国修女是牙医，联大很多学生找她治过牙病，施松卿也去过，于是她劝汪曾祺去拔牙。但汪曾祺始终未治。

年初

西南联大师生多数已经离开昆明。汪曾祺和施松卿仍滞留，不时到朱德熙家高谈阔论。

2月25日

《小学校的钟声——茱萸小集之一》刊于本日出版的《文艺复兴》第一卷第二期。该篇与稍后发表于同刊的《复仇》，系由沈从文寄给该刊主编郑振铎、李健吾的。

3月19日

草成散文《前天》，5月23日重抄增改后，刊于1946年10月13日北平《经世日报·文艺周刊》第9期。

4月14日

汪曾祺携施松卿来到朱德熙家，约朱德熙、何孔敬夫妇一起赴云南省长龙云公馆（大东门外临江里172号），参加午餐招待，并聆听在那里举行的闻一多先生演讲。

5月1日

旧作《复仇》刊于本日出版的《文艺复兴》第一卷第四期。

5月4日

西南联合大学宣告结束。

6月18日

作散文《街上的孩子》。刊于《文汇报》1946年9月30日"笔会"副刊第六一期。生前未收入作品集。

7月12日

沈从文举家乘飞机离昆赴沪。离开前，郑重地对汪曾祺说："千万不要冷嘲。"【见《一个乡下人对现代文明的抗议》（1980）】

7月12日

《花·果子·旅行——日记抄》刊于本日《文汇报》"笔会"副刊，这是1935年春天某月在昆明黄土坡撰写的四篇日记（7日至10日），1946年在白马庙抄出成文。[1] 作者生前未收入作品集。《大家》2007 年第 2 期重刊。

7 月 15 日

闻一多在昆明发表最后一次讲演，随即被国民党特务射杀，终年四十七岁。汪曾祺听到消息来到朱德熙家，报告情况并表示愤慨。何孔敬记述：

> 那是 7 月 15 日的下午时分，钱局街上风声鹤唳，纷纷传说西仓坡上一位老教授叫人杀害了。
>
> 曾祺和松卿气急败坏地到家里来，对德熙说："我们没有估计错，特务乘联大师生走得差不多了，对先生下毒手了。"
>
> 他们三个人平时到了一块儿，总有说不完的话。这天，三人垂头丧气，沉默无语……[2]

7 月

经越南海防、香港赴上海。

途经香港，为等船期，滞留了数日。因囊中羞涩，孤单伶仃，前途无着，心情苦闷无聊。有一天闲逛时居然在小报上看到一条新闻："青年作家汪曾祺近日抵达香港。"

8 月前后

与施松卿分别，施松卿回到福建，汪曾祺送施松卿上船后自己赴上海。【《牙疼》（1947）】

抵沪后，先到镇江与家人短暂团聚，当时父亲汪菊生正带领家人住在镇江，以躲避高邮战火。汪菊生带他去拜见红极一时的小姑爹崔锡麟，求他帮助谋职。崔锡麟一口答应，但当面训导汪曾祺说大家弟子不应跟在朱自清、闻一多后

1　这篇文章在上海发表时，汪曾祺尚未离开昆明。这说明他在昆明期间就往上海投稿了。

2　何孔敬《长相思——朱德熙其人》第 75 页。

面搞什么政治，而应继承祖业、兴旺家业。汪曾祺虽不热衷政治，但听不惯崔锡麟的训导，就不肯再登门。[1]

未几返回上海谋职。因找不到工作，曾想过要自杀，沈从文写了一封长信把他"大骂了一通"，说："为了一时的困难，就这样哭哭啼啼的，甚至想到要自杀，真是没出息！你手中有一支笔，怕什么！"还嘱咐他"千万不要冷嘲"。同时，沈从文又让夫人张兆和从苏州写了一封长信安慰他。【见《沈从文的寂寞——浅谈他的散文》《星斗其文，赤子其人》】

施松卿回到福建后，在英华中学谋得教师职位。

9月12日

小说《磨灭》，刊于《大公报》1946年9月12日。

9月

李健吾介绍汪曾祺到自己学生所办中学——上海致远中学教书。

10月14日

小说《庙与僧》刊于上海《大公报》1946年10月14日。

作散文《风景》，包括《一、堂倌》《二、人》《三、理发师》。刊于《文汇报》1946年10月25日、26日"笔会"副刊第七十九期、第八十期（25日刊出《一、堂倌》《二、人》，26日刊出《三、理发师》）。生前未收入作品集。

1　据姜文定、陈其昌主编《走近汪曾祺》。汪朗等《老头儿汪曾祺——我们眼中的父亲》说："当时，曾经帮助爸爸从上海购买船票赴昆明考大学的那个'舅太爷'，也在镇江，还有个少将之类的名义，他很看重爸爸的才华，想介绍他到政界干事，但爸爸却没领情。"（中国青年出版社2012年版，第61页）。另据汪朗说，汪菊生本想在银行为他谋职，但他不从，见《他的傲是对文学主张与人格的坚守——专访汪曾祺之子汪朗》，载《东方早报》2010年3月2日。按照崔开元《一世蹉跎成晚节——忆先父崔锡麟》（载《高邮文史资料》第六辑），崔锡麟当时任中国农民银行总行业务专员兼镇江支行经理。

10 月

作散文《"膝行的人"引》。刊于《益世报》1947 年 5 月 18 日。

11 月

作《他眼睛里有些东西，决非天空》，文体介乎散文、小说之间。刊于《文汇报》1946 年 11 月 13 日"笔会"副刊。生前未收入作品集。

12 月 27 日

散文《昆明草木》刊于本日出版的上海《文汇报》"浮世绘"，署名"方栖臣"。包括《序》《一、草》《二、仙人掌》《三、报春花》《四、百合的遗像》。

冬

开明书店曾在绿杨村请客，饭后，与靳以、黄裳等到巴金先生家喝工夫茶。
【《寻常茶话》（1990）】

1946 年后，巴金定居上海卢湾区的淮海坊 59 号后，汪曾祺等常常在他家晚餐，饭后聊天，往往至夜深。

民国 36 年　1947 年，27 岁

1 月初

作小说《鸡鸭名家》，刊于《文艺春秋》第六卷第三期（1948 年 3 月 15 日出版），收入《邂逅集》。

1 月 16 日

小说《醒来》刊于上海《大公报》1947 年 1 月 16 日。

1月

作散文《飞的》，包括《鸟类层》《猎斑鸠》《蝶》《矫饰》四题。刊于《文汇报》1947年1月14日第9版"笔会"，署名"西门鱼"。作者生前未收入作品集。

约1月

旧历年末，汪曾祺从上海到扬州，与家人见面。

当时，父亲汪菊生在镇江的省立医院当眼科医生，任氏娘带着三个孩子——曾庆（海珊）、丽纹、锦纹住在扬州的父亲家。汪曾庆在扬州和父亲、继母、弟妹们团聚一月。高邮虽仅隔百里之遥，但因家中已没有什么人了，也就没有回去。一月后，汪曾祺再回上海。

2月初

沈从文复李霖灿(美术史家)、李晨岚(画家)信中，顺便托代为汪曾祺谋职。信中说："济之先生不知还在上海没有。我有个朋友汪曾祺，书读得很好，会画，能写好文章，在联大国文系读过四年书。现在上海教书不遂意。若你们能为想法在博物馆找一工作极好。"[1]

3月

作散文《蔡德惠》。刊于天津《大公报》1947年3月7日"文艺"副刊（津新）第六十六期。作者生前未收入作品集。

5月6日

作文艺论文《短篇小说的本质——在解鞋带和刷牙的时候之四》。刊于《益世报》1947年5月31日，"文学周刊"第四十三期。文末自注："三十六年

1　《沈从文全集》第18卷，第465页。

五月六日晨四时脱稿，自落笔至完工计费约二十一小时，前后五夜。在上海市中心区之听水斋。"作者生前未收入作品集。该文是早期汪曾祺小说思想的集中展现。

5月

散文《室外写生》刊于《少年读物》1947 年第 4 期（4 月、5 月合刊）。"室外写生"题下又有分标题"一、白马庙"，说明本为一组文章，但目前仅见此一题。[1]《白马庙》写在昆明白马庙游览和居住的经历印象。

5月

施松卿的侄子施行等人从南洋归来，一大帮孩子簇拥着施松卿到大宏村附近的潭头镇吃馄饨，有时一起到一些小河小溪去游泳。[2]

春

汪曾祺与致远中学的同事结伴去杭州游玩。观览西湖景色，品尝醋鱼和"带把"（活草鱼脊肉切片生吃），在虎跑寺喝龙井茶，均留下深刻印象。【见《寻常茶话》】

6月15日

小说《驴》刊于本日出版的北平《经世日报》"文艺周刊"第 44 期。

6月中

作小说《职业》（包括《职业》《年红灯》两篇），刊于《益世报》

1　据笔者从上海图书馆查阅到的资料，该期《少年读物》很可能是最后一期。也许该刊原打算分期刊载汪曾祺的《室外写生》，但因意外停刊，遂致汪文不全。

2　施行《忆松姑》，载《中国文化画报》2004 年第 5 期。

1947年6月28日。[1] 后于1980、1981、1982年先后三次重写，足见作者对这个故事的重视和喜爱。

6月

作小说《落魄》，刊于1947年《文讯》新七卷第五期（10月出版），收入《邂逅集》。1982年经过较大修改后收入《汪曾祺短篇小说选》。

约上半年[2]

牙疼肿胀，难于忍受，乃向学校请假去就医。由朱德熙之母介绍的梁姓广东牙医拔牙，费两万元。医生建议其他八颗牙也要装补，总共需要24万元。因经济拮据未拔。【据《牙疼》（1947）】

约此时

林益耀所在班级毕业，汪曾祺引《近思录》文字，用毛笔为林益耀题写纪念册："须是大其心，使开阔；譬如为九层之台，须大做脚始得。"[3]

7月2日

作小说《绿猫》，刊于《文艺春秋》第五卷第二期（1947年8月号）。

7月6日

小说《冬天》刊于本日《经世日报》。该报"文艺周刊"署杨振声主编，实际负责日常编务的是金隄，袁可嘉也曾短期参与。

1　篇末缀"一九四七年六月中"。按此，则本篇写于上海。但作者在1982年重写本篇时，篇末又自注："这是三十多年前在昆明写过的一篇旧作，原稿已失去。前年和去年都改写过，这一次是第三次重写了。"可能有两种情况：一，作者误记；二，《职业》最初写于昆明，到沪后于六月中改定。

2　据《牙疼》，这次看牙医是在找到工作之后半年多。

3　2013年3月17日林益耀先生接受笔者访问时提供。

7 月 11 日

散文《歌声》刊于本日上海《大公报》。作者生前未收入作品集。

7 月 14 日

黄永玉来汪曾祺处。这是二人第一次见面。

此前，沈从文在致汪曾祺的信中曾表达对表侄黄永玉的担心。[1] 这次见面，黄永玉对汪曾祺发了许多关于上海文艺界的牢骚，说那些协会作家对自己如何排斥。汪曾祺劝他"还是自己寂寞一点作点事，不要太跟他们接近"。[2]

7 月 15 日

复沈从文信。此前沈从文来信，述及近况，曾说"我的笔还可以用二三年"。复信洋洋五千言，谈自己近况，以及与黄永玉接触后的印象、黄永玉的近况。

7 月 16 日

在 15 日写成而未发出的致沈从文信后面续写。后悔昨日信谈到稿子的遭遇，羞愧针对刘北汜压稿一事说话不当。向沈从文索要旧稿《异秉》以备编小说集。谈到上海市要搞教员资格检定，因自己无证书面临麻烦，颇感为难。流露出去北方工作的意愿。

7 月 24 日

作小说《戴车匠》，刊于《文学杂志》第二卷第五期（1947 年 10 月出版），收入《邂逅集》。

---

1 黄永玉《这些忧郁的碎屑》，见《黄永玉散文》，花城出版社 1998 年版。
2 据 15 日致沈从文信。

7月26日

《益世报》1947年7月26日第六版"文学周刊"第五十期（沈从文主编）刊出汪曾祺散文《幡与旌》，包括《一、大不起来的小猫》《二、死去的字》两题。作者生前未收入作品集。

夏

在福州英华中学教书的施松卿接到当年西南联大论文导师的信，说北大西语系有一个助教位置，问能否接受。施松卿束装北上就职。途经上海与汪曾祺相见，两人订婚，施松卿劝他也到北平。汪菊生从镇江赶来相见，认可了未来的儿媳妇，要给她买猫儿眼，施松卿拒绝了。[1]

施松卿就任北大教职后，负责公共英语课。

8月24日

本日《经世日报》"文艺周刊"第五四期（杨振声主编）刊出散文《蝴蝶——日记抄》。作者生前未收入作品集。

9月

作小说《牙疼》，刊于《文学杂志》1947年第二卷第四期（1947年9月出版）。

10月1日

散文《囚犯》刊于本日出版的《人世间》复刊第二卷第一期（总第七期），收入《邂逅集》。刊出时标明体裁为"报告"。

1　汪朗等《老头儿汪曾祺——我们眼中的父亲》，中国青年出版社2010年版，第63页。

10 月 30 日

致信黄裳。径抄古籍中关于"沈屯子多虑"的笑话一则，与黄裳分享。[1]

秋

青年诗人唐湜读了汪曾祺的许多剪报和手稿之后，到致远中学访问汪曾祺，想给他写篇像样的评论，但汪曾祺以《穆旦诗集》出示[2]，说："你先读读这本诗集，先给穆旦写一篇吧，诗人是寂寞的，千古如斯！"这是唐湜第一次接触穆旦的诗，读了之后感觉"阔大、丰富、雄健、有力"，于是在振奋之中，于 1948 年 3 月写成万余字的《穆旦论》。[3]

12 月 3 日

作小说《异秉》，刊于《文学杂志》第二卷第十期（1948 年 3 月出版）。

本年

汪曾祺与黄裳、黄永玉三个年轻人成为知交，经常在一起吃喝、聊天、交流，后来人称沪上"三剑客"。

本年

沈从文因发表杂文受到左翼文化界的攻击，上海的朋友巴金、李健吾等希望沈从文不要再写这样的文章。汪曾祺遂写信给沈从文，把大家的劝告转

1　黄裳《也说汪曾祺》首次披露该信。载《读书》2009 年第 3 期。该笑话实出明代刘元卿著《应谐录》。

2　当指 1947 年 5 月沈阳初版的《穆旦诗集（1939—1945）》，1993 年中国文联出版公司"中国现代诗歌名家名作原版库"丛书即据该版本重排出版，书前说明中说"无出版社，当为自费出版物"。

3　见唐湜《忆诗人穆旦——纪念穆旦逝世十周年》，《文艺报》1987 年 5 月 16 日第 8 版，增补后改题《怀穆旦》，收入《翠羽集》，山东友谊出版社 1998 年版。

告他。《沈从文转业之谜》（1988）：

> 1947年，沈先生写了两篇杂文，引来一场围攻。那时我在上海，到巴金先生家，李健吾先生在座。李健吾先生说，劝从文不要写这样的杂论，还是写他的小说。巴金先生很以为然。我给沈先生写的两封信，说的便是这样的意思。

本年

汪曾祺同父异母妹妹汪陵纹在扬州出生。

民国37年　1948年，28岁

年初

施松卿已在北京大学西语系谋得助教职位，并赴北京任教。

2月1日

散文《背东西的兽物》刊于本日《大公报》"星期文艺"第六七期。作日不详，作者生前未收入作品集。

2月

唐湜完成《虔诚的纳蕤思——谈汪曾祺的小说》一文。这是目前所见最早的汪曾祺作品专论。

3月9日

坐船赴北平，本日抵达天津，晚住劝业场附近的惠中旅馆，致信黄裳，谈北上旅途情形、天津印象。[1]

3月10日

到北平。

在北平，开始一段时间求职无门，处于失业状态。生活多靠施松卿接济。

期间曾写信给唐湜，唐湜在文章中撰述说："汪曾祺从北方来信说北方不接受他，正如南方，他转而怀念起南方来。"[2]

这期间，寄住北大沙滩红楼一个同学的宿舍里。期间时常可以见到废名。[3]

【《从哀愁到忧郁》（1985）】汪曾祺以前读过废名的小说《桃园》《竹林的故事》《桥》《枣》等，都很喜欢。

偶尔到沈从文家吃饭，对张兆和所做的八宝糯米鸭、"十香菜"印象深刻。

【《〈学人谈吃〉序》（1990）】

4月12日

散文《白松糖浆》刊于本日《天津民国日报》第七版"艺文"副刊第一二一期。生前未收入作品集。

4月

作散文《勿忘侬花》，刊于《天津民国日报》1948年5月3日第七版"艺

1　黄裳《故人书简》，海豚出版社 2012 年版，第 189 页。

2　唐湜《虔诚的纳蕤思——谈汪曾祺的小说》文前小序中转引。小序后缀日为 1948 年 2 月，但体味所引汪信意思，该信当属抵京后所写。根据唐文小序交代，长文《虔诚的纳蕤思》各部分系陆续完成，历时较久，因此笔者推断，所缀日期未必是、不应是小序本身的成文时间。

3　施行《汪曾祺与施松卿谈婚论嫁的前前后后》等文中说汪曾祺在北京失业半年后才在历史博物馆谋得职位。但根据其当年 5 月份在历史博物馆写作《礼拜天的早晨》来看，至迟在 5 月份，汪曾祺就已在历史博物馆工作，失业状态不过两三月。又据冯荣光撰《冯文炳生平年表》（收入王风编《废名集》第六卷，北京大学出版社 2009 年版），废名 1946 年到北平就任北大教职后，"学校把废名安排在沙滩校园内蔡孑民先生纪念堂后面的一个庭院内。同在院中居住的有熊十力、游国恩、阴法鲁等人。"

文"副刊第一二四期。生前未收入作品集。

5月1日

黄裳致信汪曾祺，中有"北平甚可爱，望不给这个城市所吞没。事实上有很多人到北平只剩下晒太阳听鸽子哨声的闲情了"之语。汪曾祺在后来的复信中说"觉得很有趣味"。[1]

5月20日

作《书〈寂寞〉后》。刊于《益世报》1948年5月29日，《十月》2008年第1期重刊。《寂寞》系不久前自缢身亡的联大同学薛瑞娟短篇小说遗作，载《益世报》1948年5月29日。[2]

5月

小说《三叶虫与剑兰花》发表在本月创刊的上海《文艺工作》。

5月

经沈从文帮助，进位于午门的历史博物馆充任办事员，保管仓库，为藏品写说明卡片。

6月26日

凌晨三点顷，致信黄裳，托其为"同学有研究语言学者"代觅《外来语大辞典》；建议黄咨询唐弢，"我准备更大的佩服他（指唐弢）"。顺便核实唐弢地址变否，因此前"汉学研究所赵君编《一千五百个中国小说和戏剧》，

1　见本年11月30日致黄裳信。

2　薛瑞娟，女，约1919年生，浙江绍兴人，1940年考入西南联合大学文学院。1944年7月毕业。毕业前一年与物理系学生桂立丰结婚。毕业后曾在浙江同乡会及邮局等处工作。战后回到北平。1947年暂回宁波居住。因求职无门、家庭负担重，于当年5月2日在宁波夫家自缢身亡。参见《恨着我比纪念我好得多——一名知识女性自缢身亡震惊世人》，载《鄞州日报》2004年9月21日。

附作者小传"[1]，曾向汪打听唐弢的通讯地址。打听黄永玉近况、报告自己近况，说谋职困难，"此处找事似无望，不得已时只有再到别处逛逛去"。因前此黄裳曾托索林徽因墨迹，信中告以林徽因近况（"已能起床走走"），并告"已催沈公送纸去"。[2]

6 月 27 日

散文《昆明的叫卖缘起》刊于本日《大公报》"大公园地"第二七七期。作日不详，作者生前未收入作品集。是为自己计划中的《昆明的叫卖》系列文章所作的序引。

7 月 10 日

散文《斑鸠》刊于本日出版的《新路周刊》第一卷第九期。生前未收入作品集。

7 月 17 日

散文《蜘蛛和苍蝇》刊于本日出版的《新路周刊》第一卷第十期。生前未收入作品集。

7 月 18 日

小说《锁匠之死》刊于本日《平明日报》"星期艺文"。

1　指比利时籍神父善秉仁（Jos. Schyns）所主编的《中国现代小说戏剧一千五百种》（1500 Modern Chinese Novels & Plays），内收苏雪林撰概论性质的《中国当代小说和戏剧》、赵燕声撰《作者小传》和善秉仁撰《中国现代小说戏剧一千五百种》。是书 1948 年由辅仁大学印刷。"赵君"即赵燕声，时在北平中法汉学研究所图书馆西文书刊编目工作。参见林骁《赵燕声对中国现代文学的贡献》，载《新文学史料》2012 年第 4 期。

2　黄裳《故人书简——忆汪曾祺》（1997）首次披露该信。见《你好，汪曾祺》，山东画报出版社 2007 年版。

8月下旬到9月

8月19日，国民政府"改革币值"，发行金圆券，规定金圆券一元对法币300万元的比价收兑法币。短期内教授、讲师、助教的薪水相当于增加十倍，之后施松卿、汪曾祺的生活改善，几乎天天晚上到东安市场去吃"苏造肉"、爆肚和白汤杂碎。可惜好景不长，也就是一个月光景，之后金圆券又迅速贬值，于是只能再回到沙滩吃炒和菜。[1]

9月

作散文《礼拜天早晨》，包括《礼拜天早晨》《疯子》两题。刊于《文学杂志》三卷六期（1948年11月出版）；又刊于《中国新诗》1948年第5期。

11月1日

《卦摊——阙下杂记之一》在《益世报》本日第六版"文学周刊"（沈从文编）第一一七期刊出上半部分。下半部分则刊于本月8日出版的"文学周刊"第一一八期。生前未收入作品集。文体介乎散文、小说之间。

11月7日

晚八时，参加在北京大学蔡孑民先生纪念堂举行的"方向社"第一次座谈会。出席者有朱光潜、沈从文、冯至、废名、钱学熙、陈占元、常风、沈自敏、金隄、江泽垓、叶汝琏、马逢华、萧离、高庆琪、袁可嘉等。袁可嘉主持。座谈会纪录《今日文学的方向》刊于《大公报》11月10日第四版"星期文艺"。

座谈会的主旨，一是向文学前辈介绍"方向社"这个文艺团体，二是就"今日文学的方向"问题进行讨论。汪曾祺仅有一次发言，即针对沈从文把"文以载道"问题比作驾车者需要接受红绿灯制约，汪曾祺指出这个比喻不恰当，

1　据《〈学人谈吃〉序》（1990）并参《简明中国近现代史词典》"金圆券"条（中国青年出版社1985年版）确定时间。

并吁请前辈们把自己的经验告诉年轻人。

11 月 17 日

在午门作散文《道具树》，刊于天津《大公报》1948 年 11 月 28 日"星期文艺"第一百零九期。生前未收入作品集。

11 月 30 日

竟日摹漆器铭文。晚间写长信致黄裳。谈此前已寄给黄裳请其代转某作家看的小说新作《赵四》，报告自己近况，说："这个大院子里，晚上怪静的，真是静得'慌'。近复无书可读，唯以写作限制自己耳。""物价大跳，但不大碍事，弟已储足一月粮食，两月的烟。""所屯积者盖'华丰'牌也，这在北平，颇为奢侈，每一抽上，恒觉不安。"

由信中谈到自己的小说《赵四》的情况判断，《赵四》一篇系据所见闻的事实写成。该篇小说目前仍见遗。

12 月 1 日

因收到黄裳 29 日信，本日乃补写昨信予以回应。对黄裳信中谈及的对《赵四》的看法，回应道："阁下评语甚普通，然甚为弟所中意，唯盼真是那样的耳。"表示稿子不愿意麻烦"巴公"（巴金），或可送交范泉 [1]。

本年

作小说《艺术家》，刊于《经世日报》1947 年 5 月 11 日。收入《邂逅集》。

1　黄裳云可能在巴金主编的"文学丛刊"的一本集子里。据倪墨炎《巴金编〈文学丛刊〉》整理"文学丛刊"160 种，均为作家别集，其中汪曾祺仅有《邂逅》（见《倪墨炎书话》，北京出版社 1997 年版）。但《邂逅》未收此篇，则疑此篇非收"文学丛刊"。另外巴金在文化生活出版社先后主编的《文化生活丛刊》《文学丛刊》《译文丛书》《新时代小说丛刊》丛书，此篇也许在他套当中。

本年

作小说《邂逅》，收入《邂逅集》。

本年

汪曾祺的祖母谈氏逝世，享年85岁。

民国38年　1949年，29岁

1月19日

高邮城解放。1月25日，扬州城解放。至4月23日，扬州全境解放。高邮解放后不久，父亲汪菊生带着任氏和孩子们从镇江回到高邮。

1月29日

春节。汪曾祺携施松卿到清华园朱德熙家过春节。[1]

1月30日

因饱受文坛批评而陷入巨大苦闷、以致精神失常的沈从文，当时受罗念生、梁思成夫妇、金岳霖、程应铨等朋友之邀，暂居已先期解放的清华园，休息调养。当日，沈从文夫人张兆和致信沈从文，沈从文在信上写有多处批语，反映出沈当时迷乱的心态。其中一条写道：金隄、曾祺、王逊都完全如女性，不能商量大事，要他设法也不肯。一点不明白我是分分明明检讨一切的结论。……

1　何孔敬《长相思——朱德熙其人》"六三曾祺、松卿来过年"一节，中华书局2007年版。原书此处未指明年份，唯"六二三十斤面换只鸡"一节说是"1948年的旧历年"。但汪曾祺1948年3月份才从上海赴北平。综合内战背景、"女儿（朱眉）已四岁多"等情况判断，此当系1949年春节事。

完全在孤立中孤立而绝望。

春天

与施松卿结婚。结婚当日，两人游览北海公园，在公园附近一家面馆吃了面。[1] 当晚到沈从文家报喜。

约2月或3月

时任北大中文系教授的杨振声邀召到南锣鼓巷寓所，出示其所收藏的佳画。【《我的老师沈从文》（1980）】[2]

3月12日

南下工作团一分团一大队举行开学典礼。四野政委罗荣桓、参谋长刘亚楼致词。一分团就开始了紧张的学习阶段。南工团副总团长陶铸讲"南工团的性质、任务与学习要求"。此后，至4月15日，先后又有陈亚丁、萧向荣、张闻天、陶铸等为南工团作报告。

3月28日

沈从文自杀未遂。获救后被送入精神病院。

3月

汪曾祺报名参加四野南下工作团。

四野南下工作团全称为"中国人民解放军第四野战军南下工作团"。南工团一分团分为四个大队，另外将招收的教授、学者、研究生、大学毕业生编成"研究班"，与一大队一起住在北平华文学校受训。汪曾祺在此列。按

1　施松卿1993年5月30日致信陆建华，说"一九四九年五月结婚"。按本谱纪事，汪曾祺五月已不在北京。

2　《星斗其文，赤子其人》（1988）一文说到同一件事，云"杨先生有一次托沈先生带信，让我到南锣鼓巷他的住处去……"。据季培刚《杨振声编年事辑初稿》，杨振声寓居南锣鼓巷是在北平解放初期。见该书第343页。故系之于此时。

照规定，汪曾祺参加南工团后，施松卿享受革命干部家属待遇。

4月20日至22日

人民解放军横渡长江。4月23日，南京解放，宣告国民党统治的结束。

4月22日

下午五时，南工团南下先遣队乘上火车南下。据先遣队员吴代法的日记和回忆录，汪曾祺所属的先遣队这次南下的行程如下：

> 4月22日，列车行至天津陈官屯。25日，行至南铎。27日，行至郑州，待命。5月4日离开郑州，5日抵郾城。原计划在此换乘汽车，因路况原因，改为步行行军150华里至驻马店，6日启程，8日到达。8日黄昏时分复登火车，半夜到长台关，宿车站。9日又步行至信阳，驻义光中学。10日晚，在信阳中和剧场演出秧歌剧《王大嫂赶集》及话剧《教师之家》。14日，乘汽车到达鸡公山麓的新店驻扎。15日，全队上鸡公山看望黄海部（十二兵团）宣传队并举行联欢、欣赏山景。16日，武汉解放的消息传来，兵分两路，一路乘车即刻赶往武汉，一路随十二兵团徒步行军至武汉。

汪曾祺在乘车先期赶往武汉的队伍中。

4月

短篇小说集《邂逅集》由上海文化生活出版社出版，系巴金主编"文学丛刊"之一。收8篇小说：《复仇》《老鲁》《鸡鸭名家》《落魄》《戴车匠》《囚犯》《艺术家》《邂逅》。

5月16日

武汉解放。汪曾祺随解放军进入武汉。

任汉口二女中副教导主任。

在南工团工作期间，每名团员都要讲清自己的历史。汪曾祺"交代"了 1936 年在南菁中学参加了"复兴社"的一段历史。经过一段审查，终于弄清，汪曾祺只是被动吸收进该组织，后来并未参加什么活动。[1]

7 月 16 日

从自杀阴影中走出、情绪日见好转的沈从文，致信在香港的黄永玉，信中流露出积极进取的态度。信中两次提到参加四野南下工作团的汪曾祺，并以他的随军之路来鼓舞黄永玉也走同样的道路，说：

> 我很想念你，……照我看北来学习为合理。……以曾祺性格，一入南下团，即只想永远随军。照我想来，只要你经济方面不发生问题，香港家中可不用你照料，实值得艰苦几年，随军或下工厂，一定可充分用其所长，好好参加这个大时代的第一步建设大路。说是苦，也并不如何苦，因为尚差不多，就忘掉苦了……[2]

8 月

沈从文调到北平历史博物馆工作。

10 月 1 日

中华人民共和国宣告成立。

1　汪朗等《老头儿汪曾祺——我们眼中的父亲》，中国青年出版社 2012 年版，第 67 页。

2　信发表于香港《大公报》本年 8 月 11 日"大公园"副刊。该信见遗于北岳文艺出版社 2002 年版《沈从文全集》。2007 年李辉在港访获，《传奇黄永玉》（人民日报出版社 2010 年版）第一次披露局部图片（见该书第 243 页）。笔者重为释读整理。

1950 年，30 岁

1 月 20 日

北京市文联《说说唱唱》创刊号出版。该刊为通俗文艺刊物。李伯钊、赵树理任主编。

3 月 29 日

中国民间文艺研究会正式成立。郭沫若为理事长，老舍、钟敬文为副理事长。

3 月

唐湜以"平原社"名义自印出版评论集《意度集》，其中收入 1948 年 2 月完成的评论汪曾祺作品的《虔诚的纳蕤思——谈汪曾祺的小说》。

春夏之间

黄永玉、张梅溪夫妇到北京小住，看望沈从文。期间曾与沈家人谈及在上海期间与汪曾祺一起的生活创作琐事，还为沈龙朱、沈虎雏背诵汪曾祺的文章。

5 月 28 日

北京市文学艺术工作者代表大会开幕。周恩来亲临大会。北京市文联成立，老舍任主席。

夏天

汪曾祺回到北京。在西南联大同学杨毓珉、王松声（时任北京市文委负责人）介绍和安排下，旋任北京市文联《说说唱唱》编辑部主任。

这期间，汪曾祺先后在东单三条、河泊厂住家。

6 月 25 日

朝鲜战争爆发。

9 月 10 日

北京市文联《北京文艺》创刊。老舍任主编，汪曾祺为编辑部总集稿人。

这个时期，汪曾祺在单位与同志间关系融洽，心情舒畅。当时《说说唱唱》《北京文艺》两刊每月有一点编辑费，都到饭馆吃掉了。【《〈学人谈吃〉序》（1990）】

9 月 18 日

参加北京市文联于 9 月 18 日召开的诗歌朗诵座谈会。老舍担任座谈会主席，与会者还有卞之琳、沙鸥、徐迟、连阔如、杨振声、赵树理、端木蕻良、苏民、罗常培等 9 人。座谈会记录刊于 1950 年 11 月 10 日《北京文艺》第 1 卷第 3 期。

10 月初

在图书馆翻看德国革命作家鲁多夫·洛克尔（Rudolf Rocker）著、巴金译《六人》（文化生活出版社 1949 年 9 月版）。此时巴金因陷入出版社内部人事纠纷中，十分苦恼，在该书的《后记》中用一大段话倾诉这种苦恼，使汪曾祺深受触动。

10 月 6 日

看西南各民族代表团、新疆文工团、吉林省延边文工团、内蒙古文工团的联合歌舞演出。汪曾祺在 7 日致巴金信中谈到这次演出，给予高度评价，说"昨晚那个晚会好极了"，"超过了北京和全国的歌舞水平"。

10 月 7 日

致信巴金。信中首先提到前两天读《六人》的感受："看了那个后记，觉得很难过，看到您那么悲愤委屈，那么发泄出来……强烈极了，好些天都有那么个印象。"随后报告自己已从武汉回到北京。接着专门报告了在英雄代表大会上和在吉祥戏院听昆曲时两次与靳以见面的情形。最后盛赞前晚所看四个少数民族文工团的演出。[1]

10 月

《说说唱唱》第 10、11 期连载安徽作家陈登科《活人塘》。这篇著名的作品是汪曾祺从不拟采用、准备丢弃的来稿中发现后认为可用，提交给主编赵树理的。

12 月 3 日

为撰《寄到永玉的展览会上》，特地到沈从文家看了黄永玉为沈从文的两个儿子沈龙朱、沈虎雏所画的肖像。肖像是当年六月黄永玉来北京看望沈从文时为他们画的。

12 月 4 日

撰《寄到永玉的展览会上》，刊于《大公报》香港版 1951 年 1 月 7 日。是特意为黄永玉将在香港举办的第二次个人展览而撰写。这是目前所见汪曾祺解放后最早发表的作品。生前未收入作品集。

1　信藏中国现代文学馆，见《中国现代文学馆馆藏珍品大系·信函卷（第一辑）》，文化艺术出版社 2009 年版。

1951 年，31 岁

1 月 6 日至 10 日

黄永玉画展在香港遮打道思豪酒店画廊举办。这是黄永玉第二次在港举办画展。

1 月 21 日

《一切都准备好了》刊于本日香港《大公报》，署名汪曾祺、江山。

3 月 15 日

特写《一个邮件的复活——访问北京邮电管理局无着邮件股》刊于本日出版的《北京文艺》第二卷第一期。作者生前未收入作品集。

该文系读到《人民日报》1951 年 1 月 26 日第二版"读者来信"栏刊出的《华侨学生林爱梅感谢人民邮政工作者》一文后受到感动，循此线索加以访问而撰写的。

5 月 15 日

艺术评论《丹孃不死》发表于本日出版的《北京文艺》第二卷第三期。作者生前未收入作品集。

5 月 22 日

文艺评论《武训的错误》发表于本日《人民日报》，旋被《人民周报》本年第 22 期转载。生前未收入作品集。

6月2日

儿子汪朗出生。

8月15日

小说评论《赵坚同志的〈磨刀〉与〈检查站上〉》发表于《北京文艺》第二卷第六期（1951年出版）。作者生前未收入作品集。

赵坚《磨刀》，载《北京文艺》第二卷第三期；《检查站上》，载《工人文艺创作选集》第一辑，工人出版社印行。

此期间

与作为前辈作家、单位领导的北京市文联主席老舍、刚调来文联工作的同龄人林斤澜及稍年轻些的邓友梅交往频繁。老舍每年两次在家招待市文联同人，一次在菊花开时，一次在他的生日。汪曾祺每次都参加。老舍待人接物的君子古风给他留下深刻印象，也影响了他自己的处事风格。【《老舍先生》（1984）】

齐白石应老舍之请，创作了著名的国画《蛙声十里出山泉》。画刚刚裱起来后，汪曾祺到老舍家去，老舍曾向汪曾祺夸赞这幅画的设想。老舍尊重齐白石，和汪曾祺等人谈过齐白石的很多事情。

老舍有一次在检查思想的生活会上说："我在市文联只'怕'两个人，一个是端木，一个是汪曾祺。端木书读得比我多，学问比我大。今天听了他们的发言，我放心了。"【《哲人其萎——悼端木蕻良同志》（1996）】

汪曾祺还不时地去看望在历史博物馆工作的沈从文。约在本年，他带着林斤澜去看沈从文。这是林斤澜第一次见到沈。[1]

与同事邓友梅交好。邓友梅回忆了当时的汪曾祺：

1　林斤澜《微笑的失落》，见《随缘随笔》，群众出版社1993年版。

他是老舍、赵树理手下的大管事。在《说说唱唱》编辑部负责日常工作。（……《说说唱唱》作者们）各有各的绝活，哪位也不是省油的灯。汪曾祺却应付自如，开展工作结交朋友两不误。这些人之间有时还闹别扭，却没听过谁跟曾祺有过节儿。这就靠了他的"稳当"作风。汪曾祺办事处人，不靠作派，不使技巧，不玩花活，就凭一副真面孔，一个真性情。对谁都谦虚有礼，朴素实在。真谈起问题来，你才发现此人学问有真知卓见，写作有独到之功，使你敬而不生畏，爱而不生烦。[1]

汪曾祺擅长写字，在文联已小有名气，据邓友梅回忆，编辑部信封上的刊名就是他的手书。[2]汪曾祺当时还不以厨艺有名，但是勤于动手、思考、试验，拿手菜常做的就是"煮干丝"和"酱豆腐肉"。常与邓友梅一起下馆子。[3]

11 月 20 日

全国文联第八次常委扩大会议，通过决议，调整全国性的文艺刊物，其中涉及"加强《说说唱唱》"，《北京文艺》与其合并，使其成为发表优秀通俗文学作品和指导全国通俗文艺工作的刊物。根据这一决定，《北京文艺》停刊，编辑人员与《说说唱唱》编辑部合并。

11 月

参加中国人民政治协商会议全国委员会土地改革工作团（简称"中央土改工作团"）中南区第二十二团，赴江西进贤参加土改。该团共有成员119 人，时任北大西语系教授的冯承植（冯至）任团长，团员中文教工作者居半数以上。

工作团南下前后，依次听了中央、中南局、江西省委、南昌地委和

1　邓友梅《漫忆汪曾祺》，载《文学自由谈》1997 年第 5 期。

2　邓友梅《金庸墨宝、汪曾祺的画儿——无事忙杂记》，载天津《今晚报》2006 年 11 月 4 日。

3　邓友梅《漫忆汪曾祺》，载《文学自由谈》1997 年第 5 期。

进贤县委的报告。在进贤分为五个队，汪曾祺所在的第三队共 21 人。[1] 汪曾祺后来写道："这次土改是全国性的，也是最后的一次，规模很大。我们那个土改工作团分到江西进贤。这个团的成员什么样的人都有。有大学教授、小学校长、中学教员、商业局的、园林局的、歌剧院的演员、教会医院的医生、护士长，还有这位静融法师。浩浩荡荡，热热闹闹。"【《和尚·静融法师》（1989）】

汪曾祺后进驻夏家庄王家梁（村）土改。

12 月

《说说唱唱》改由老舍主编，赵树理、李伯钊任副主编。

本年

作人物特写《怀念一个朝鲜驾驶员同志》，收入《我们的血曾流在一起》，光明日报出版社 1951 年版；又收入《中朝人民的战斗友谊》，人民出版社 1951 年版。作者生前未收入任何个人作品集。

1952 年，32 岁

1 月 1 日至 3 月 19 日

在进贤王家梁进行土地改革工作。与汪曾祺同在王家梁小组的有两人，一是刚从美国留学归国不久的女高音歌唱演员邹德华[2]，二是嘉兴寺和尚静融法师，汪曾祺担任小组长。先后经过了划阶级、斗地主、分果实、参加劳动

　　1　中央土改工作团中南区第二十二团《土改工作总结报告》，冯至先生存本，冯姚平女士向笔者提供复制件。

　　2　邹德华（1926—），江苏吴县人，女高音歌唱家。1950 年毕业于美国朱丽亚音乐学院，同年回国。当时的资料身份是"人民艺术剧院教育科副科长"。静融法师当时资料身份是"抗美援朝会委员兼宣传部副部长"。

等环节。

期间和静融法师结交。和静融的交往，反映出土改工作中的一些鳞爪。两人之间第一次接触，是受命劝说这位出家人脱下僧衣：他参加工作团时穿的是僧衣。在进贤，领导劝他换装，他不同意。后来大家建议汪曾祺找他谈，居然把他说服了，他临时买了一套蓝卡叽布的干部服换上。回京后，仍有些许交往，静融曾为汪曾祺刻了一枚图章亲自送来。【《和尚·静融法师》(1989)】

3 月底

进贤土改结束。

4 月初

回到北京。[1]

5 月 14 日

个体医生杨少卿等组织成立私立第一联合诊所，拉开了高邮县个体医生成立私立联合诊所的序幕。

5 月下旬

黄永玉第三次在香港举办画展，展出木刻、铜版画、水彩画、油画若干。嗣后，香港《文汇报》《大公报》相继发表文章对他的形式主义等艺术倾向进行批评。

8 月 20 日

高邮县个体医生响应县政府"组织起来，走集体化道路"的号召，组建私立联合诊所。汪菊生与张仲陶、许长生等高邮县城的个体医生联合，在城区珠湖镇成立私立第十六联合诊所。负责人为张仲陶。[2]

1　土改团回北京时间，据冯姚平编《冯至年谱》，见《冯至全集》第十二卷。
2　《高邮市卫生志》，中国工商出版社 2006 年版，第 87—88 页。

8月

人物特写《从国防战士到文艺战士——记王凤鸣》发表于《说说唱唱》本年8月号（总第32期）。作者生前未收入作品集。

8月

新华社撤销外文翻译部，成立国际新闻编辑部，负责对外宣传报道工作。因外文干部不足，从大学中抽调一批人员加以充实。施松卿从北京大学调入新华社对外新闻编辑部。

1953年，33岁

2月9日

私立艺培戏曲学校由北京市政府接管，更名为北京市戏曲学校。梅兰芳任校董事会董事长，郝寿臣任校长。郝寿臣的就职讲话稿系委托汪曾祺起草。[1]

4月21日

汪曾祺长女汪明出生。

本年

曾与沈从文游北京中山公园。

1　汪朗等《老头儿汪曾祺——我们眼中的父亲》，中国青年出版社2012年版，第69页。

约本年

与邓友梅、林斤澜交好，频相过从。邓友梅忆及汪曾祺曾招待邓、林品尝茅台酒的经历：

> 大概又过了两三年[1]，茅台酒在北京商店里出现了，……有天汪曾祺弄来一瓶，把我和林斤澜叫去共饮。我问茅台比二锅头贵许多倍，它好在哪里？汪曾祺讲解白酒有酱香、麯香、浓香的区别。酱香的代表就是茅台，是别处仿也仿不出来的，只此一家别无分号。我细品一下，果然有酱的香味。[2]

1954 年，34 岁

2 月

古诗今译《井底引银瓶》刊于《说说唱唱》本年 2 月号（总第 50 期），署"曾其试译"。同名原诗为唐代白居易所作。

6 月 12 日

黄永玉致信黄裳谈及汪曾祺：

> 曾祺常见面，编他的《说说唱唱》，很得喝彩。[3]

1　指邓友梅参加中央民族访问团西南访问团第三分团（贵州）回京以后的两三年。该团 1950 年 7 月出发，1951 年返京。此后两三年当为 1953 或 1954 年。

2　邓友梅《往事一瞥（节选）》，见蒋子龙主编《茅台故事 365 天》，作家出版社 2009 年版。

3　李辉《传奇黄永玉》，人民日报出版社 2010 年版，第 159 页。

6月26日

黄永玉致信黄裳再次谈及汪曾祺：

曾祺有点相忘于江湖的意思，另一方面，工作得实在好，地道的干部姿态，因为时间少，工作忙，也想写东西，甚至写过半篇关于读齐老画的文章，没有想象力，没有"曾祺"，他自己不满意，我看了也不满意，也就完了。我常去看他，纯粹地挂念他去看他，谈谈，喝喝茶抽抽烟（我抽烟了），这种时间颇短的。[1]

10月

黄裳携新婚妻子朱小燕到北京度蜜月，观画展、访书肆、见友人。曾与汪曾祺见面。黄裳《故人书简——忆汪曾祺》：

1954年与妻去京，才匆匆见了一面，不记得在一起喝酒了没有。他在编《说说唱唱》，颇有点落魄的样子。[2]

12月11日

参加中国作家协会在青年宫举行的纪念吴敬梓逝世200周年会议。茅盾主持会议，何其芳作了题为"吴敬梓的小说《儒林外史》"的报告。文艺界人士及外宾八百多人出席。

12月31日

小女儿汪朝出生。

1　李辉《传奇黄永玉》，人民日报出版社2010年版，第161页。

2　黄裳携妻赴京访友、度蜜月的具体日期、滞留多久暂尚不详。但可以肯定，至11月上旬仍在京。《吴祖光日记》本年11月8日记："黄永玉夫妇、黄裳夫妇、潘际坰夫妇、谢蔚明来看齐白石画。"见《吴祖光日记》（1954—1957），大象出版社2005年版，第87页。

本年

作散文《国子监》，刊于《北京文艺》1957年3月号。[1]后收入王灿炽主编《北京纵横游》（文化艺术出版社1984年版）时，作者作了大量文字改动。

胡乔木读到《国子监》后，有一次碰见朱德熙，向朱德熙推荐，并问朱是否知道作者是什么人。朱德熙告诉他"是我的大学同学"。[2]

本年

读《儒林外史》，并根据"范进中举"一段情节，创作京剧剧本《范进中举》。这是汪曾祺的第一部戏剧作品。剧本在同事们中间传阅，受到肯定。但老舍看了剧本之后，曾在酒后当面以"没戏"二字评价，认为缺点是缺乏戏剧性。该剧本经戏曲指导委员会剧目组的袁韵宜推荐给北京市副市长王昆仑后，得到王的肯定。[3]后来王昆仑将这个戏介绍给奚啸伯排演了。

约本年

为帮助黄永玉理解齐白石，汪曾祺特以小说笔法为他写了一篇《一窝蜂》，勾勒齐白石的艺术形象。作品今见遗。黄永玉多年后在接受作家李辉访谈时，回顾了这篇文章的概貌：

> 五十年代，为了帮助我理解齐白石，他还专门为我写了一篇小文章《一窝蜂》，只给我看的，没有发表过，稿子应该还在。他没

1　作者在1993年所写《老董》一文说"我写《国子监》大概是一九五四年"。兹据此系于本年下。

2　汪朗等《老头儿汪曾祺——我们眼中的父亲》，中国青年出版社2012年版，第87页。

3　1962年4月10日致黄裳信，见黄裳《关于王昭君——故人书简·忆汪曾祺》，收《故人书简》，海豚出版社，2012年版。又据陈徒手《汪曾祺的文革十年》，收《人有病，天知否——一九四九年后中国文坛纪实》，人民文学出版社2000年版。

有见过齐白石，但用小说样子来写。清晨，老人听到窗户外面哐当响了一声，是有人掀开盖煤炉的盖子。老人起来，走到院子里，又拿来不同颜料调。红的，黄的。走到画案前，开始画藤萝，藤萝旁再画蜜蜂，一只蜂，两只蜂，简直是一窝蜂。大概就是这样写的。[1]

1955 年，35 岁

1 月

《人民日报》《光明日报》等报刊开始登载文章，批判胡风。

2 月

汪曾祺调到中国民间文艺研究会工作，参与筹备《民间文学》。研究会地址在演乐胡同 74 号。不久级别从文艺六级变成文艺四级，工资 180 多元。

3 月

《说说唱唱》停刊。

4 月 23 日

《民间文学》月刊创刊号本日出版，编辑者为中国民间文艺研究会，由通俗读物出版社出版。创刊号封三列出的编委名单如下：钟敬文、贾芝、陶钝（以上为常务编辑委员）、阿英、王亚平、毛星、孙剑冰、汪曾祺。

5 月 23 日

本日出版的《民间文学》1955 年 5 月号（总第 2 期）头题刊登《彝族传说故事三篇》，其中第一篇即是朱叶整理、汪曾祺修改（署笔名"曾芪"）的《阿

1　李辉《传奇黄永玉》，人民日报出版社 2010 年版，第 169 页。

龙寻父》。[1]

7 月

参与整理的陈荫荣评书《程咬金卖柴笆》（评书《隋唐》的一节），本月由宝文堂书店出版，署"陈荫荣说，金受申记，汪曾祺、姚锦、金受申整理"。[2]

9 月

从来稿中发现江苏作家方之的《在泉边》，经手编辑后发表在本月的《北京文艺》。《在泉边》后来成为方之的成名作和代表作之一。[3]

12 月 23 日

本日出版的《民间文学》1955 年 12 月号（总第 9 期）头题刊登傈僳族长歌《逃婚调》，由徐琳、木玉璋、汪曾祺（署笔名"曾芪"）整理。同期刊登的徐琳、木玉璋《关于"逃婚调"》一文中介绍了 1953 年以来对该作品的记录、翻译、校正、补充过程之后，说："今年，我们又和在中国民间文艺研究会工作的曾芪同志在一起，参对原文，经过逐字逐句的斟酌，修改了一次。"[4]

1　其余两篇分别是邓友梅整理的《英雄什加尔的故事》和普英整理的《宝扁担》。

2　陈荫荣（1918—1990），评书大师。姚锦（1925—），原名姚锦凤。1944 年入辅仁大学中国文学系。解放后，先后在北京市文委、《说说唱唱》《北京文艺》作编辑。金受申（1906—1968），原名金文佩，又作金文需，北京人，字泽生，满族，曲艺史家，民间文艺家，民俗学家。曾就读于华北大学、北京大学研究所国学门，1926 年后一直在北京从事教育工作，曾在多所中学及华北大学等校任教。1953 年后在北京市文联工作。

3　参见涂光群《五十年文坛亲历记》第 499 页。

4　徐琳、木玉璋《关于"逃婚调"》，《民间文学》1955 年 12 月号。

1956年，36岁

1月

《民间文学》第1期转载毛泽东《中国农村的社会主义高潮序言》一文。

3月

沈从文按上级布置，撰写一篇万余字的《沈从文自传》，谈及自己在西南联大的学生，列举了10人左右："吕德申、汪曾祺、王忠、姚殿芳、诸有琼、陈柏生、杜运燮、朱德熙、李荣、金隄、赵全章等"。这十数人，恰恰也是沈从文整个后半生中联系较密切的一些学生。

4月23日

本日出版的《民间文学》1956年4月号（总第13期）头题刊登《鲁班故事十一篇》，其中有三篇是汪曾祺（署笔名"曾芪"）参与整理的：《赵州桥》（平水等搜集）、《锅大家伙》（恨钟等搜集）、《兜头敲他两下》（阮启成搜集）。[1]

5月27日

《中国共产党第八次全国代表大会关于政治报告的决议》提出繁荣科学和艺术必须坚持"百花齐放，百家争鸣"的方针。

6月

戏剧评论《且说过于执》发表于《北京文艺》本年6月号。评浙江省京昆剧团整理演出的昆剧《十五贯》。

1　《兜头敲他两下》在该期目录中未见署名，正文中见署名。

7月

汪曾祺参与整理的傈僳族长歌《逃婚调》由作家出版社出版，署"中国民间文艺研究会编，徐琳、木玉璋搜集，徐琳、木玉璋、曾芪整理"。全书58页。

8月23日

本日出版的《民间文学》1956年第8期发表社论《民间文学需要百花齐放、百家争鸣》。

8月23日

经汪曾祺组稿，邓友梅整理的《彝族民歌选辑》在本日出版的《民间文学》1956年第8期发表。据邓友梅回忆，该辑民歌系在汪的促动下整理出来的，并撰写了长篇序言。汪对序言作了大幅删减。[1]

9月

作文艺评论《鲁迅对于民间文学的一些基本看法》，发表于《民间文学》1956年10月号。

11月21日至12月1日

中国作家协会在北京召开了文学期刊编辑工作会议，讨论如何正确地在文学刊物上贯彻"双百"方针问题。参加这次会议的，有全国六十四个文学期刊的主要编辑九十多人。汪曾祺参加这个座谈会并作发言。[2]

1　邓友梅《再说汪曾祺》，载《文学自由谈》1997年第6期。文中"1955年"当为"1956年"。

2　据涂光群《汪曾祺和短篇佳作〈羊舍一夕〉》，见《五十年文坛亲历记》，辽宁教育出版社2005年版，第499页。

12 月

作散文《冬天的树》，包括《冬天的树》《标语》《公共汽车》三题。刊于《人民文学》1957 年第 3 期。

本年

汪家经营的万全堂药店，与高邮县大德昌、长春堂、天生堂、仁德生、全生堂、福寿堂等共八家私营中药店组建公私合营的国药商店。[1]

本年

从 1950 年到本年，高邮全县私立医院与诊所的医生，有 471 人成立了 66 个联合诊所。汪菊生入第 16 联合诊所，地点在高邮北门外。汪菊生不断向同在该诊所执业的许长生（许荫章）提起汪曾祺的创作成就。

本年

作散文《下水道和孩子》，刊于《诗刊》1957 年 3 月号，收入《汪曾祺自选集》《蒲桥集》《汪曾祺文集》《中国当代才子书·汪曾祺卷》《去年属马》《汪曾祺散文选集》等。

本年

《范进中举》开始排演。由奚啸伯主演。

某个星期天，汪曾祺电话邀请邓友梅看彩排。"戏看完，朋友们都觉得词雅意深，但未必会得到普通观众接受。"但戏改科十分支持这个戏。他们对邓说："曾祺头一次写戏，能达到这水平就不错了。他以后要能接着再写，准会越写越好。"[2]

1　据《高邮县志》，江苏人民出版社 1990 年版。

2　邓友梅《漫忆汪曾祺》，载《文学自由谈》1997 年第 5 期。

本年底

北京市京剧四团《范进中举》参加北京市文化局年终汇报演出，获得北京市戏曲调演京剧一等奖。

此后奚啸伯辗转各地，多次演出《范进中举》，逐渐成为奚派艺术的代表性剧目。

1957 年，37 岁

1月15日

北京市京剧四团在北京剧场演出《范进中举》，征求专家意见，以便进一步提高。[1]

3月9日

黄永玉在致黄裳的信中谈到汪曾祺新近完成的剧本《范进中举》：

> 曾祺兄写了一个范进中举京戏，我对京戏是外行，但觉得写得很高雅妥帖，您是行家，可能要求严一些，未必像我的意思一样，很想听听你的意见。据说这剧本评选时得头奖，又得了奖金若干云云。

3月20日

本日出版的《北京文艺》3月号发表汪曾祺应约创作的散文《国子监》。

1　据演出邀请函。

5月5日

《北京日报》发表林斤澜的《迎风户难开》。汪曾祺看后让邓友梅转告他自己的意见："讲究语言是他的长处，但过分考究难免有娴巧之虞。"[1]

5月24日

下午，中国民间文艺研究会在北京举行学术报告会，邀请北京师范大学中文系的苏联专家柯尔尊主讲《论口头文学在书面文学的形成与发展中的作用》。民研会在京理事、会员及专家学者近二百人出席。

约此时

在"大鸣大放"中，在民研会有关人士一再动员下，汪曾祺写了一篇短文《惶惑》发在单位的黑板报上。文章提到群众对人事工作意见颇多，人事部门几乎成为"怨府"，建议考虑吸收一般群众参加人事工作。这篇小文后来成为他的"右派"罪证之一。

5月下旬或6月上旬

在整风中，为了广泛征求意见，中国作家协会党组会在5月下旬和6月上旬先后召开了四次党外作家、翻译家座谈会和一次理论批评家座谈会。[2] 同时作协所属的各刊物编辑部及所属的各单位召开了整风会议。参加座谈会及整风会议的作家、翻译家、理论批评家、编辑人员和工作人员，对几年来文艺工作的领导提出了批评。汪曾祺在作家协会组织的座谈会上发言，着重呼吁重新研究、正确对待沈从文。《文艺报》刊登的发言摘要如下：

1　邓友梅《再说汪曾祺》，载《文学自由谈》1997年第6期。
2　据《作协在整风中广开言路》编者按，载《文艺报》1957年第11号（6月16日出版）。

写文学史是个复杂的工作，已出版的几本，都有教条主义，往往以作家的政治身份来估价作品。对沈从文先生的估价是不足的，他在 30 年（代）写了三、四篇同情共产党人受迫害的文章，他的情况很复杂，不能简单对待，应该重新研究。

6月18日

下午，参加中国民间文艺研究会举办的民间文学座谈会。到会人员有周汝诚、马学良、林山、李岳南、熊塞声、葛翠琳、路工、汪曾祺、连树声、许钰等三十多人。会议由副理事长钟敬文先生主持，大家进行了三小时的热烈交谈。从发言记录看，汪曾祺未做发言。[1]

6月25日

新诗《早春（习作）》经徐迟编发，刊于《诗刊》6月号。包括《彩旗》《杏花》《早春》《黄昏》《火车》五题。

约上半年

约1957年上半年，汪曾祺收到了已故神话学家程憬（程仰之）的遗稿《中国古代神话》，系由程憬遗孀沙应若女士从南京所寄，请他帮忙出版。粗略地翻阅书稿后，写信转给当时主持丛书编辑工作的陶建基，请其审处。该书终未出版。

7月

散文《星期天》发表于《人民文学》本年第 7 期。包括《海绵球拍》《竹壳热水壶》二题。生前未收入作品集。

1　据《当前民间文学工作中的问题——民间文学座谈会发言记录》，刊登于《民间文学》1957 年 7 月号。

7月

刘锡诚从北京大学俄罗斯语言文学系毕业，分配来《民间文学》工作。因素知汪曾祺的文名，且大学期间曾向《民间文学》投稿经汪曾祺之手发表，刘锡诚来单位后视他为老师。[1]

7月

参与整理的陈荫荣评书《程咬金卖柴笆》（评书《隋唐》的一节），本月由上海文化出版社出新1版。

10月23日

本日出版的《民间文学》1957年第10期以显著位置发表贾芝的《必须坚持为人民服务的方向》、紫晨（张紫晨）的《民间文学能不要党的文艺方针吗？》两文。

10月

《沈从文小说选集》由人民文学出版社出版。本年，沈从文应中国作家协会要求起草《创作计划》，也尝试重新创作发表一些散文。

约此时

汪曾祺因为说了些不当言论而遭到批判，但基本是当作思想问题批判的，只是在小范围内开过几次会，调子比较平和。批判结束后仍旧主持编辑部工作。

12月23日

本日出版的《民间文学》12月号在"批判钟敬文"栏目下，发表三篇重头批判文章和对11月份三次批判会的报道。同期附送读者意见调查表。1958

1　刘锡诚《一个抒情的人道主义者》，载《钟山》1998年第3期。

年1月号对读者意见综述反馈。

12月

《民间文学》辟"批判钟敬文"专栏。

本年

整理民间传说《牛郎织女》。原刊地不详，收入《中国民间故事选粹》，湖南文艺出版社1986年版。

本年

姐夫（汪巧纹的丈夫）在政治运动中自杀。汪曾祺十分惦记姐姐。[1]

1958年，38岁

2月28日

下午，中国民间文艺研究会召集北京民间文学工作者举行座谈会，讨论大跃进问题。该会秘书长林山主持，赵树理、顾颉刚、俞平伯、汪静之、容肇祖、黄芝冈、杨成志、江绍原、常任侠、曹博韩、马学良、贾芝、江橹等五十余人出席会议。

此前，中国民间文艺研究会会内干部先进行了一次研讨。[2]

3月22日

毛泽东在成都会议讲话中提倡搜集民歌。

1　据陈其昌《骨肉情深——汪曾祺与其兄弟姐妹》，载《扬州日报》2007年5月16日。

2　《打好基础，力争跃进——北京民间文学工作者座谈跃进问题》，载《民间文学》1958年第3期。

3月26日

作文艺评论《仇恨·轻蔑·自豪——读"义和团的传说故事"札记》，刊于《民间文学》1958年4月号。

50年代中后期，张士杰发掘了许多义和团传说故事，陆续发表后，引起了文、史学界关注。《民间文学》先后多次发表这组传说，多经汪曾祺之手编发。

4月14日

《人民日报》发表社论《大规模地收集全国民歌》。

《民间文学》编辑部访问郭沫若，郭沫若就对民歌收集的看法、民歌收集对繁荣创作和创立民族风格的作用、民间文学的价值、忠实记录与加工润色的关系、新歌谣等问题答问。4月21日《人民日报》就此作了报道。答问实录刊于5月23日出版的《民间文学》1958年第5期。

4月26日

中国文联、作协和民间文学研究会举行民歌座谈会。会议提出收集、整理民歌、民谣的工作，建议成立全国编选机构，统一规划。[1]

春天

桐花盛开季节，汪曾祺一行到河南搜集民歌。途经洛阳、林县、嵩山等地，收集了若干民歌。

4月29日

参观英雄渠工程，遇见在县城就听说过名字的林县河涧乡豆村人、五十七岁的农民泥水工路永修，听他即兴说快板。当天晚上，又约他在河涧

1　据《新民歌开创一代新风》对该会的报道，载《民间文学》1958年第5期。

镇金星合作社俱乐部谈话、听快板。

5 月 23 日

本日出版的《民间文学》5 月号转载人民日报社论《大规模地收集全国民歌》。

6 月 13 日至 7 月 15 日

文化部委托中国戏曲研究院召开"戏曲表现现代生活座谈会"。8 月 7 日，《人民日报》发表社论《戏曲应该为表现现代生活而努力》。

6 月 23 日

本日出版的《民间文学》1958 年 6 月号（总第 39 期）刊登汪曾祺（署笔名曾菁）《关于"路永修快板抄"》及《路永修快板抄》，共六首，署"张生一收集、曾菁辑注"。

7 月

中国民间文学工作者第二次代表大会在北京召开，确定了"全面搜集，重点整理，大力推广，加强研究"的工作方针。选举郭沫若为中国民间文艺研究会主席，周扬、老舍、郑振铎为副主席。

夏天

汪曾祺遭到大字报揭发批判，被打成"右派"。

先后召开了多次批判会，最终结论下来：定为一般"右派"，撤销职务，下放农村劳动。工资连降三级，从 180 元减到 105 元。[1]

8 月 25 日

本日出版的《诗刊》1958 年第 8 期，发表署"本刊编辑部整理"的《读

1　2012 年 11 月 21 日、2013 年 2 月 4 日杨香保接受笔者访谈提供。

者对去年本刊部分作品的意见》一文，批评了穆旦、艾青、陈梦家、公刘、邵燕祥、孔孚、蔡其矫、公木、杜运燮、吕亮畊、汪曾祺等人的诗作。关于汪曾祺，是通过综述读者来信的方式加以批评，编者说"这首充满阴暗情绪的诗，在读者中引起强烈的反感"。

9月

汪朗就近入读崇文区的河泊厂小学。

下半年

划为"右派"之初，下放之前，曾在北京劳动。先在十三陵修水库，劳动强度很大。又赴西山八大处劳动。劳动内容之一是为出口大葱装箱。最后二十多天则是在西山刨坑种树。【见《果蔬秋浓》（1996），《草木春秋》（1996）】

年底

下放张家口沙岭子农业科学研究所劳动。

张家口农业科学研究所的领导较为开明，也比较尊重知识分子，只是对干部们和农业工人的组长们介绍了下放人员的情况，而不是在全体职工面前宣布他们的问题。开始从事起猪圈、刨冻粪的重活。【《随遇而安》】

汪曾祺赴张家口不久，全家离开一直居住的河泊厂寓所，搬到宣武门西侧的国会街5号新华社宿舍一个四合院的七八平方米的门房。[1]

汪曾祺的大妹汪晓纹病逝。妹夫赵怀义后娶五妹汪锦纹[2]。所以汪曾祺后来戏称赵怀义是汪家的"双料女婿"。

1　汪朗等《老头儿汪曾祺——我们眼中的父亲》，中国青年出版社2012年版，第93页。

2　赵怀义，后用名赵梦兆。解放后在江苏泗阳县百货公司工作。后来调回高邮。汪锦纹为任氏所生。朱延庆先生向笔者提供材料。

1959 年，39 岁

2 月上旬

春节（2 月 8 日）前夕，以省下的烤火费 16 元钱寄付高邮家中，致使汪菊生对这个从未有过的零碎数字感到不解。[1]

约 4 月

1959 年 4 月，在第二届全国人民代表大会第一次会议上，刘少奇当选为中华人民共和国主席。在农科所的传达会上，汪曾祺当着众人，包括所领导和干部们，语出惊人地说："毛主席是不是犯了错误哟！？"四座为之失色。好在无人发难，农科所的领导人只是说："大家的认识要统一到党指示的思路上来！"

后来，在"劳动锻炼"成员小组学习会上，汪曾祺对此还有所自责，曾说："我这个人就是有这个难改的坏毛病：浮躁！"[2]

7 月 2 日至 8 月 16 日

中共中央在庐山先后举行政治局扩大会议和八届八中全会。会议从 7 月 23 日开始展开对彭德怀的批判。9 月起，全国掀起了反右倾运动。

9 月 16 日

中共中央、国务院发出《关于确实表现改好了的"右派分子"的处理问

1　於晨逸《汪曾祺和大姐汪巧纹》，《今日高邮》2010 年 2 月 26 日文章，见 http://www.gytoday.cn/tb/20100226-115698.shtml。

2　陈光楞先生接受笔者访问提供信息，并据其《昨日的故事》一文，原载《江津文艺》2012 年第 2 期，又收其散文集《昨日的故事》，作家出版社 2009 年版。

题的决定》后，本年度开始摘掉一批"右派分子"的帽子。

9月

郭沫若、周扬编的《红旗歌谣》出版。

秋

父亲汪菊生去世，享年62岁。家人将电报打到张家口，一段时间之后农科所的领导才把消息告诉汪曾祺。汪曾祺听了之后痛哭流涕。

汪菊生去世后，任氏娘、汪陵纹和汪海容住在老家偏屋，生活贫苦，加之接连几次"奉命搬家"，又遭小偷光顾，更是异常艰难。稍后汪海容饿死，任氏娘欲投大运河未遂。[1]

冬

一同从中国文联下放到河北涿鹿的宗璞与挚友陈澂莱，到张家口开会，与汪曾祺邂逅。[2]

年底

工人组长和部分干部对同时下放来的几个人进行鉴定。工人组长认为：老汪干活不藏奸，和群众关系好，"人性"不错，可以摘掉"右派"帽子。所领导则考虑到下放才一年，时间太短，再等一年。【据《随遇而安》（1991）】

在农科所画过一套《口蘑图谱》，都是以实物置之案前摹写，因此对张

1　据陈其昌《骨肉情深——汪曾祺与其兄弟姐妹》，载《扬州日报》2007年5月16日。

2　宗璞《三幅画》，载《钟山》1988年第5期。陈澂莱下放前为中国文联翻译，曾与宗璞合译《缪塞诗选》（人民文学出版社1960年版）。"澂莱于1971年元旦在寒冷的井中直落九泉之下，迄今不明原由"（宗璞《三幅画》）。汪曾祺与她的相识，应是缘于都在文联下属机构工作。1986年，汪曾祺曾为宗璞作画纪念陈澂莱，见本谱当年纪事。据蔡仲德《宗璞创作年表》（见《宗璞文集》第四卷，华艺出版社1996年版），宗璞于1959年年初到年底下放河北涿鹿温泉屯劳动。

家口地区的口蘑种类、性状十分熟悉。[1]

　　曾参加地区农展会的美术工作，用多种土农药在展览牌上粘贴出一幅很大的松鹤图，色调古雅，当地美术中专的一位老师曾带学生前来观摩；摘帽后，在所里布置过"超声波展览馆"，并亲自书写"超声波展览馆"匾牌。也曾参加很多文娱活动，唱山西梆子（中路梆子）、春节时跑旱船，汪曾祺为演员们化妆。还演过小歌剧《三月三》、崔嵬的独幕话剧《十六条枪》。【《随遇而安》（1991）】[2]

　　汪曾祺回忆在沙岭子劳动期间的业余生活，其中印象深刻的是逛书店。【《读廉价书》】

约年底

　　施松卿携孩子们再次搬家，搬到文昌胡同八号的一间旧房。

1960 年，40 岁

1 月 27 日

　　除夕，演完戏后直接赶车回北京过春节。这是到沙岭子劳动改造以来第一次获得回北京与家人团聚的机会。[3]

5 月 3 日

　　文化部副部长齐燕铭在现代题材戏曲汇报演出大会上，代表文化部提出

　　1　见《菌小谱》（1988）。

　　2　各次活动时间多不可考。但《三月三》本是福州军区政治部前锋歌舞团1958年创作演出的，1959年6、7月间在全军第二届文艺会演中受到嘉奖，剧本随即发表，同年12月出单行本，随后在全国流行一时。所以该剧演出应在1959年之后。据汪明《往事漫忆——关于爸》一文提到，汪曾祺曾对女儿说他演的是剧中的胡宝财。

　　3　参见本谱1959年关于演戏的纪事。

戏曲剧目"三并举"政策,即"现代剧、传统剧、新编历史剧三者并举"。

约8月上旬或中旬(初秋)

在交了一份思想总结之后,党组织决定为他摘掉"右派"帽子,并分配到政治力量坚强的部门做适当工作。组织鉴定意见中说:"(汪)有决心放弃反动立场,自觉向人民低头认罪,思想上基本解决问题,表现心服口服。"[1] 所领导宣布摘帽决定后,汪曾祺结束劳动改造。因原单位中国民间文艺研究会无接收之意,汪曾祺只好暂留本所里协助工作。

8月下旬

接受绘制《中国马铃薯图谱》的任务,遂乘车赴位于高寒地区的沽源,在所里设在此处的下属马铃薯研究站工作。他在张家口买了纸、笔、颜料,在沙岭子新华书店买了《癸巳类稿》《十驾斋养新录》及两册《容斋随笔》,一同携往。直到"天凉了"才离开了沽源。【据《随遇而安》《马铃薯》】

9月

长女汪明入南沟沿小学读一年级。老师问起她爸爸的工作单位,她不知道,回家问妈妈,施松卿告诉她"爸爸在沙岭子下放"。从此记住了"沙岭子"这个地名,但对"下放"还是不理解。[2]

11月21日

在沙岭子作文艺随笔《说〈弹歌〉》。生前未发表。

11月24日

作文艺论文《说〈雉子班〉》,生前未发表。后以《古代民歌杂说》为总题刊于《北京文学》2007年第5期。

1　转引自陈徒手《汪曾祺的文革十年》。
2　汪明《往事漫忆——关于爸》,载《收获》2008年第1期。

年底

回到北京过春节。

当天，汪曾祺提出去幼儿园接汪朝回家，因不识路，施松卿让汪明带他去。

1961 年，41 岁

1 月 15 日

致信沈从文（原信不见）。1 月 22 日沈从文曾写回信，未寄出。2 月 2 日沈从文再写一封长达 12 页的复信寄出（两信内容部分雷同，均收《沈从文全集》第 21 卷。其中前信是部分收入）。由复信知，汪信中告诉沈从文自己身体健康，"担背得起百多斤洋山芋"。沈从文说："我同意你的初步生活打算，一时如没有机会回到什么文化工作位置去，也不妨事，只要有机会到陌生工作陌生人群中去，就尽管去滚个几年吧。"说明汪信中谈及自己面对现实、坦然接受之意。汪曾祺在信中就小龙（沈氏长子沈龙朱）已经结婚生子的传闻询以沈，沈详告以家中实情。

沈从文在信中用大量篇幅勉励他勇敢地接受人生的挑战："你如能有机会到新的人群中去滚个几年，倒真是不容易得到的好机会，没有别的话好说，接受下来吧。高高兴兴的接受吧。我赞同你！"同时还热切鼓励他写作：

> 你应当保持用笔的愿望和信心！……一句话，你能有机会写，就还是写下去吧，工作如做得扎实，后来人会感谢你的！……你能写点记点什么，就抓时间搞搞吧。至少还有两个读者，那就是你说的公公婆婆。事实上还有永玉！三人为众，也应当算是有了群众！

沈从文为汪曾祺未来的工作谋划提出一些建议，例如，到宣化龙烟钢铁厂去写东西，到大学教教散文习作，到故宫搞搞艺术，"都不妨开门见山提，荒唐些也不妨事。"[1]

在沙岭子、沽源期间

汪曾祺在张家口的几年，正逢"三年困难时期"。他和黄永玉的交往还是颇多。黄永玉回忆，汪曾祺给黄永玉来信颇多，并要黄永玉代买画材。[2]

11月25日

写成短篇小说《羊舍一夕》。呈给沈从文和时任《人民文学》编辑的张兆和看。

1962年春天，《羊舍一夕》到了编辑部，极受重视。当年第6期《人民文学》以显著地位发表这篇小说。这是汪曾祺解放后的第一次小说试笔。沈从文1962年10月给程应镠的信中称赞这篇小说，说"大家都承认'好'。值得看看"。[3]萧也牧的评价是"这才是小说！"[4]

年底

在费尽周折之后，终于回到北京，在北京京剧团担任编剧。

林斤澜回忆说，老舍等北京文化界一些人士都关心过汪曾祺调动之事。杨毓珉接受陈徒手采访时回忆说：

> 那时他信中告我已摘帽，我就想把他弄回来。跟团里一说，党委书记薛恩厚、副团长萧甲都同意。又去找人事局，局长孙房山是个戏迷，业余喜欢写京剧本。他知道汪曾祺，就一口答应下来，曾祺就这样到团里当了专职编剧。

1　收《沈从文全集》第25卷。
2　2008年12月17日接受李辉访谈。见《传奇黄永玉》第167—168页。
3　详见本谱1962年10月15日纪事。
4　参见陆建华《汪曾祺的春夏秋冬》。

汪朗撰述施松卿的回忆说，当时有两个剧院需要编剧，一个是中央实验话剧院，一个是北京京剧团。汪曾祺考虑京剧毕竟自己接触过，于是选择了后者。[1]

1962 年，42 岁

本年初

正在外地改造的邓友梅回京探亲，约上林斤澜，登门看望汪曾祺，庆贺他调回北京并进入京剧团工作，汪曾祺却态度泰然。[2]

春节（2月5日）前夕

黄永玉送来一幅木刻，汪曾祺十分欣赏，和孩子们一起贴在门上，手舞足蹈地唱起《白毛女》中的"门神门神骑红马"段。[3]

2月5日

春节。因为国会街 5 号住所地近厂甸，约从本年起，每个春节，只要有时间，汪曾祺都携全家去热闹的厂甸游逛，各种带有民俗色彩的玩具、用具，都会让汪曾祺流连忘返。平常，则每天带孩子们穿过马路到城墙根遛弯，听人闲侃。[4]

1　汪朗等《老头儿汪曾祺——我们眼中的父亲》，中国青年出版社 2012 年版。

2　邓友梅《漫忆汪曾祺》，载《文学自由谈》1997 年第 5 期。

3　见汪朗等《老头儿汪曾祺——我们眼中的父亲》，中国青年出版社 2012 年版，第 283—284 页。

4　参见汪明《国会街五号》，汪朗等《老头儿汪曾祺——我们眼中的父亲》，中国青年出版社 2012 年版，第 283—287 页。

约本年初

创作剧本《王昭君》。

3月

在中央文化部主持下，北京京剧团头牌旦角张君秋与武汉京剧团武生台柱高盛麟"走马换将"，进行为期一个多月的演出。[1] 因北京京剧团原定由张君秋主演《王昭君》，汪曾祺随同张君秋去武汉，看戏并交流。

4月10日

当日从汉口北返。行前致信黄裳，谈剧本《王昭君》，对近来围绕昭君出塞故事进行争鸣的周建人、翦伯赞、侯外庐的观点提出自己的看法。"截止现在为止，我仍以为翦伯赞所写的《从汉的和亲政策说到昭君和亲》[2] 是一篇实实在在的文章。我的剧本大体上就是按照这篇文章的某些观点敷衍而成，虽然我在着手准备材料时还没有读过翦文。"

说自己对该剧无自信，一是因为任意"拨弄"了一番史实，二是动作多，话少。[3]

5月20日

作小说《王全》，刊于《人民文学》1962年第12期。收入《羊舍的夜晚》《汪曾祺短篇小说选》。[4]

1　张君秋一行3月1日左右抵汉，3月6日首场演出《望江亭》。其后共演出了《红鬃烈马》《女起解·玉堂春》《诗文会》《四郎探母》《西厢记》《孔雀东南飞》《凤还巢》《怜香伴》《银屏公主》等共二十九场。

2　翦文标题实应为"从西汉的和亲政策说到昭君和亲"。

3　该信在黄裳《故人书简（关于王昭君）》（1998）中首次披露。见黄裳《噤余集》，花城出版社2008年版。

4　手稿藏中国现代文学馆。

5 月 23 日

校阅剧本《王昭君》(第三稿)完毕。落款"一九六二年五月二十三日校阅，适逢'在延安文艺座谈会上的讲话'发表二十周年之日"。[1]

这个剧本开始无人问津，后由李世济演出。

7 月 20 日

作小说《看水》。收入《羊舍的夜晚》《汪曾祺短篇小说选》。

《羊舍一夕》《王全》发表后，中国少年儿童出版社找到汪曾祺，建议他再写几篇，出一个集子。汪曾祺赶写了《看水》，凑成四万字的一个小说集。[2]

9 月

小女儿汪朝入读北京第一实验小学。

10 月 15 日

沈从文该日致信上海师范学院历史系教授程应镠(流金)，介绍共同熟识的汪曾祺近况时，对汪曾祺新近发表的《羊舍一夕》、他的遭遇、才能和"大器晚成"的势头、"宠辱不惊"的态度作了较为细致的介绍：

> 曾祺也在北京，是从张北农村学习三年不久回来的，体力健康，精神也好，在《人民文学》前几期写了篇小说，大家都承认"好"。值得看看。……现在快四十了，他的同学朱德熙已作了北大老教授，李荣已作了科学院老研究员，曾祺呢，才起始被发现。我总觉得对他应抱歉，因为起始是我赞成他写文章，其次是反右时，可能在我

1　李建新先生搜集到原剧本并提供。

2　据汪朗等《老头儿汪曾祺——我们眼中的父亲》，中国青年出版社 2012 年版，第 102 页。

的"落后非落后"说了几句不得体的话。但是这一切已成"过去"了，现在又凡事重新开始。若世界真还公平，他的文章应当说比几个大师都还认真而有深度，有思想也有文才！"大器晚成"，古人早已言之。最可爱还是态度，"宠辱不惊"！[1]

11月14日

应邀准备为汪曾祺小说集《羊舍的夜晚》作插图的黄永玉，本日写给黄裳的信中谈到为了画插图而将黄裳所约关于林风眠的文章推后。这证明这段时间汪曾祺已经在为《羊舍的夜晚》的结集出版而做准备了。黄永玉悉心地为《羊舍的夜晚》设计了封面并作了一组木刻插图。

12月5日

正在上海演出的河北省石家庄专区京剧团，本日晚在大众剧院演出《范进中举》。奚啸伯主演。其后于12月14日、15日各演一场。[2]

这次演出用的是欧阳中石按照奚啸伯的要求修改过的本子。[3]

约此时

写成京剧剧本《凌烟阁》。12月9日致黄裳信中说："以一星期之力，写成一个京剧剧本（速度可以与过劳相比！）名曰《凌烟阁》。"[4]

剧作讲的是唐太宗时凌烟阁二十四功臣之一侯君集居功自傲，后来企图发动兵变，最终身败名裂的故事。原作见遗。

1　《沈从文全集》第21卷，第245页。

2　本次石家庄专区京剧团在上海的演出，从12月1日起，到12月20日止，每日演出，共30多个剧目。见《文汇报》1962年11月27日至12月20日各日的演出公告。

3　中石（欧阳中石）《奚啸伯先生艺史漫录》，见《奚啸伯艺术生涯》，新华出版社1991年版。

4　黄裳《故人书简——忆汪曾祺》。见《你好，汪曾祺》，山东画报出版社2007年版。

12 月 9 日

致信黄裳。此时黄裳在写小说《鸳湖记》，写成后先给吴晗看过，然后让黄永玉和潘际坰转给汪曾祺看。这封信主要谈的就是这篇小说。提出"开头过于纡缓"，针对部分标点问题提出意见，并希望"还是尽量写得简短一些。这可能是我的偏见，我是只能写短篇，并且也只读短篇的。"信中还谈了自己的《凌烟阁》《范进中举》。[1]

本年

老舍曾在某个场合说："在北京的作家中，今后有两个人也许会写出一点东西，一个是汪曾祺，一个是林斤澜。"[2]

1963 年，43 岁

年初

曾到洪洞县。县里有位老先生陪同看了传说中的苏三遗迹，并送《苏三传说》小册子。【《苏三监狱》（1986）】

1 月

短篇小说集《羊舍的夜晚》由中国少年儿童出版社出版。收《羊舍一夕》《看水》《王全》三篇儿童题材小说，计四万字。这是汪曾祺解放后出版的第一本作品集。出版社付给千字 22 元的高稿酬，总共 800 余元。

1　信见黄裳《故人书简——忆汪曾祺》，收《故人书简》，海豚出版社 2012 年版。
2　王勇《著名剧作家汪曾祺传略》。转引自程绍国《文坛双璧》。

3月5日

农历二月初十，16岁的小妹汪陵纹因家境困难从高邮老家逃荒安徽。

9月

文化部向各省、市、自治区文化厅（局）及有关直属文艺团体发出通知，准备于1964年春在北京举行部分地区京剧现代戏会演。全国各地出现编演现代戏的热潮。

10月下旬

接受将现代沪剧《芦荡火种》改编成京剧的任务后，汪曾祺与薛恩厚、萧甲、杨毓珉进驻颐和园龙王庙，短时间内拿出第一稿，易名为《地下联络员》。这一稿突出了地下斗争。杨毓珉回忆说："改编《芦荡火种》仅用了十天。集体讨论，分头执笔，但其中主要场次如《智斗》《授计》都是汪曾祺生花妙笔。"[1]

12月25日

本日晚上，上海沪剧团在北京工人俱乐部礼堂专门为北京京剧团演出了沪剧《芦荡火种》。[2] 其后，展开"兵对兵，将对将"式的学习交流——京剧版编剧、导演、演员分别与沪剧版对应部门的人员进行单独交流切磋。经过加工，剧作质量日渐提升。

1　杨毓珉《汪曾祺的编剧生涯》，见《你好，汪曾祺》，山东画报出版社2007年版。杨文说这一稿用了十天左右。萧甲说用了一周左右，见萧甲接受凤凰卫视专题片《风雨样板戏（二）》采访（http://v.ifeng.com/documentary/history/201303/7e88e660-792a-46ce-bb2e-cad522866b50.shtml）。

2　汪朗回忆说："我曾和父亲一起到政协礼堂看了来京演出的沪剧《地下联络员》，乱七八糟，尤其是假结婚一场特别闹……"见陈徒手《汪曾祺的最后十年》，收入《人有病，天知否——一九四九年后中国文坛纪实》，人民文学出版社2000年版。

年底

北京京剧团的京剧《杜鹃山》由薛恩厚、张艾丁、汪曾祺、萧甲担任编剧，汪曾祺是主要执笔者。

本年

与薛恩厚合作创作剧本《小翠》。

1964 年，44 岁

3 月 31 日

京剧《芦荡火种》首演，获得成功。

4 月上旬

北京电视台转播了京剧《芦荡火种》演出。

4 月 27 日

京剧《芦荡火种》剧组进中南海演出。[1]

5 月 3 日

《人民日报》发表评论《谈京剧〈芦荡火种〉》。

5 月 8 日

《北京日报》发表社论《〈芦荡火种〉为什么能获得成功》。

1　《党和国家领导人看京剧〈芦荡火种〉》，《人民日报》1964 年 4 月 28 日。

5月9日

《人民日报》发表题为"京剧《芦荡火种》受到观众好评"的报道，说：北京京剧团新排演的京剧现代戏《芦荡火种》从三月底同观众见面以来，已经演出二十多场，场场客满。为满足更多观众的需要，北京京剧团在继续演出的同时，日前又组成一个新的《芦荡火种》排演组，由青年演员组成。

5月11日

《北京日报》发表社论《再谈〈芦荡火种〉为什么能获得成功》。

5月27日

《中共北京市委关于贯彻毛主席对文艺问题批示情况的第二次报告》中，有较大的篇幅是介绍京剧《芦荡火种》改编、演出的成功经验。

6月5日

全国京剧现代戏观摩演出大会在北京拉开序幕。开幕式于6月5日在人民大会堂举行，首都和来自全国各地的戏曲工作者5000多人出席。会演分六轮同时在人民剧场、民族文化宫、北京市工人俱乐部、天桥剧场、二七剧场进行。参加演出的有文化部直属单位和18个省、市、自治区的29个剧团。演出大戏25台，小戏10出，大戏中包括北京京剧团的《芦荡火种》《杜鹃山》。

6月5日至10日

北京京剧团京剧《芦荡火种》参加观摩演出大会第一轮演出。

6月11日

《文艺报》6月号出版，刊出冯其庸的评论《从京剧〈芦荡火种〉谈起》，从戏曲艺术角度评价了其创作、表演、程式等方面的成功经验。

6 月

京剧剧本《芦荡火种》由中国戏剧出版社出版，署名"汪曾祺、杨毓珉、肖甲、薛恩厚改编（根据文牧编同名沪剧改编）"。

7 月 8 日至 12 日

北京京剧团京剧《杜鹃山》参加观摩演出大会第六轮演出，在北京工人俱乐部连演五场。其中有两场是对外公演，有三场是观摩演出。

7 月 9 日

北京京剧团在观摩宁夏京剧团演出《杜鹃山》（李鸣盛主演）后举行座谈会，畅谈感想。

7 月 14 日

京剧研究家陶君起就在《大公报》上发表《风云荟萃杜鹃山——看北京京剧团演出〈杜鹃山〉》一文，肯定了该剧。

7 月 18 日

《人民日报》发表张胤德的《杜鹃山上英雄歌——简评北京京剧团演出的〈杜鹃山〉》一文，对照京剧本与话剧本，指出剧本的几个变化及其意义。

7 月 24 日

沈从文在此前写完、本日寄出的致程应镠的信中提到"汪曾祺改编《芦荡火种》文字方面成就值得注意"。[1]

---

1 7 月 25 日信开头一句是"昨寄信想收到"，可见此之前一日——1964 年 7 月 24 日沈从文曾给程应镠寄过一信。但 24 日寄出的信，《沈从文全集》未收。所谓"上次信中说汪曾祺改编《芦荡火种》文字方面成就值得注意"，当指 24 日信中说及。

7月25日

本日《人民日报》发表陶雄的《京剧〈芦荡火种〉剧本改编的成就》。文章从剧作方面与沪剧本对照，论述京剧改编的主要成绩。

本日沈从文再致程应镠信，引述前一日《人民日报》评论，又一次强调汪曾祺改编《芦荡火种》的成就："同时上演剧本不下廿种，似乎还少有能达到汪作水平。"[1]

7月

汪朗从石驸马一小毕业，考入北京师大一附中。

1965年，45岁

2月17日

《芦荡火种》经修改重排，改名为《沙家浜》，本日起在北京公演。

同日，新华社发出电讯《京剧工作者攀登京剧艺术高峰的又一革命行动》，称《芦荡火种》改名《沙家浜》上演，这是"首都京剧工作者在运用京剧表现现代生活获得成功以后，再接再厉努力攀登京剧艺术高峰的又一革命行动"。文章全面评述了从《芦荡火种》到《沙家浜》在剧情、人物、表演程式、音乐唱腔方面的变化。

2月24日

沈从文致信巴金，有一大段谈到汪曾祺：

1　《沈从文全集》第21卷，第429页。

曾祺改"芦荡火种"，为近年戏改有创纪录工作之一。但他的长处若善于使用，大致还是让他趁精力旺盛笔下感觉敏锐时，到各种新生活里去接触较多方面新事物，再来写几年短篇小说好，或即作为记者身分，写特写报道文字也好。因为这一来，不仅只可以希望他本人写出些好作品，并且还可以起示范作用，为新的短篇打开个新局面，不至于停顿到如目前情形也。……从大处看，我倒觉得若有机会让曾祺各处走动几年，写几十个短篇，把旺盛精力用到些新的短篇试验上去……并且也无碍于他今后继续参加戏改工作。正因为各方面接触新事物扩大了认识领域，只有利于他搞戏改对人物刻画处理，得到多方面理解。若继续束缚在一个戏团里，把全部生活放到看戏中，实在很不经济。有关这件事情，他不可能向领导他的首长去说，即说也无用。他本来就有点随遇而安生活态度，现在说更多忌讳了。我也无机会向部长副部长去说，因为并没有这种相熟到如此程度的人可以如此建议。只有你和蕴真比较明白曾祺性格和长处，也许在另一时又还有机会可以为安排他今后工作作出一点主张，所以随便提提我对于为何充分发展他长处的个人意见。……曾祺今年也四十多了，使用他也要及时！在剧团中恐难于完全发挥他的长处！¹

3月18日至20日

《人民日报》分三期刊载《沙家浜》剧本，署"根据沪剧《芦荡火种》改编，北京京剧团集体改编，执笔：汪曾祺、杨毓珉"。

4月1日

黄永玉致信黄裳，谈及汪曾祺：

> 《沙家浜》我看过，传说好成这个样子，至今还觉得又惊又喜，

1　上海巴金故居提供的沈从文致巴金书简，见《收获》2013年第1期。

因曾祺吾友也，至少妙处何在，望之弥高，候行家如吾兄看戏积劳
成疾之人定夺，表示意见，才能相信。[1]

5月1日

北京京剧团开始在上海人民大舞台公演《沙家浜》。这是《芦荡火种》
改名《沙家浜》后第一次公演。至7月，连续演出30场，观众八万余人次。
在上海期间曾与老友黄裳相见。[2]

约本年5月

汪明约上五年级时，"六一"前夕，学校筹备"六一"篝火晚会，老师
让汪明请爸爸写朗诵词。汪曾祺认真撰写，后来写出的词被采用。[3]

6月

中国戏剧家协会编《〈沙家浜〉评论集》由中国戏剧出版社出版。

7月22日

致信萧珊。寄上《红岩》（"还没有改好的本子"）。谈到改这个剧本之难，
说："原来写的时候是打一块烧红了的铁，现在改是在一块冷却的铁上凿下
一些地方再补上，吃力而无功。"

7月27日

本日《人民日报》发表《不断革新的京剧〈沙家浜〉》一文称《沙家浜》
在上海公演达到三十场，观众达八万余人次，是"京剧革命化的又一个样板"。
通过综述演出期间上海《文汇报》《解放日报》的八篇评论，对《沙家浜》

1　据李辉《传奇黄永玉》，人民日报出版社2010年版，第163页。

2　黄裳《忆曾祺》，载《东方早报》2010年3月2日。黄裳文章未明确说明时间。
因赵燕侠"文革"中（1966年后）不被允许演戏，直到"文革"后期洪雪飞怀孕，她
才有限复出，此系"文革"前事。故置于此时。

3　汪明《往事漫忆——关于爸》，载《收获》2008年第1期。

作出高度评价。

10 月 1 日前后

北京市委要求京剧团创排几个小戏赶在春节上演，使群众过年看点新东西。汪曾祺根据浩然创作于 1961 年 12 月的小说《雪花飘》改编了同名京剧小戏。写的是一位送电话老人的事情。

《雪花飘》的部分唱段曾收入《裘盛戎唱腔选集》，中国戏剧出版社 1981 年 12 月出版。

10 月 2 日

国庆节期间，中央乐团在北京首次公演用交响乐伴奏的《沙家浜》京戏清唱剧。[1] 李德伦担任指挥，张云卿演唱郭建光，梁美珍演唱阿庆嫂。编创排练过程历时七个月。《人民日报》文章说"这是交响乐、大合唱和独唱如何革命化、民族化、群众化的一次有意义的尝试"。[2]

秋

汪曾祺居所搬到甘家口。

在甘家口一直住到 1983 年。

冬

裘盛戎首次演出《雪花飘》。[3]

本年

妹妹汪陵纹在安徽结婚。

1　海报上称其为"交响合唱"。

2　《中央乐团演出〈沙家浜〉清唱剧》，载《人民日报》1965 年 10 月 3 日。

3　据方荣翔、钳韵宏的《雪花飘万家》，载《戏剧电影报》1985 年 12 月 22 日。

1966年，46岁

1月1日

上海市戏曲学校在中国大戏院演出《沙家浜》。

2月

《沙家浜（京剧）》由北京出版社出版，列入"北京市戏曲剧目选"。署"原作：文牧；北京京剧团集体改编；执笔：汪曾祺、杨毓珉"。这是《沙家浜》的公开出版的第一个版本。

春末夏初

"文革"开始，汪曾祺夫妇都很不安，担心被波及。[1]不久，汪曾祺就被揪出来，给他贴的大字报，标题是"老'右派'，新表演"。

6月至7月

北京市中小学"停课闹革命"，汪朗、汪明、汪朝均失学。

约11月末、12月初

被关进一个小楼上的"牛棚"，学毛选、交代问题、劳动。一共十几个人按时上下班，自己带饭。劳动内容主要是两项：一是劈柴，一是抬煤。

1　汪朗等《老头儿汪曾祺——我们眼中的父亲》，中国青年出版社2012年版，第294页。

12月9日

《人民日报》发表《实践毛主席文艺路线的光辉样板》一文，编者按有"京剧《沙家浜》《红灯记》《智取威虎山》《海港》《奇袭白虎团》，芭蕾舞剧《红色娘子军》《白毛女》、交响音乐《沙家浜》等革命样板戏"的提法。

1967 年，47 岁

4月27日

晨，汪曾祺正在抬煤，李英儒找汪曾祺、薛恩厚谈话，当日在礼堂宣布解放汪曾祺。

从此之后，汪曾祺算是"解放"了，成为"样板团"的无产阶级革命文艺战士，生活上享受特权，吃"样板饭"，穿"样板服"。样板团到外地演出，各地领导待若上宾；创作人员到各地创作，有的省甚至由"革命委员会"主要领导出面请客。[1]

被"解放后"[2]

汪曾祺奉命改编《敌后武工队》为京剧。

1　见汪朗等《老头儿汪曾祺——我们眼中的父亲》第123页。汪曾祺"解放"的时间，陈徒手《汪曾祺的文革十年》引汪曾祺《关于我的"解放"和上天安门》（1978）说是在1968年4月17日早晨。据《我的"解放"》（1989）一文"表了态，我就'回到革命队伍当中'了……和八九个月以前朝夕相处的老同志坐在一起，恍同隔世"一段，则汪曾祺被揪斗劳动时间为八九个月，那么其"解放"当在1967（而非1968）年，陈徒手所据原文或有手误。至于"4月17日"这一日期，汪朗《赶进小楼成一统》中作"4月20日"（《老头儿汪曾祺——我们眼中的父亲》，中国青年出版社2012年版，第119页），汪曾祺《我的"解放"》中则为"27日"。兹从后者。

2　据杨毓珉"半年后，放出来"推算，既然汪曾祺进牛棚的时间定为1966年11月后，则此处应在1967年上半年，也就是汪曾祺刚刚"解放"之时。

5月9日至6月15日

为纪念毛泽东《在延安文艺座谈会上的讲话》发表 25 周年，上海的现代京剧《智取威虎山》《海港》，芭蕾舞剧《白毛女》，山东的现代京剧《奇袭白虎团》，会同北京的现代京剧《红灯记》《沙家浜》，芭蕾舞剧《红色娘子军》，交响音乐《沙家浜》，聚集在北京举行会演。这次会演至六月中旬结束，历时 37 天，演出 218 场，接待观众近 33 万人次。[1]

5月10日

江青《谈京剧革命》（1964 年 7 月在京剧现代戏观摩演出人员座谈会上的讲话）发表。

5月11日

沈从文从北京致信儿媳张之佩（时与丈夫沈虎雏同在四川自贡长征机床厂任技术员），信中表示对当前文艺创作的失望，颇以汪曾祺为喜："搞《沙家浜》，能如汪叔叔笔下精彩，那里是从二三年中训练班可以解决？那里是一班训练方法即可解决？"[2]

5月15日

沈从文致信在四川自贡的儿子沈虎雏、儿媳张之佩，谈到当前文艺情形时，再次以自豪口吻提及汪曾祺："《沙家浜》和《红岩》（戏改名《山城旭日》）原来均由汪叔叔执笔，经江青改，到目前已肯定是革命样板戏，成功的戏，虽然报上不见汪叔叔名字，事实上他出的心力最多，我似乎也或多或少分有了一点光荣。"[3]

1　新华社 1967 年 6 月 15 日电讯《把革命样板戏推向全国去》，见《人民日报》6 月 17 日。

2　《沈从文全集》第 22 卷，第 38 页。

3　《沈从文全集》第 22 卷，第 40 页。

5 月 25 日

《人民日报》文章《毛主席无产阶级文艺路线辉煌成果的盛大检阅 八个样板戏在京同时上演》一文报道日前为纪念《讲话》25 周年而举行的会演活动，这是"八个样板戏"说法的最初起源。

5 月 26 日

北京京剧一团《沙家浜》革命战斗团的《工农兵是文艺舞台的主人》一文刊于本日《人民日报》。

5 月 29 日

《人民日报》发表中国人民大学三红兵团的文章《京剧革命的一声春雷——评革命现代京剧样板戏〈沙家浜〉》。

5 月 31 日

署"北京京剧团集体改编"的《沙家浜》（根据沪剧《芦荡火种》改编）在《人民日报》第 5 版全文发表。

6 月 15 日

本日出版的《解放军文艺》1966 年第 8、9 期合刊，辟"革命现代京剧样板戏剧本特辑"，刊出《红灯记》《智取威虎山》《沙家浜》《奇袭白虎团》的剧本。

8 月

《沙家浜 革命现代京剧》再次由北京出版社出版，封面显著标有"纪念毛主席《在延安文艺座谈会上的讲话》发表二十五周年"字样。

10 月 1 日

国庆前后，八个"样板戏"再次在京公演。

1968 年，48 岁

2 月

小女儿汪朝入读北京市西城区第 111 中学。

7 月 1 日

为庆祝中国共产党诞生 47 周年，北京的几个文艺单位举行 1968 年"样板戏"首次公演。这次上演的是六个作品：京剧《沙家浜》、芭蕾舞剧《红色娘子军》、交响音乐《沙家浜》及他们向上海、山东学习的京剧《智取威虎山》《海港》《奇袭白虎团》。

9 月 30 日

《人民日报》报道国庆期间将公演的"样板戏"，除已有的革命现代京剧《智取威虎山》《海港》《红灯记》《沙家浜》、芭蕾舞剧《红色娘子军》、交响音乐《沙家浜》外，还有新创作的交响音乐伴奏京剧《红灯记》。

10 月 15 日

从本日开始，参加 1968 年秋季中国出口商品交易会（广交会）的外国朋友在广州欣赏各演出单位带来的革命样板戏。京剧《沙家浜》剧组也参加了这次演出。[1]

10 月 25 日

新华社"五·七"干校在北京郊区房山县东南召人民公社（原四七六八

1　《人民日报》1968 年 10 月 16 日、11 月 17 日报道。

部队农场）成立，开始轮训干部。施松卿参加训练。

秋

北京电影制片厂开始拍摄现代京剧《智取威虎山》，共拍摄三次，历时两年，至1970年9月完成。从此，"样板戏"陆续搬上银屏。

11 月

汪朗到山西忻县（今忻州市忻府区）奇村公社奇村大队插队。直到三年后招工进入太原钢铁公司当炉前工。

年底

赴湘鄂赣地区体验生活三个月。

本年

香港凤凰影业公司根据大陆的《沙家浜》剧本，拍摄了故事片影片《沙家浜歼敌记》。导演鲍方，阿庆嫂和郭建光分别由香港影星朱虹、江汉扮演。

1969 年，49 岁

年初

为改编重排《杜鹃山》，主创人员奉命沿着当年秋收起义的路线走上井冈山体验生活。[1]汪曾祺、裘盛戎等同往。经过的主要地方有长沙、浏阳、韶山、

1　此次南方之行的时间，梁清濂《"戴罪立功"中的裘盛戎》（《北京戏剧报》1981年8月23日第34期）说时间为"1968年底""湘赣生活三个月"。汪曾祺《一代才人未尽才》说是1969年，春节（2月17日）是在南方过的。刘琦《裘盛戎传》（河北教育出版社1996年版）说是"一九六九年初"（见该书第345页）。关于"为期三个月"，各处说法基本相同。《裘盛戎传》又说"结束南方之行、回到北京时，天气已经由寒转暖了"。综合各资料，这次三个月湘鄂赣之行似应在1969年初，或主要时段在1969年初。

萍乡、安源、井冈山、武汉等。全程实行军事化管理，足迹所至，曾徒步行军、上高山、下矿井、搞军事演习，也曾为社员演出、听乡亲们讲述当年军民鱼水往事。[1]

2月16日

旧历除夕，剧组一行在安源过春节。当日雷雨冰雹齐下，墙壁屋瓦单薄，房内冷极，艰苦备尝。【《一代才人未尽才》（1983）】

回到北京后

开始《杜鹃山》创改工作。

这次体验生活使他和裘盛戎的友谊进一步加深，二人共同切磋唱段，优化《杜鹃山》剧本，后来创作了"烤白薯"等一些有名的唱段。【《一代才人未尽才——怀念裘盛戎同志》（1983）】

第二次修改本，因为不符合"三突出"原则，所谓"二号人物"压过了"一号人物"，被江青轻易否定。[2]

4月25日

天津市评剧院演出评剧《沙家浜》，六岁红饰演沙奶奶。

7月17日

《人民日报》发表解放军某部刘首熙文章《为哪一个阶级唱赞歌？——赞革命样板戏〈沙家浜〉，兼评毒草影片〈红日〉》。

8月1日

上海市部分剧团开始公演向北京学习的《红灯记》（中国京剧院）、《沙

1　参见刘琦《裘盛戎传》，河北教育出版社1996年版；郭永江《凤愿未竟身先逝——裘盛戎排演〈杜鹃山〉始末》，收入《裘盛戎艺术评论集》，中国戏剧出版社1984年版。

2　据郭永江《凤愿未竟身先逝——裘盛戎排演〈杜鹃山〉始末》，收入《裘盛戎艺术评论集》，中国戏剧出版社1984年版。

家浜》（北京京剧团）。

8 月

长女汪明上山下乡，赴黑龙江兵团一师六团（驻二龙山屯）。

10 月 2 日

为庆祝新中国成立二十周年，革命现代京剧《智取威虎山》《红灯记》《沙家浜》《奇袭白虎团》、革命现代舞剧《红色娘子军》、革命交响音乐《沙家浜》、钢琴伴唱《红灯记》七部样板戏再次在北京公演。

10 月 13 日

《人民日报》发表北京京剧团《沙家浜》剧组的文章《声情并茂——赞革命样板戏〈智取威虎山〉唱腔的加工》。

12 月 31 日

《人民日报》显著位置报道，从 1970 年 1 月 1 日起，"闪耀着毛泽东思想灿烂光辉的革命样板戏在首都举行公演""经过反复的琢磨，反复的实践，千锤百炼，精益求精，革命样板戏更加光彩夺目"。参加公演的剧目有：现代京剧《智取威虎山》《红灯记》《沙家浜》、舞剧《红色娘子军》、交响音乐《沙家浜》、钢琴伴唱《红灯记》。

1970 年，50 岁

1 月 1 日

《沙家浜》等六部革命样板戏开始公演。

1月11日

《人民日报》发表署名"北京京剧团红光"的《人民战争的胜利凯歌——革命现代京剧〈沙家浜〉修改过程中的一些体会》。"红光"系汪曾祺的化名。

春节（2月6日）前后

在山西忻县插队的儿子汪朗带了同学何彬回家居住，一直住了四十多天。【《多年父子成兄弟》（1990）】

2月8日

《人民日报》发表汪曾祺执笔的文章《披荆斩棘，推陈出新——谈〈沙家浜〉唱腔和舞蹈创作的几点体会》，署名"北京京剧团红光"。

5月2日

为纪念毛泽东《讲话》发表28周年，从本日起，上海京剧团、中国京剧院、北京京剧团、中国舞剧团和中央乐团在北京再次公演现代京剧《智取威虎山》《红灯记》《沙家浜》、现代舞剧《红色娘子军》、革命交响音乐《沙家浜》以及钢琴伴唱《红灯记》；同时上海的文艺团体则在上海公演现代京剧《海港》、现代舞剧《白毛女》，并演出向北京学习的现代京剧《红灯记》《沙家浜》、现代舞剧《红色娘子军》、钢琴伴唱《红灯记》等节目。

5月21日

拥护毛泽东"五二〇"声明的百万群众大会在天安门举行，汪曾祺在这一天登上天安门。天亮时先到某招待所集中，然后登上天安门城楼西侧。新华社当天发出电讯，详列登天安门的嘉宾名单，在几百个名字中，他的名字列于接近结尾处。

汪曾祺也十分重视这次经历，他用挂号信把请柬寄给在东北插队的女儿汪明，在那张六十四开卡片的正反面上，他"密密麻麻地写了他见到毛主席的情景和当时激动的心情", 与女儿共享这份幸福。[1]

5月25日

《红旗》第6期发表北京京剧团集体改编的革命"样板戏"《沙家浜》剧本。

5月31日

革命"样板戏"《沙家浜》(1970年5月演出本)发表在《文汇报》上。《沙家浜》的修改定稿本同时刊登在《光明日报》《解放军报》。

6月1日

《人民日报》第2版发表北京京剧团《沙家浜》剧组文章《〈在延安文艺座谈会上的讲话〉照耀着〈沙家浜〉的成长》。

6月5日

《人民日报》第4版发表《纪念〈在延安文艺座谈会上的讲话〉发表二十八周年——演出革命现代京剧〈沙家浜〉的剧照》。

6月20日

国务院文化组会议研究《沙家浜》七至十场布景修改,达成一致意见。

6月

小女儿汪朝从第111中学毕业。

7月1日

汪朝进入北京丝绸厂工作。

1　据汪明《往事漫忆——关于爸》,载《收获》2008年第1期。

8月23日

《人民日报》发表洪新的评论文章《坚持斗争，胜利在明天——赞革命现代京剧〈沙家浜〉中的〈坚持〉一场》。

9月16日

《人民日报》发表三篇评论《沙家浜》的文章：河南省革委会文艺评论组的《所向无敌的人民军队——赞革命现代京剧〈沙家浜〉》、北京起重机厂李洪洲《血肉相连的军民关系》、解放军某部"朝阳飞"评论组《革命根据地的赞歌》。

年中

长影开始拍摄京剧影片《沙家浜》，至 1971 年 8 月才摄制完成。

9月

人民出版社根据《红旗》杂志发表的"样板戏"定稿本，陆续出版单行本。本月出版的一批中包括现代京剧《沙家浜》普及本、主旋律乐谱本。9 月 29 日，新华社为此发了电讯。

本年

上海沪剧团赴京，为移植"样板戏"《沙家浜》，向北京京剧团《沙家浜》剧组学习经验。

1971 年，51 岁

1月1日

《人民日报》报道，西藏文艺工作者开始连续演出现代京剧《沙家浜》和现代舞剧《白毛女》。

该报同日报道，北京电视台"实况转播屏幕复制片"《沙家浜》摄制成功并播映。编剧署"北京京剧团《沙家浜》剧组"，导演莫宣、王岚，北京京剧团演出。

1月11日至2月3日

与王树元等前往湖南、江西，先后在长沙、湘乡、韶山、南昌、井冈山参观考察，体验生活，途中数次讨论《杜泉山》剧本。

2月

革命现代京剧《沙家浜》盲文版由北京盲文印刷厂印刷发行。

5月23日

汪曾祺正在长春电影制片厂。

8月

电影《沙家浜》由长春电影制片厂拍摄完成。

9月3日至29日

在朝鲜人民共和国国庆之际，应朝鲜邀请，以田广文为团长、谭元寿为副团长的北京京剧团一行共 141 人，赴朝鲜访问演出。此行演出剧目为《沙家浜》和《智取威虎山》。9月8日在平壤首演，9月16日起在元山演出。在朝期间共演出12场。

9月21日

彩色影片《沙家浜》开始在全国陆续上映。

10月5日

裘盛戎病逝，终年56岁。

裘盛戎生前，一直念念不忘《杜鹃山》，有一次特意请汪曾祺、唐在炘、熊承旭等人到家里吃饭，想把《杜鹃山》再搞出来。在裘盛戎临终前几天，汪曾祺曾去探望。【《一代才人未尽才——怀念裘盛戎同志》（1983）】

1972年，52岁

2月15日

春节。汪曾祺被指定参加政治局召开的电影工作会议。

2月

在山西忻县插队的汪朗，被招工进入太原钢铁公司第二炼钢厂当炉前工，一直干到1978年10月。

4月7日

请病假离开湖北丹江"五七干校"回到北京的沈从文，本日在给音乐工作者窦达因的复信中谈到提高业务能力、"一专多通"的重要性，指出："文学、艺术、音乐——是有共通处，只是表现工具，表现方式，有些不同而已。别的部门越懂得多，就越会提高本业，或有利于本业的提高。"在举本人和黄永玉为例说明之后，又举了汪曾祺的例子："近年写《沙家浜》

的一位汪同志，就是当年联大被开除的学生！和上千搞写作的比较下，好学生可全落后了。"[1]

4 月

北京京剧团决定排练《草原烽火》，江青指定汪曾祺写词。

与杨毓珉、阎肃等赴内蒙体验，乘面包车自西向东行一千多里。结论是日本人没有进过草原，草原上没有游击队，只是大青山游击队进草原躲避扫荡。发动牧民斗争王爷，也不切实际。计划遂终止。[2]

5 月 13 日

沈从文从北京致信仍在湖北丹江"五七干校"的夫人张兆和，提及北京书荒，谓"市上人人争购《三国》《水浒》《红楼》，别的如《柳文指要》则和马恩列斯相同，琳琅满架，《沙家浜》《红灯记》精印本也满架，主顾却似不多。"[3]

6 月 3 日

新华社发出电讯：革命现代京剧《沙家浜》由湖南省文工团花鼓剧队移植为湖南花鼓戏，在长沙正式演出了。

6 月 14 日

沈从文致信巴金夫人陈蕴珍（萧珊），遍告诸友人近况，又一次谈到汪曾祺：

> 曾祺在这里成了名人，头发也开始花白了，上次来已初步见出发福的首长样子，我已不易认识。后来看到腰边帆布挎包，才觉悟

1　按，汪曾祺在西南联大系肄业，并非被开除，见本谱 1945 年相关叙述。
2　据杨毓珉《汪曾祺的编剧生涯》；陈徒手《汪曾祺的文革十年》。
3　《沈从文全集》第 23 卷，第 81 页。

不是"首长"。[1]

6月16日

沈从文复窦达因信中又提及汪曾祺：

> 搞文学，首先要会叙述。把理论融化到叙述中，才会发生广泛好影响。《沙家浜》的改编者汪曾祺，廿五年前在西南联大写散文就极出色，会叙事！

7月

《杜泉山》剧本和音乐创作基本完成。[2]随后转入长达一年的既紧张又缓慢的排演阶段。

10月

国务院文化组召集各电影厂有关创作人员总结"样板戏"电影拍摄经验，并部署下一步拍片计划。粤剧艺术片《沙家浜》落实由珠江电影制片厂筹拍。

11月16日

改前不久所作新诗《瞎虻》，写新诗《水马儿》。这是两首关于昆虫的诗。

晚上写致朱德熙信，主要谈这两首诗。关于这些诗的写作动机，自云："我不知怎么有了写这种诗的兴趣了。这也是一种娱乐，一种休息。"报告了下一首创作计划：花大姐（瓢虫）。随后托朱德熙推荐一位昆虫专家以便请教有关瓢虫形态的问题。

---

1 《沈从文全集》第23卷，第151页。

2 据戴嘉枋《走向毁灭——"文革"文化部长于会泳沉浮录》，光明日报出版社1994年版，第291页。

约 11 月下旬

为进一步了解瓢虫，借到《中国经济昆虫志·鞘翅目·瓢虫科》一书并通读一遍。

11 月 27 日

北京的各样板戏剧团离开北京，分赴西北、华北、华东、东北地区巡回演出。这次巡演为期一个月，地点有西安、延安、太原、大寨、济南、合肥、大庆、哈尔滨、沈阳，共演出"样板戏"及其折子戏 61 场。北京京剧团《沙家浜》剧组到济南、合肥等地演出。

12 月 1 日

上午，在中国书店为剧团资料室选购图书，所购包括赵元任的《国语罗马字对话戏戏谱最后五分钟———一出独折戏附北平语调的研究》[1]、吴其濬的《植物名实图考》及其长编。

晚上，工作地点停电，偷空回了一趟家。施松卿值夜班，女儿也不在家，自己炒白果、喝黄酒，读"妙书"即赵元任书。

致信朱德熙，极力推荐本日所购两书。谈了对《文物》"这一期"上朱德熙和唐先生的文章的读后感。[2]

1　赵书有民国十八年（1929）上海中华书局本，书名《国语罗马字对话戏戏谱最后五分钟》。汪所购未知是否此版本。

2　经查 1972 年各期《文物》，并结合上下文，此处提及的文章当指第 8 期上刊发的唐兰《侯马出土晋国赵嘉之盟载书新释》与朱德熙、裘锡圭《关于侯马盟书的几点补释》。

1973 年，53 岁

1 月 4 日

下午，致信朱德熙。首先谈了读此前收到的《战国文字研究》[1]的感受，"觉得逻辑很严谨，文体清峻"。

此前朱德熙曾询问：古代女人搽脸的粉是不是米做的。这封信用主要篇幅，引述多种杂著及沈从文的看法予以回答，为"搽脸粉是米做的"提供证据。同时向朱德熙大力推荐吴其濬的《植物名实图考长编》及《本草纲目》《救荒本草》诸书，因为"这些书都挺好玩的"。

透露《沙家浜》戏已彩排一次，"外面反应很强烈。领导上还没有看，不知看后会怎么说。"

2 月 1 日

中午，致信朱德熙。就朱德熙发表在《文物》上的一次发言[2]谈自己的看法。

4 月初

《杜泉山》进入彩排，并召开了座谈会。参加座谈的人意见不一。有的认为唱腔创新太出格，有的认为不如 1964 年版。但谭富英等人表示肯定。

5 月 1 日

《杜泉山》在北京工人俱乐部试验公演，取得成功。

1　查《朱德熙文集》，此处指的当是发表于《考古学报》1972 年第 1 期的《战国文字研究六种》。

2　结合信中上下文并查 1972 年《文物》原刊推知，此处指的是朱德熙发表在 1972 年第 9 期上的《在长沙马王堆一号汉墓座谈会上的发言》一文。

春

《平原作战》通过审查。

7 月 1 日

《红旗》杂志发表由张永枚执笔、中国京剧院集体创作的革命现代京剧《平原作战》，同期发表辛文彤的评论文章《人民是打不破的铁壁铜墙——评革命现代京剧〈平原作战〉》。

8 月 2 日

《人民日报》发表岑桦关于《平原作战》的评论文章《既有京剧特点，又出新》。

9 月 6 日

《人民日报》发表杨春霞的《把上层建筑的革命进行到底》一文。

此前后，《杜鹃山》再次演出。

10 月 9 日

《人民日报》发表《杜鹃山》（1973 年 9 月北京京剧团演出本），编剧署"王树元等"。

10 月 16 日

《人民日报》发表辛文彤《红旗引路 星火燎原——评革命现代京剧〈杜鹃山〉》及报道文章《党指挥枪是革命真理——井冈山地区干部、群众座谈革命现代京剧〈杜鹃山〉》。

10月23日

《人民日报》发表关于《杜鹃山》的评论文章：黄海纯、辛钟文《明灯在心间 砥柱立中流——学习革命现代京剧〈杜鹃山〉中柯湘英雄形象的塑造》、空军洪天英《善于识别 善于斗争——赞党代表柯湘》。

10月

《红旗》第10期发表王兴志的《毛主席建军路线的赞歌——革命现代京剧〈杜鹃山〉》。

11月3日

《人民日报》发表关于《杜鹃山》的评论文章：北京大学闻军（王瑶）的《浅谈革命现代京剧〈杜鹃山〉的念白》、祖振声《情寓于声——学习〈杜鹃山〉念白札记》、杨志杰《层层铺垫 步步登高——谈〈杜鹃山〉的开头》。

12月6日

《人民日报》发表关于《杜鹃山》的评论文章：闻哨《在尖锐的矛盾冲突中塑造英雄典型——评革命现代京剧〈杜鹃山〉的矛盾冲突》、解放军某部风举的《双双草鞋寄深情》，成之炜、吴欢《实写为主 虚实结合——学习〈杜鹃山〉创作手法札记》。

本年

内侄施行在北京参加编撰《英汉农业机械词典》，期间第一次在甘家口寓所认识了姑父汪曾祺。当时因对文学不甚感兴趣，姑妈施松卿每次送他汪曾祺的作品，他拿回家后就束之高阁。[1]

1　施行先生接受笔者访问时提供信息。

1974 年，54 岁

1月2日

《人民日报》发表关于《杜鹃山》的评论文章：杜军《情节化 性格化 连贯性 时代感——谈革命现代京剧〈杜鹃山〉的武打设计》、空军某部欧阳如华的《团结同志的模范》、王大光的《彩笔颂英雄——〈杜鹃山〉舞台美术学习札记》、苏汀的《绿叶扶花花更红》。

1月18日

新华社电讯：春节（1月23日）前后的北京、上海、天津文艺舞台节目，几地将上演《沙家浜》《杜鹃山》《平原作战》等。

1月29日

《人民日报》发表关于《杜鹃山》的评论文章：廖达、钟闻《高举革命旗 紧握手中枪——赞革命现代京剧〈杜鹃山〉》、厦门大学许怀中《为英雄人物创造典型环境》、北京电子管厂马玉来的《此时无声胜有声——赞〈杜鹃山〉的静场处理》。

5月21日

《人民日报》发表《粤剧的新生——记广东省粤剧团学习移植革命样板戏〈沙家浜〉》。

5月23日

北京电影制片厂摄制的彩色影片《杜鹃山》正式公映。编剧署"王树元等"，谢铁骊执导。北京京剧团演出，杨春霞主演。

6 月末

为迎接"七·一",北京各样板剧团在深入生活所在地的工厂、农村演出。北京京剧团演出了《沙家浜》《平原作战》《杜鹃山》。

7 月 24 日

《人民日报》发表北京京剧团文章《把京剧革命进行到底》。

8 月 12 日

国务院文化组举办的沪、桂、湘、辽四省区文艺调演在北京开幕。湖南花鼓戏《沙家浜》等从"样板戏"移植的地方戏上演。

上海沪剧团在工人俱乐部演出了从京剧《沙家浜》学习移植的沪剧。湖南省湘剧团在这次调演中演出了《杜鹃山》第三场《情深如海》。新华社的报道详细描述了北京京剧团《杜鹃山》剧组帮助这两个剧团排演的情况。

8 月 20 日

《人民日报》发表北京京剧团《杜鹃山》剧组文章《疾风知劲草 烈火见真金——塑造无产阶级英雄典型柯湘的体会》。文章主要从戏剧文学角度进行阐述。

9 月 3 日

参加沪、桂、湘、辽四省区文艺调演的工作者和各地观摩人员听取了中国京剧团《平原作战》剧组和北京京剧团《杜鹃山》剧组的经验报告。

10 月 1 日前后

在京各样板戏剧团和参加四省区文艺调演的部分剧团、首都各文艺院团等共 80 多个单位演出了《沙家浜》《杜鹃山》《平原作战》等多台"样板戏",以及根据样板戏改编的地方戏。

10 月 26 日

《杜鹃山》剧组由于会泳率领，赴阿尔及利亚访问演出。访问历时一月左右，在阿国演出多场，反响强烈。

10 月

国务院文化组文艺创作领导小组编选的《革命现代京剧主要唱段选集》和《革命现代京剧短小唱段选集》出版。《沙家浜》《杜鹃山》《平原作战》都有唱段入选。

10 月

初澜等著《革命现代京剧〈杜鹃山〉评论集》由人民文学出版社出版。

本年

汪曾祺担任北京京剧团革命委员会成员。

1975 年，55 岁

3 月

北京京剧团《杜鹃山》剧组赴长沙、韶山、南昌、井冈山、杭州、上海等地巡演。中国京剧团《平原作战》剧组赴南宁、桂林、长沙、天津、大港油田等地巡演。

5 月 1 日

《杜鹃山》在上海市北京影剧院公演。

5月21日

新华社电讯：为纪念《讲话》发表33周年，包括《沙家浜》《平原作战》《杜鹃山》在内的14部革命样板戏影片在全国各地城乡汇映。同时各样板剧团深入工厂、农村、部队，为工农兵群众演出样板戏全剧和折子戏。

5月

北京京剧团《沙家浜》剧组赴西安、延安、成都、重庆、武汉等地巡演。

秋

在北京接待内蒙古舞蹈家斯琴高娃。与梁清濂、周锴一起在晋阳饭庄请斯琴高娃和女儿吃饭。[1]

秋

刚被"解放"回到北京京剧团的萧甲奉命带队，与汪曾祺、张滨江等去西藏，为写一个反映高原测绘队先进事迹的戏而体验生活。在西藏呆了一段时间，觉得这个戏不好写，无功而返。[2]

本年

石湾结束下放生活回京，借调在北京京剧团创作组，被安排在汪曾祺的对门。两人从此开始共事两年。石湾回忆当时汪曾祺的一些情况：

> 几乎每天，他一进资料室，就是找书。他对书架上的陈列了如指掌，想找哪本书，登梯去取，一抓一个准。据他讲，资料室稍有价值的藏书，他没一本没看过。……有一回，他写的一场戏被推翻了，第

1　据2012年10月19日笔者采访斯琴高娃。
2　参见季红真《汪曾祺与"样板戏"》，载《书屋》2007年第6期。

二天集体汇总新改出的本子时，他竟脱开手稿，出口成章地当众"说"了一场戏。[1]

本年

北京京剧团还曾赴云南、贵州演出。1976年发表在《人民日报》上的文章称，"去年《沙家浜》剧组去贵州、云南巡回演出，历时五十五天，先后在贵阳、遵义、昆明、个旧、下关等五个城市和郊区演出了《沙家浜》三十九场，还应广大工农兵群众的热烈要求进行了中小型演出二十多场，观众人数超过了四十五万人。"[2]

1976 年，56 岁

2 月

于会泳要求北京京剧团把电影《决裂》改编为京剧。付印本是汪曾祺最后定稿的。后来，于会泳看彩排时很不满意，要求重写。汪曾祺、薛恩厚等只好找来许多"三自一包"方面的材料，重新消化。

3 月 4 日

《人民日报》发表北京京剧团《反击文艺界的右倾翻案风》一文。

约 7 月 18 日

黄永玉致信黄裳谈及汪曾祺：

> 汪兄这十六七年我见得不多，但实在是想念他。真是"你想念他，

1　石湾《送别汪夫子》，载《十月》1997 年第 5 期。

2　北京京剧团《反击文艺界的右倾翻案风》，《人民日报》1976 年 3 月 4 日。

他不想念你，也是枉然"。但一个人要有点想想朋友的念头也归于
修身范畴，是我这些年的心得，也颇不易。[1]

10 月

"江青反革命集团"倒台。汪曾祺带着兴奋的心情参加了庆祝游行。工
作组进驻北京京剧团，汪曾祺找到工作组，对工作组提意见。

本年

汪曾祺为北京京剧团恢复上演的传统戏《昭君出塞》修改唱词并撰写说
明书。[2]

1977 年，57 岁

4 月 4 日

从苏州避震半年刚回到北京不久的沈从文致长信给汪曾祺。备述自 1976
年地震后自己与夫人携两孙女避震南方，在苏州居住半年的情况，主要叙述
的则是与汪曾祺共同认识的旧友的近况，涉及巴金、王树藏、王道乾、程鎏金、
李宗蕖等。有一段涉及到北京京剧团日前向沈从文请教服装资料事，云已准
备好资料，请汪曾祺转告同事来谈。邀请汪曾祺全家一起看花。[3]

4 月

团内给汪曾祺贴出了第一批大字报，之后一段时间，汪曾祺在团里抬不

---

1   据李辉《传奇黄永玉》，人民日报出版社 2010 年版，第 163 页。年份不确定，
李辉作"七十年代后期某年"。姑系于本年下。

2   据佚名《汪曾祺为〈昭君出塞〉改词》，"水木清华"网站 2000 年 7 月 4 日文章，
http://www.newsmth.net/nForum/#！article/XiquQuyi/439。

3   《沈从文全集》第 25 卷，第 31 页。

起头，进出办公室都低头进低头出。闲时无处可去，就在资料室喝茶、看报纸，不敢与人随便交谈。[1]

5月

汪曾祺在创作组作了一次检查。

8月

被勒令再作一次深刻检查。

9月5日

路遇木偶剧团葛翠琳，谈起朱德熙女儿朱襄工作的事情。

葛翠琳力劝汪曾祺写小说、散文。

9月7日

致信朱德熙。告以自己近来情形：

> 我近无甚事，每日看笔记小说消遣，亦颇不恶。估计最近会让我写剧本，我无此心思。葛翠琳再三劝我写小说、散文，一时既无可写，也不想写。

为介绍最近发明的吃食"塞肉回锅油条"。转述黄永玉近况：

> 听吴祖光说黄永玉被选为毛主席纪念堂工地的特等劳动模范（主席雕像后面衬的那张《祖国大地》是他画的），此公近年来可谓哀乐过人矣。[2]

1　陈徒手《汪曾祺的文革十年》引袁韵宜回忆。

2　原信不缀作年。据《黄永玉年谱》及有关资料，黄永玉为毛主席纪念堂创作的《祖国大地》历时两三月之久，于当年5月完成壁毯制作。毛主席纪念堂于1977年9月9日举行落成典礼并开放。因将此事系于本年。

约此后

到黄永玉家两次。带去自作诗。2008 年年底黄永玉对李辉提及：

> "文革"结束后，他来找过我两次。我对他很隔膜，两个人谈话也言不由衷。他还送来一卷用粗麻纸写的诗，应该还在家里。[1]

9 月 22 日

写后来自称为"蔬菜笔记"的随笔《葵》。因读《植物名实图考》知道吴其濬主张"葵"为冬苋菜。结合自己的生活经验，证实吴其濬《十五从军征》中的"葵"即今之冬苋菜，并引述《诗经》《齐民要术》《农书》《本草纲目》等材料勾勒这种蔬菜的名物变迁过程。再次对吴其濬其人其文表示赞佩。

该笔记未正式发表，曾抄送朱德熙阅。

9 月 23 日

作"蔬菜笔记"《薤》《栈》。均未正式发表，曾抄送朱德熙阅。

本日又致信朱德熙。除抄送新作笔记三篇外，嘱借王力《汉语诗律学》阅读。[2]

受审查期间

汪曾祺因觉得杨毓珉对自己了解，却不为自己说公道话，对他有些意见。施松卿也觉得杨毓珉不够朋友。有一次看戏，杨毓珉看见施松卿，主动打招呼，施松卿却视而不见，扬长而过。杨毓珉为此很委屈。审查结束后，双方才重释前嫌。[3]

1　李辉《传奇黄永玉》，人民日报出版社 2010 年版，第 168 页。
2　汪朝《我们的爸》（10），载《温州都市报》2012 年 7 月 29 日。
3　汪朗等《老头儿汪曾祺——我们眼中的父亲》，中国青年出版社 2012 年版，第 141 页。

9 月至 11 月

美国洛克菲勒大学教授王浩回国参观访问，巡回讲学。

11 月

为繁荣短篇小说创作，促进短篇小说创作，《人民文学》编辑部在北京召开短篇小说创作谈会。茅盾作了讲话。

12 月 10 日

奚啸伯在石家庄逝世。

1978 年，58 岁

4 月 11 日

写《我的态度》一文，其中表示：

> 我将尽我所知、毫不隐瞒地揭发江青和于会泳的罪行，交代自己的问题。我也希望早一点把我的问题搞清楚，并且坚决相信组织上一定会对我的问题作出恰如其分的处理。我相信北京京剧团的运动一定能搞好！

在此前后，还写下这样一封保证书："除了替工作组或党委起草的工作报告外，我没有给江青、于会泳写过任何信。"专案组负责人批曰"待查"。[1]

1　陈徒手《汪曾祺的文革十年》，收《人有病，天知否——一九四九年后中国文坛纪实》，人民文学出版社 2000 年版。

4月

写《我的检查》。其中写到粉碎"江青反革命集团"后最初一年自己的思想认识：

> 我对于许多同志身受的痛苦，对他们对江青的刻骨仇恨，看不到，感受不到。因为江青对我有恩，我一直感念她的好处，觉得她在十大以前、在文革期间没有干过多少坏事，或干了坏事也算不了什么。所以竭力强调重点在于会泳控制时期，在十大以后——这样坚持了一年多。
>
> 我对江青的义愤不像对于会泳那样直接，那样入骨三分。我认为江青控制北京京剧团时期的问题已经基本上清楚。
>
> ……我不想自暴自弃，希望为党为人民做一些有益的事。[1]

4月

文化部举行揭批"江青反革命集团"万人大会，为大批受迫害的文艺工作者平反。

5月6日

写《我和江青、于会泳的关系》。

5月11日

《光明日报》发表特约评论员文章《实践是检验真理的唯一标准》。

1　陈徒手《汪曾祺的文革十年》，收《人有病，天知否——一九四九年后中国文坛纪实》，人民文学出版社 2000 年版。

5月13日

写检查《关于我的"解放"和上天安门》。

5月

写《关于红岩》。

6月3日

老舍骨灰安放仪式举行。

7月20日至22日

汪朗参加高等院校恢复招生后的第二次高考，也是首次全国统一高考。后考入中国人民大学新闻系新闻专业。

夏天

朱德熙、何孔敬在紫竹院花80元钱买得宜兴紫砂壶。不久，汪曾祺、施松卿来访，用新壶沏乌龙茶招待。

8月1日

复老朋友、时任张家口文化局创作组组长杨香保7月30日信。因杨香保关心近况，嘱其"心平气和"对待，汪曾祺在信中说"偶遭小故，遂蒙故人悬念，极为感激。所示'心平气和'正确对待，言同金石，自觉照办，请释悬怀。"勉励杨香保努力创作："张家口是一有革命传统的城市，想来应有可写的题材，希望你不久能写出有分量的作品。"谈到《民间文学》老同事、沙岭子改造的难友江橹，说："江橹作风大变，真是好事。他的问题本来处理得糊里糊涂，希望能早日解决。相信在华主席的正确路线之下，许多问题是不难解决的。"[1]

9月

写《综合检查》。

10月

汪朗入读中国人民大学新闻系新闻专业。因本年中国人民大学刚刚复校，各方面条件差，所以开学比一般学校晚了月余。

11月15日

新华社报道，北京市委作出决定，为1976年4月5日"天安门事件"平反。

11月16日

新华社报道，遵照党中央决定，全国全部摘掉"右派分子"帽子。

11月

曹禺的历史剧《王昭君》发表，汪曾祺闲来消遣，把它改编成昆剧。同时梁清濂将它改编成京剧。

在此前后，汪曾祺产生了为汉武帝写一个长篇小说的念头，开始收集关于汉武帝的材料，做成卡片。[2]

12月20日

致信朱德熙。报告在"十个月来，无事可做"的情况下，近一个月写成《读

1　据2013年2月4日杨香保接受笔者访问提供的说法，江橹1958年前在《民间文学》与汪曾祺同为编辑部副主任。因其资历老（解放初即为行政13级干部，在江西文化系统任职），有些主观主义作风，不善于倾听群众意见。1958年与汪、杨同时被打成"右派"，旋赴沙岭子劳动改造。"文革"后作风转变。落实政策后，出任河北建筑工业学院院长兼党的核心小组组长（1980—1983）。

2　陈徒手《汪曾祺的文革十年》引梁清濂的叙述。

民歌札记》《论〈四进士〉》的情况。透露新的写作计划：

> 今天晚上想想，也许可以写一篇架空立论的文章：《论本色当行》。
> 因为"江青反革命集团"搞的戏颇多海阔天空地说大话，把中国戏
> 曲的这个优良传统给毁了。

12 月

作文艺随笔《读民歌札记》，包括《奇特的想象》《汉代民歌里的动物题材》
《稚子班》《乌生》《蝶行》《民歌中的哲理》《〈老鼠歌〉与〈硕鼠〉》七题。
后刊于《民间文学》1980 年 4 月号。

12 月

作戏剧评论文章《论〈四进士〉》初稿，在团内少数人中传阅。后于
1979 年 6 月 8 日改定为《笔下处处有人——谈〈四进士〉》。[1]

本年

写检查《关于〈山城旭日〉、〈新三字经〉、〈决裂〉》。其中说到：

> 我没有任何行政职务，江青也没有给我太大的荣誉，因为我有
> 政治上的弱点。
>
> 她一到节骨眼上，就想起我，我就得给她去卖命。有的同志说
> 我是"御用文人"，这是个丑恶的称号，但是这是事实。我觉得很
> 痛心，很悔恨。我今年 58 岁，我还能再工作几年，至少比较像样
> 地做几年。[2]

1　12 月 20 日致朱德熙信透露。
2　据陈徒手《汪曾祺的文革十年》，收《人有病，天知否——一九四九年后中国
文坛纪实》，人民文学出版社 2000 年版。

1979 年，59 岁

3 月

中国民间文艺研究会复查小组写了平反结论："我们认为，把一个说了几句错话而且又已经做了检查的同志划为敌我问题，定为'右派分子'，是错误的。"汪曾祺没有写任何意见，只是龙飞凤舞地填上硕大的姓名。[1]

受审查后期

虽然不再需要写交代材料，但没人给作结论，也没有分配工作。好友李荣、朱德熙与胡乔木熟悉，几次向当时兼任中国社会科学院院长的胡乔木反映情况，并送上汪曾祺的文章。李荣推介说"此人文笔如果不是中国第一，起码是北京第一"。胡乔木看了文章，对《塞下人物记》提了点意见，说其中《说话押韵的人》一篇不是小说，而是人物素描。胡乔木提出把汪曾祺调到社科院文学所，并写了条子同有关方面打了招呼。但汪曾祺觉得自己的本行是创作，考虑再三，没有去。[2]

6 月 8 日

改定 1978 年 12 月所作戏剧评论文章《笔下处处有人——谈〈四进士〉》。

1　据陈徒手《汪曾祺的文革十年》，收《人有病，天知否——一九四九年后中国文坛纪实》，人民文学出版社 2000 年版。

2　见汪朗等《老头儿汪曾祺——我们眼中的父亲》，中国青年出版社 2012 年版，第 153 页。陈徒手《汪曾祺的文革十年》中说："后来不少朋友劝汪离开京剧团这块伤心之地，甚至有一次胡乔木当场找了一张烟卷纸，上面写了'汪曾祺到作协'几个字。汪还是没有离开，他觉得京剧团自由、松散，反而不像外界有的单位那么复杂。"材料来源未详，录以备考。

生前未单独发表或收入任何作品集。[1]

6 月 26 日

致信朱德熙，托转致季镇淮信。报告近来所写文章，透露未来计划：

> 我想用布莱希特的方法写几个历史剧，既写一个历史人物的伟大，也写出他不过就是那样一个人而已。初步拟定的两个戏就是《司马迁》和《荆轲》。[2]

这是汪曾祺第一次透露《汉武帝》创作计划。

6 月

文艺理论文章《"花儿"的格律——兼论新诗向民歌学习的一些问题》发表于《民间文学》本年 6 月号。

7 月 4 日

复信崔道怡。此前崔道怡来信告其将把《羊舍一夕》收入小说选集中。汪曾祺告以可按《三十年短篇选》影印。随信附有自撰小传一则。[3]

10 月

戏剧评论文章《飞出黄金的牢狱》发表于《民族团结》1979 年第 4 期。评曹禺戏剧《王昭君》。这是汪曾祺复出文艺界最早发表的评论文章。作者生前未收入作品集。

1　本年 6 月 26 日致朱德熙信称"寄给《人民戏剧》了。不知他们用不用"。查该刊，未见发表。

2　后均未实现。

3　指《短篇小说选（1949—1979）》，人民文学出版社 1979 年版。见崔道怡《〈羊舍一夕〉发表 50 周年》，载《北京晚报》2012 年 5 月 12 日。

11 月

小说《骑兵列传》刊于《人民文学》1979 年第 11 期。这是复出后发表的第一篇小说作品。

12 月 31 日

黄永玉作完散文《太阳下的风景——沈从文与我》，有几段提到与汪曾祺的交往和对汪曾祺文章才华的欣赏，但通篇没有指出汪曾祺的名字。

本年

汪朗就读中国人民大学，汪明病退回来。施松卿建议赋闲的汪曾祺给孩子们讲古文。汪曾祺几次推脱，直到施松卿发火，责怪他对儿女不负责任，才应承下来。后从《古文观止》中选中陶渊明《五柳先生传》讲解，讲了一半而中止。[1]

本年

北京京剧院成立。

1980 年，60 岁

1 月 5 日

写成小说《塞下人物记》，包括《陈银娃》《王大力》《说话押韵的人》《乡下的阿基米德》《俩老头》五篇。5 月 29 日改定后，刊于《北京文艺》

---

1 事见汪朗等《老头儿汪曾祺——我们眼中的父亲》，中国青年出版社 2012 年版，第 230 页。

1980 年第 9 期。

1 月

上海文艺出版社编选、列为"文学作品选读"丛书之一的《建国以来短篇小说》（下册）由该社出版，选收短篇小说佳作 36 篇。汪曾祺《羊舍一夕》入选。

约 1 月

谈艺文章《第一场在七十六页》一文发表于约 1 月出版的北京京剧院院刊《京剧艺术》本年第 1 期，署名"曾岐"。此系作者在该刊所开设"负隅常谈"专栏文章之一。

2 月 10 日至 3 月 10 日期间

"庆祝中华人民共和国成立 30 周年全国美术作品展览"（即后来认定的"第五届全国美展"）在中国美术馆举行。汪曾祺与汪朝等前往参观，对黄永玉的参展荷花作品赞赏有加。[1]

春节（2 月 16 日）前后

准备为沈从文将出的选集写个后记，于是把沈从文的主要作品浏览一遍。

收到某中年作家两封信。信中说，听到沈从文在编自己的选集、汪曾祺要"在后面写几个字"（"准备零零碎碎写一点"）这一消息，心里"格噔一跳"，嘱咐汪曾祺"应当把这事当一件事来做"。

到沈从文家拜年。慨叹"沈先生的家庭是我所见到的一个最和谐安静，最富于抒情气氛的家庭"。【《我的老师沈从文》（1981）】

1　汪朗等《老头儿汪曾祺——我们眼中的父亲》，中国青年出版社 2012 年版，第 428 页。

3月1日

元宵节，汪曾祺 60 岁生日。作诗《六十岁生日散步玉渊潭》自寿。

该诗曾多次手书赠送友人，正式发表则见《七十书怀》自引。这是目前所见作者发表的第一首自寿诗。

3月19日

参加本日下午在八宝山革命公墓礼堂举行的诗人李季的追悼会。在会上逢中国民间文艺研究会老同事刘锡诚，听说他要回到民研会，力劝之，说："可千万不要去呀，与那个人是不能相处的呀。"[1]

3月

作小说《黄油烙饼》，刊于《新观察》1980 年第 2 期。

5月20日

重写小说《异秉》，刊于《雨花》1981 年第 1 期。

作者说这是写"由于对命运的无可奈何转化出一种常有苦味的嘲谑"（自选集序）。

春

作《与友人谈沈从文》，包括《给一个中年作家的信》《一个乡下人对现代文明的抗议》《水边的抒情诗人》。

5月20日

作文学评论《沈从文和他的〈边城〉》。刊于《芙蓉》1981 年第 2 期。

1　刘锡诚《一个抒情的人道主义者》（2007），载《钟山》1998 年第 3 期。2005 年版。"那个人"指贾芝。时任新恢复成立的民研会副主席和实际负责人。

后获得该刊"芙蓉文学奖"。

6 月 24 日至 30 日

参加北京市文学艺术工作者第四次代表大会。

正在筹备复刊中的《新观察》编辑石湾到会采访、组稿，见到汪曾祺。以近作小说《黄油烙饼》交石湾。[1]

约 6 月

约本月出版的北京京剧院院刊《京剧艺术》本年第 4 期头版发表《刘少奇同志等老一辈无产阶级革命家看〈芦荡火种〉》，报道 1964 年 4 月 27 日刘少奇等在京剧现代戏观摩活动期间看该团的《芦荡火种》并接见演职人员一事，并配发接见照片。此前，中共中央十一届五中全会通过了《关于为刘少奇同志平反的决议》，并于 5 月 17 日召开了追悼大会。

7 月 25 日

小说《黄油烙饼》刊于本日出版的《新观察》1980 年第 2 期。

7 月

《黄油烙饼》发表前，复以散文《果园杂记》一组寄《新观察》。写给编辑石湾的附信中说：

> 寄上散文一组，请阅后转交领导审处。有人说这是散文诗，我看就叫散文吧。此稿字数不多，但我未留底稿，如不用，望能破格退还。[2]

1　石湾《送别汪夫子》，载《十月》1997 年第 5 期。又收《昨夜群星灿烂——石湾编辑漫记》，作家出版社 2005 年版。

2　石湾《送别汪夫子》，载《十月》1997 年第 5 期。又收《昨夜群星灿烂——石湾编辑漫记》，作家出版社 2005 年版。

7月

参加 12 日至 31 日在北京举行的戏曲剧目工作座谈会，作题为"从戏剧文学的角度看京剧的危机"的发言。先刊于《戏曲剧目工作座谈会》（简报），删节定稿刊于《人民戏剧》1980 年第 10 期。

汪曾祺在发言中坦诚京剧存在着危机。主张"京剧要向地方戏学习，要接受外国的影响，我主张京剧院团把门窗都打开，接受一点新鲜空气，借以恢复自己的活力"。

这篇发言稿发表后，引起了较大争议。

约此时

完成京剧剧本《擂鼓战金山》（新编历史剧）的创作。剧本发表于《北京剧作》1982 年第 1 期。[1]

约 7 月

散文《裘盛戎二三事》刊于约出版于本月的北京京剧院院刊《京剧艺术》本年第 4 期，署名"曾岐"。此系作者在该刊开设专栏"负隅常谈"之一篇。未曾入集。

8 月 12 日

作小说《受戒》，刊于《北京文学》1980 年第 10 期（小说专号）。

小说用两个上午写成。篇末自注"写四十三年前的一个梦"。按，43 年前当为 1937 年，时汪曾祺在江阴。作者在《汪曾祺自选集》的《自序》中说，这个作品所包涵的感情是"内在的欢乐"。

1　剧本未系作日。杨毓珉《也谈〈受戒〉前后》（《北京纪事》1997 年第 10 期）一文说："……汪曾祺此时刚写完《擂鼓战金山》，戏还没上演，他业余时间写了《受戒》……"本谱据杨毓珉先生说法，系于此时。

8 月 20 日

完成小说《岁寒三友》初稿。11 月 20 日完成二稿，后刊于《十月》1981 年第 3 期。

1982 年在一次演讲中说到本篇的主题是"涸辙之鲋，相濡以沫"。【《道是无情却有情》（1982）】

8 月 28 日

复石湾信，谈前所投寄的《果园杂记》。因石湾来信告以编辑部审稿后决定只用其中两章，复信中特意提及自己比较中意的是《涂白》一章。

9 月 10 日

散文《果园杂记》发表于今日出版的《新观察》半月刊 1980 年第 5 期。包括《涂白》《粉蝶》《波尔多液》三题。

9 月中旬

沈从文在复徐盈的信中谈到《边城》拍电影之事，说明友汪曾祺说过，求《边城》电影上得到成功，纯粹用现实主义方法不易成功，或许应照伊文思拍《雾》的手法，镜头必须采用一种新格调，不必侧重在故事的现实性……

9 月

《人民文学》编辑部编选《短篇小说选 1949—1979》第五卷出版，《羊舍一夕》收入本卷。这是一部大型回顾性选集，共八卷，选收建国 30 年来优秀短篇小说。

10 月 27 日

沈从文、张兆和开始访美，引起全美知识界轰动。1981 年 2 月 17 日返回北京。本年，国内开始重新出版沈从文文学作品，《边城》单行本、《沈从文散文选》《沈从文小说选》《从文自传》率先问世。

10 月

《北京文学》第 10 期刊发小说《受戒》。

《北京文学》由《北京文艺》改来，这一期是改名后的第一期，也是一期小说专号。

11 月 20 日

最高人民法院特别法庭公审林彪、"江青反革命集团"案的 10 名主犯。

完成小说《岁寒三友》二稿（初稿成于本年 8 月 20 日）。刊于《十月》1981 年第 3 期。

12 月 10 日

本日出版的《北京文学》1980 年第 12 期发表张同吾的评论《写吧，为了心灵——读短篇小说〈受戒〉》。

12 月 11 日

完成小说《寂寞和温暖》第六稿。后刊于《北京文学》1981 年第 2 期。

这篇小说是在家人、特别是施松卿提示下写的。当时有一批"反右"题材的文艺作品走红，如《灵与肉》《天云山传奇》。施松卿对汪曾祺说："你也当过'右派'，也应该把这段事情写写。"汪曾祺便开始写。写完后家人看了，觉得没有大苦大悲，与流行的这类作品题材不一样，于是先后改了多稿。[1]

1990 年作者在给阿成的《年关六赋》写序时谈到这篇小说，承认"多多少少说了一点谎"。

---

1 汪朗等《老头儿汪曾祺——我们眼中的父亲》，中国青年出版社 2012 年版，第 166 页。

12 月 11 日

本日《北京日报》发表梁清濂的《这样的小说需要吗？——读〈受戒〉有感》。

12 月 12 日

本日出版的《文艺报》第 12 期刊发唐挚（唐达成）的评论《赞〈受戒〉》。文章认为："作者纵横恣肆的笔，剥去了神的冷漠的庄严妙相，还给我们一个人的、温暖的情趣世界"，作品的意义在于："赞美人间的、自然的、充满生命力的现实世界，大胆地对于出世的、非自然的、充满虚妄的神的世界挑战。而这样一篇洋溢着诗情的作品的威力，绝不下于一篇宣扬无神论的檄文。"

12 月 29 日

作小说《天鹅之死》，刊于《北京日报》1981 年 4 月 14 日。

汪朗回忆这篇小说的写作背景说，当时汪曾祺住在甘家口，离玉渊潭很近，不用按时上班，每天一早就到玉渊潭遛弯，到处看看，找各色人等闲聊：

> 那年冬天，公园的湖面上落下了 4 只天鹅，这是多年没有过的事。大家都很兴奋，好多人从远道赶来看天鹅。爸爸每天遛早回来，都要汇报天鹅的最新情况。没想到，两个小青年晚上用枪把一只天鹅打死了，说是要吃天鹅肉。这件事让许多人感到气愤，爸爸更是如此。那两天他翻来覆去地念叨："怎么能这样呢？怎么能这样呢？"他实在按捺不住，连夜写下了《天鹅之死》。[1]

1　汪朗等《老头儿汪曾祺——我们眼中的父亲》，中国青年出版社 2012 年版，第 167 页。

12 月

《小说月报》1980 年第 12 期选发《受戒》。

12 月

最迟在本月，完成京剧剧本《裘盛戎》二稿，系与梁清濂合作，汪曾祺执笔。[1]

本年

在北京重逢巫宁坤。[2]

历经磨难的巫宁坤，这时重新回到北京，重新任教于国际关系学院。

本年

再次重写 40 年代的《职业》。最终稿 1982 年 6 月 29 日完成。见当日本事。

约本年

胡乔木曾有意让汪曾祺到中国作家协会工作。林斤澜回忆：

> 有一次，胡乔木顺手在一个香烟壳上写道："汪曾祺进作协。"当时我在北京作协的位置上，很高兴，认为这是一个机会。不料汪曾祺不肯，对我说："你胡乔木在香烟壳上这样写，你把我当什么！"我说这个无关紧要，毛泽东在战争年代有时就在手纸上发布命令。他还是气咻咻地说："你胡乔木算什么，在香烟壳上写我！"最后没有调。[3]

1　见北京京剧院 1980 年 12 月铅字油印本《裘盛戎》（二稿），署"编剧 汪曾祺（执笔），梁清濂"。

2　巫宁坤《往事回思如细雨》，载《文汇读书周报》2004 年 7 月 19 日。

3　转引自程绍国《文坛双璧》。具体时间不详。

1981 年，61 岁

约本年初

1980 年末或本年初，撰写创作谈《关于〈受戒〉》。系为即将转载《受戒》的《小说选刊》之请而撰写。[1]

1 月 5 日

本日出版的江苏《雨花》本年第 1 期，发表了汪曾祺于 1980 年 5 月份所写的短篇小说《异秉》。主编之一高晓声为它写了一篇《编者按》。按语说：

> "异秉"这个词，一般读者会有些陌生，所以作者在文中解释说，就是"与众不同"。
>
> 这很有意思，我们写小说，也应该力求"与众不同"；否则也不能叫"创作"。而《异秉》这篇小说，确有与众不同之处。……发表这篇小说，对于扩展我们的视野，开拓我们的思路，了解文学的传统，都是有意义的。

1 月 10 日

戏剧家薛恩厚逝世。汪曾祺为撰挽联：

> 居不求安，食不择味，从来不搞特殊化；
>
> 进无权欲，退无怨尤，到底是个老党员。

1　定为 1980 年末或 1981 年初，考证见徐强《系年辨证》。

1月10日

本日出版的《北京文学》1981年第1期发表可人的评论《戒不掉的七情六欲——读小说〈受戒〉后乱发的议论》。文章反驳了对这篇小说的否定意见，指出僧人的七情六欲是人性的表现，肯定了作品的描写冲破了人性论禁区，对作品正面描写复杂人性这一方面加以肯定。

1月14日

作散文《我的老师沈从文》。生前未发表。刊于《收获》2009年第3期。

1月18日

撰戏剧评论《宋士杰——一个独特的典型》，刊于《人民戏剧》本年第1期。

1月

戏曲评论《打鱼·杀家》刊于《北京艺术》1981年第1期（创刊号），署名曾岐。

1月

小说《晚饭后的故事》刊于《人民文学》1981年第1期。
主人公郭庆春的原型是和自己关系还不错的一个导演。[1]

2月4日

作小说《大淖记事》，刊于《北京文学》1981年第4期。
作者自己认为《大淖记事》与《受戒》一样，所包涵的感情是"内在的欢乐"。
【自选集序】

---

[1]　汪朗等《老头儿汪曾祺——我们眼中的父亲》，中国青年出版社2012年版，第180页。

2 月 20 日

总题为"艺坛逸事"的一组人物散文，发表于本日出版的《文汇月刊》1981 年第 2 期"剧坛"栏目。整组作品都是关于戏曲界著名演员的，包括《萧长华》《姜妙香》《贯盛吉》《郝寿臣》四篇。

作者原题"名优逸事"，现题为编者所改。[1]

2 月

《小说选刊》1981 年第 2 期转载小说《受戒》，并附新撰创作谈《关于〈受戒〉》。

3 月 11 日

戏剧家薛恩厚的追悼会在北京八宝山革命公墓大礼堂举行。汪曾祺参加。

3 月 23 日

参加《北京文学》一九八○年优秀短篇小说奖发奖大会。获得本次短篇小说奖的是发表在 1980 年《北京文学》上的 11 篇小说。汪曾祺的《受戒》名列其中。

3 月

小说《黄油烙饼》被收入本月出版的《一九八○年短篇小说选》（人民文学出版社）。

4 月 12 日

文艺随笔《尊丑》发表于本日出版的《北京戏剧报》第 14 期。

1　据今存《文汇月刊》本篇校样，篇题原为"名优逸事"，编者改为"艺坛逸事"。作者曾改回前者，但最终出版时仍用后者。

4月22日

作《〈汪曾祺短篇小说选〉自序》。收入《汪曾祺短篇小说选》，北京出版社 1982 年 2 月第一版。

4月25日

上午八点半，参加湖北省京剧团《徐九经升官记》（郭大宇、习志淦编剧）剧本讨论会。[1]

5月10日

艺术随笔《贵妃醉酒》刊于本日出版的《北京戏剧报》1981 年第 18 期。

5月11日

作小说《七里茶坊》，刊于《收获》1981 年第 5 期。

5月31日

文艺随笔《高英培的相声和埃林·彼林的小说》发表于本日出版的《北京戏剧报》1981 年第 22 期。

6月1日

本日出版的《小说月报》1981 年第 6 期选发《大淖记事》。

6月6日

作小说《鸡毛》，刊于《文汇月刊》1981 年第 9 期。

1　本次会议签到簿，孔夫子旧书网北京合众书局拍卖 2011 年 4 月 3 日拍品，见 http://www.kongfz.cn/5789574/。该剧获 1980—1981 "全国戏曲优秀剧本奖"。1981 年，《徐九经升官记》赴京汇报演出，连演 34 场，获得好评。

6月7日

致信正在密云参加命题工作的朱德熙谈刚寄出的小说《鸡毛》。因反面主人公金昌焕身上有些事情是根据西南联大实人实事所写，汪曾祺在信中表示担心。又应巫宁坤之请，介绍语文教师刘融忧趋赴请益。透露将有承德之行，准备在彼地"写一个中篇历史小说《汉武帝》的初稿，为吴宏聪写一点有关沈公小说的札记"。

约此时

收到老同学、高邮中学老教师刘子平信，随后作复。

刘受高邮宣传文化部门之托，问他是否愿意回乡一看。汪曾祺回了一封长信，说自己"久有此心，但时间一时不能决定"。并表达自己希望回来帮家乡做的几件事："一，搜集整理秦少游的材料；二，调查一下高邮的历史情况，主要是宋代高邮的情况；三，调查高邮明代的一个散曲作家王磐的材料。"请对方围绕这些做些准备工作。[1]

6月7日

复弟弟汪海珊、妹妹汪丽纹信。略述此前与刘子平信中谈及的关于回乡的想法。

致信朱德熙。

6月10日左右

赴承德避暑山庄小住，参加《人民文学》承德笔会。

6月14日

戏剧理论文章《京剧格律的解放》刊于本日出版的《北京戏剧报》1981

---

[1]　复刘子平的信已佚。此据 6 月 7 日致汪海珊、汪丽纹信中转述。

年第 24 期。

6 月 18 日

在承德避暑山庄写作系列小说《故里杂记》（包括《李三》《榆树》《鱼》三篇）。写作过程中，曾几次撕掉稿子。[1] 后刊于《北京文学》1982 年第 2 期。

6 月末

正在中国人民大学新闻系上大学三年级的汪朗，结束了在《甘肃日报》为期半年的实习。随后与同学结伴游历四川等地。

7 月 1 日

本日出版的《作品与争鸣》1981 年第 7 期（中国当代文学研究会主办，百花文艺出版社出版）选载《受戒》，同时转载张同吾《写吧，为了心灵》和署名"国东"的争鸣文章《莫名其妙的捧场》。

7 月 5 日

为庆祝中国共产党成立 60 周年，北京京剧院一团以强大阵容在政协礼堂演出现代京剧《芦荡火种》。剧组几乎是"文革"前《芦荡火种》首演的原班人马。[2]

6 日、8 日、9 日继续演出。

7 月 17 日

致陆建华信，谈及高邮地方文学刊物《珠湖》，提了对其中诗歌与小说的看法，并为吕立中诗《蚕》作修改。

7 月下旬

应《北京文学》之邀，赴山东青岛，参加该刊在黄岛组织的笔会。同行

1　林斤澜对程绍国说起此事。据程绍国《文坛双璧》。
2　据赵晓东《有关〈沙家浜〉》，载《北京晚报》1996 年 12 月 1 日。

者有陈忠实、韩蔼丽、锦云、李贯通等。

8月4日

在青岛黄岛写成小说《徙》。刊于《北京文学》1981 年第 10 期。

8月5日

晚上，北京京剧院三团彩排汪曾祺现代戏新作《裘盛戎》。主人公由裘盛戎本人的儿子裘明扮演。本月 16 日出版的《北京戏剧报》第 31 期的图片报道称"这是京剧舞台上首次出现艺术家的人物形象"。

该戏是汪曾祺和梁清濂合作为纪念裘盛戎逝世十周年而创作的，也是汪曾祺复出后创作的第一部戏剧作品。剧本载《新剧本》1985 年第 3 期。后来经邓友梅推荐，在香港《大成》杂志上发表，在海外反响颇佳。[1]

8月上旬

黄岛笔会结束后回到青岛。

从青岛转济南。

8月10日

返抵北京。

本日出版的《北京文学》1981 年第 8 期发表陆建华本年 4 月在高邮写成的评论《动人的风俗画——漫评汪曾祺的三篇小说》。三篇小说指《受戒》《异秉》《大淖记事》。

8月11日

复陆建华信，回答对方提问。谈及《受戒》中的庵赵庄、明海、大英子、小英子，也谈及某些人对这个作品的批评。

1　邓友梅《再说汪曾祺》，载《文学自由谈》1997 年第 6 期。

8 月 19 日

作小说《故乡人》（包括《打鱼的》《金大力》《钓鱼的医生》三篇），刊于《雨花》1981 年第 10 期。

8 月 20 日左右

汪朗在历经近两月的四川、湖北、江西、江苏等地的游历，回到北京。

汪朗此行先去峨嵋山。一路因雨先后在乐山、成都、重庆、葛洲坝被困数日。后到武汉、庐山、南京，转镇江，到汪巧纹家住了两天。八月上旬，姑侄一道去高邮小住，受到老家人的热情接待。

期间与北京家人未通音信。直到从老家返回北京前发电报，家人才意外地得知汪朗居然在高邮。

8 月 26 日

致信刘子平（小学同学）第二封信，谈受邀回乡事。信中说：

> 我是很想回乡看看的。……如果由高邮的有关部门出函邀请，我就比较好说话了。

复汪海珊、汪丽纹信，略述与刘子平通信情况。

8 月 27 日

致陆建华信，谈《中国文学》（外文）发表陆建华评论文章事。

9 月 10 日

作小说《晚饭花》（包括《珠子灯》《三姊妹出嫁》《晚饭花》三篇），刊于《雨花》1982 年第 1 期。

作者在山东平原的一次讲座中曾谈到《珠子灯》的主题，说表现的是"封

建贞操观念的零落"。【《我是一个中国人——散步随想》（1983）】

约 9 月下旬 [1]

高邮县人民政府向北京京剧团发出公函，邀请汪曾祺回乡。

9 月 28 日

致信陆建华，谈即将启程的回乡计划。应请开列自己解放后的小说篇目及出处。

9 月 29 日

作诗《昆明雨》（"莲花池外少行人"），书赠朱德熙。

书为斗方，有跋语曰："四十年前与德熙莲花池小店坐雨一九八一年九月廿九日曾祺 国庆节后将应邀回故乡小住约一月，书此告别。"

约 9 月份

作散文《名优之死——纪念裘盛戎》。生前未见发表或收入作品集。现存手稿。[2]

9 月

上海艺术研究所、中国戏剧家协会上海分会编《中国戏曲曲艺词典》由上海辞书出版社出版。"汪曾祺""沙家浜"两词条见收。

1　陆建华《汪曾祺的回乡之路》一文称为"在汪曾祺写信给刘子平明确表示希望回乡意愿的一个月后"。故系于此。

2　据汪朝提供本篇手稿，第二段第一句是"再有天就是盛戎的十周年忌辰了"，其中数字保持空白。当是作者写时未详裘盛戎忌辰的具体日期，暂留空白，后未补。北京师范大学1998年版《汪曾祺全集》收入时，编者代补入"些"字。查有关资料，裘盛戎逝世于1971年10月5日。因此本篇写作时间当在1981年10月5日之前若干天。笔者暂系于9月份下，确日仍待考。

9月

参加《文艺研究》编辑部组织的戏曲界人士关于现代题材戏曲创作问题座谈会。

据《人民日报》10月21日报道："出席会议的有马彦祥、阿甲、赵寻、刘厚生、马少波、郑亦秋、刘吉典、汪曾祺、张真、杨毓珉等20多位同志。"会议回顾了戏曲现代戏的发展历程与经验，指出"最近几年，有的很少演出现代戏，有的根本不演"这一现象，认为，必须改变这种现状。[1]

9月

沈从文历时17年编就的巨著《中国古代服饰研究》由商务印书馆香港分馆出版。

秋天

汪曾祺舅家表弟杨汝纶之子杨鼎川为写硕士论文，来访问汪曾祺。谈话及于当时刚出现的"意识流"手法，汪说王蒙的意识流还流得不够美。[2]

10月6日

中午致信汪海珊，告以高邮之行的日程安排。

晚乘火车南下，将先至南京，再转高邮。

10月7日

下午一点左右，抵南京。

1　《部分戏曲界人士座谈现代戏创作——反映现实生活，发展戏曲艺术》，载《人民日报》1981年10月21日第5版。并参见《文艺研究》1981年第6期有关文献。

2　杨鼎川《关于汪曾祺40年代创作的对话——汪曾祺访谈录》，载《中国现代文学研究丛刊》2003年第2期。

10 月 7 日至 9 日

在南京逗留。期间主要由老同学、江苏省水利厅总工程师胡同生接待。因要应《人民日报》之约写一篇报告文学《故乡水》，和胡同生交谈。在南京略作游览。[1]

10 月 10 日

是日下午五时，从南京乘车抵高邮。这是汪曾祺阔别故乡 42 年后第一次踏上高邮土地。

下榻县第一招待所。县委书记查长银率众官员出面宴请。县委办公室负责人朱维宁负责接待。陆建华等陪同。

10 月 12 日

下午，在高邮师范为师生做文学讲座，题为"文学的语言及其他"。即兴演讲连续三个小时。

10 月 13 日

下午，在高邮县中学做报告。以邮中校友的身份，回顾自己的学习与创作经历，勉励同学们打好基础，将来报效祖国。

10 月 14 日

下午，在百花书场为全县中小学教师机关干部和文学爱好者做报告，题为"文学的语言"。

这次回乡期间，适逢扬州地区文艺工作者一行十多人到高邮采风。也住在一招。听说汪曾祺住在隔壁，马上提出与汪曾祺见面、座谈的要求，汪曾祺爽快地答应了。座谈十分成功。记录稿《邂逅秦邮谈创作——与老作家汪

1　此据 10 月 6 日致汪海珊信预告。南京期间行止，未见事后记述。

曾祺座谈摘记》，发表在南京《青春》杂志 1982 年 8 月号上。

另外，还应县委、县政府办公室负责人之请，还在某个下午为"两办"的十几位秘书作了一次小范围讲座。[1]

10 月 16 日

汪曾祺请有关方面召集座谈会，了解高邮的水利治理情况。向水利局工作人员萧维琪借阅《运工专刊》和《勘淮笔记》等史料。

在高邮城中访修鞋匠高天威，后以其为原型写小说《皮凤三楦房子》。

10 月 24 日

在陆建华陪同下赴高邮县东风公社（原卸甲公社）、川青公社参观，并参观江都水利枢纽。时任川青公社党委书记史善成接待。

10 月 29 日

上午，请萧维琪约县水利局、堤防股相关负责人到县第一招待所谈自流灌溉建设经过。

在高邮期间，为远房堂弟汪曾荣题诗《赠汪曾荣》（"开口谈宗族"）。[2]

10 月

外甥金传捷（金家渝之子）应征入伍，为作诗《送传捷外甥参军》（"东海日升红呆呆"）并书赠勖勉。

11 月 1 日

小姑爹崔锡麟八十岁生日，命作诗。乃作《寿小姑爹八十》（"扁舟一

---

1 尤泽勇先生接受笔者访问时提供，并参见其《汪老，高邮老乡》一文，原载《高邮信息》2007 年 5 月 9 日。后以"三次见汪老"为题刊《扬州日报》2012 年 5 月 17 日。

2 姚维儒接受笔者访问提供信息。墨迹图片见金实秋《补说汪曾祺》，吉林人民出版社 2013 年版，第 208 页。

棹入江湖，胸中百丈黄河浪，抵掌剧谈天下事"）绝句三首。

此后，崔锡麟送给汪曾祺《兰桂图》并题诗《为妻侄孙汪曾祺画兰桂图》。

11月8日

到高邮城郊新河散步，作诗《新河》（"晨兴寻旧邮"）书赠杨汝祐。

11月18日

作诗《同学》（"同学少年发已苍"）书赠熙元。

在高邮期间

应堂叔、曙光中学退休教师汪连生之请写诗《应小爷命书》（"汪家宗族未凋零"）。

为弟弟汪海珊撰题联：

金罂密贮封缸酒；玉树双开迟桂花。

此次见到小妹陵纹，得知她的婚姻生活不幸，他与小妹相视而泣，语不成声。为小妹汪陵纹写诗《陵纹》（"故乡存骨肉"）。[1]

在高邮期间

在巷口碰上开理发店的老邻居从富有。从富有请汪曾祺为他题写个招牌。汪曾祺回北京后，写了"科甲巷口理发店"，寄给亲戚转送来。理发店因此红火一时。[2] 见到新风巷口有家烧饼店，得知店主外号"七拳半"，顿生兴趣，并忆起了旧时老家后门外烧饼店店主吴大和尚的家庭悲剧，"我相信七拳半的生活将比吴大和尚的生活更合理一些，更好一些。"后来（1988年），根

1　据姜文定、陈其昌主编《走近汪曾祺》，汪曾祺文学馆编印，2003 年版。

2　据从富有叙述，见姜文定、陈其昌主编，汪曾祺文学馆编印《走近汪曾祺》，2003 年版。

据这些回忆、观察和感想写成了散文《吴大和尚和七拳半》。

在高邮期间

金实秋持不久前据越王勾践故事创作的戏剧《千秋功罪》请教[1]。

在高邮期间，赶上一个亲戚——表弟的小舅子孙殿娣新婚，邀请汪曾祺参加婚礼。汪曾祺欣然赴邀，并为题诗：

> 夜深烛影长，花气百合香。
> 珠湖三十六，处处宿鸳鸯。[2]

11月21日至23日

裘盛戎逝世十周年纪念演出活动举行。裘派传人齐聚京城，在三天集中演出了裘派的主要作品《遇皇后》《打龙袍》《白良关》《姚期》《坐寨御马》《将相和》《铡美案》《锁五龙》。

11月23日[3]

汪曾祺从高邮转镇江乘车，车上一夜发烧。

在镇江，再见大姐汪巧纹，赠一联：

> 灯火万家巷，笙歌一望江。[4]

11月27日

返回北京。

1　见金实秋《琐忆汪老》，收《自怡留痕集》，南京出版社2003年版。

2　高邮城建局柏乃宝先生接受笔者访问时提供影件。苏北曾在《汪曾祺的两首佚诗》一文中引述，"花气"作"花开"，误。见《文汇读书周报》2013年7月19日。

3　日期据朱延庆先生向笔者提供。

4　姜文定、陈其昌主编、汪曾祺文学馆编印《走近汪曾祺》，2003年版。

11 月

在招待所为幼稚园和小学、初中老师张道仁、王文英夫妇作诗《敬呈道仁夫子》（"我爱张夫子"）、《敬呈文英老师》（"小羊儿乖乖"），并携北京果脯为礼，拜访早年的恩师张道仁、王文英夫妻。

11 月

了解到作品中多次写到过的阴城近况，作诗《阴城》（莽莽阴城何代名）并以章草书体写为条幅赠刘金鳌。

11 月

上海文艺出版社出版《九十年代散文选 1990》。这是该社继承 1980 年代影响广泛的《80 年代散文选》而开始编选的 1990 年代年度散文选的第一辑。[1]汪曾祺《人间草木》见收。

12 月 13 日

致信汪海珊、汪丽纹、金家渝，报返程平安。因收到郑素英寄来棉鞋，让亲友代为致谢。同时让子女寄出七份挂历寄高邮家中分赠亲友。

致信陆建华。透露《故乡水》在撰写中，但不顺利。

12 月 25 日

作小说《皮凤三楦房子》，刊于《上海文学》1982 年第 3 期。

主人公的原型是前不久回乡所见所闻的高邮修鞋匠高天威。

12 月 28 日

致信陆建华。报告收到路费 60 余元。通报近期小说发表情况。表示拟明

---

1 据笔者所见，该丛书出至 1993 年而止。

年回高邮农村小住。

12 月

散文《关于葡萄》发表于《安徽文学》1981年第12期,包括《葡萄和爬山虎》《葡萄的来历》《葡萄月令》三题。

12 月

《〈北京文学〉短篇小说选(1980)》一书由北京出版社出版。是书收录了《北京文学》1980年短篇小说奖获奖作品11篇,包括《受戒》在内。林斤澜为该书作了题为"山村寄语"的"代序",其中特别提到汪曾祺和《受戒》。

12 月

中国戏剧出版社出版《裘盛戎唱腔选集》一书,《雪花飘》部分唱段收入该书。

本年

再次重写40年代的《职业》。最终稿1982年6月29日完成。

约本年

约在本年有泰山之行。行踪背景暂不详。[1]

1982 年,62 岁

1 月 8 日

作文艺随笔《揉面——谈语言运用》,刊于《花溪》1982年第3期。包

---

1 作者在《泰山片石》(1991)中多次提到"十年前到泰山"。

括《揉面》《自铸新词》《语言要和人物贴近》三则。后收入该刊编辑部编的《文学创作笔谈》一书（重庆出版社 1985 年 12 月版）时，改题《"揉面"——谈语言与运用》，并将发表于该刊 1983 年第 1 期的《语言是艺术》一篇作为第一则并入。作者自编《晚翠文谈》时依据后者面貌收入，改题《"揉面"——谈语言》。

1 月 25 日

春节。画墨菊横幅赠朱德熙。画见何孔敬《长相思——朱德熙其人》第 320 页。

1 月

新编历史剧《擂鼓战金山》刊于《北京剧作》1982 年第 1 期。

2 月 2 日

作小说《钓人的孩子》（包括《钓人的孩子》《捡金子》《航空奖券》三篇），刊于《海燕》1982 年第 4 期。

本年秋在兰州的一次座谈中谈到这组小说时说："要问我这主题是什么，我的主题是'人与金钱'。"【《关于现阶段的文学——答〈当代文艺思潮〉编辑部问》（1982）】1983 年春在山东平原再次谈到其中《钓人的孩子》的主题，指出是"货币使人变成魔鬼"。【《我是一个中国人——散步随想》（1983）】

2 月 4 日前后

春节期间，时任中国社会科学院副院长的胡乔木到沈从文宅看望沈，曾谈起汪曾祺创作，认为"无一句空话"[1]。

1　据沈从文 1982 年 11 月 7 日致吴宏聪信，见《沈从文全集》第 26 卷，第 459—460 页。

约本年春节后数日

汪曾祺到沈从文宅拜年。沈从文留他吃饭。师母张兆和炒慈姑肉片招待。

2月22日

复陆建华信。谈近期小说发表情况、评论情况，谈到《故乡水》被人民日报退稿事。

2月28日

小说《鉴赏家》刊于《北京文学》1982年第5期。配有王森插图两幅。

2月

作文艺创作随笔《小说笔谈》一组，发表于《天津日报》主办的《文艺》(双月刊)1982年第1期。共包括《语言》《结构》《叙事与抒情》《悠闲和精细》《风格和时尚》五题。收入《晚翠文谈》。

2月

《听遛鸟人谈戏》刊于《北京艺术》1982年第2期。

2月

谈艺随笔《两栖杂述》发表于《飞天》1982年第2期。收入《晚翠文谈》《逝水》。

2月

《汪曾祺短篇小说选》由北京出版社出版发行，首印21000册。列为"北京文学创作丛书"之一种。收入40年代以来短篇小说16篇。书前有亲撰小传、近照一幅、自序一篇。这是汪曾祺在新时期复出文坛后出版的第一本书。

"文革"结束后，汪曾祺心灰意冷，本无意做小说。集中小说的创作，得力于林斤澜、邓友梅、葛翠琳等老朋友们的鼓励。

3月4日

致信陆建华，谈高邮作者李同元小说退稿事。提及四月四川之行计划。

3月10日

上午，1981年《北京文学》奖授奖大会举行。共有刊发于1981年《北京文学》各期的11件作品获得本届《北京文学》奖，其中短篇小说5篇、报告文学1篇、诗歌5首（组）。汪曾祺以《大淖记事》（刊于《北京文学》1981年第4期）与陈建功、张一弓、乔典运、林斤澜同登短篇小说奖。

3月21日

参加第四届短篇小说奖颁奖会，下榻海运仓总参招待所，与林斤澜同住一室。本日与同获奖项的林斤澜、刘绍棠、赵本夫逛公园、聊天。在林斤澜建议下，以写农村题材为主的江苏作者赵本夫拜汪为师。[1]

3月21日

在本日出版的《戏剧电影报》1982年第12期发表艺术杂论《从赵荣琛拉胡琴说起》。生前未收入任何作品集。

3月21日

根据汪曾祺、薛恩厚创作于1963年的京剧《小翠》改编的评剧《狐仙小翠》前不久上演。本日出版的《戏剧电影报》1982年第12期刊出陈培仲的剧评《"玩笑"之中有哲理——评剧〈狐仙小翠〉观后》。4月25日出版的第17期又发表安葵的剧评《君子成人之美》。

---

[1]　赵本夫《永远的汪曾祺》，载《解放日报》2009年7月5日。

3月22日

第四届短篇小说奖颁奖大会召开。

中国作家协会举办的第四届短篇小说奖共评出 20 篇优秀作品，汪曾祺的《大淖记事》名列其中。在评奖过程中，多数评委力挺《大淖记事》，但也有评委认为其"结构松散"。崔道怡曾发言辩护。最后还是获奖。[1]

约3月22日

颁奖会后去香山春游。

3月23日至26日

第四届短篇小说奖颁奖大会后，中国作家协会组织了获奖作者座谈会，并专门交流学习《在延安文艺座谈会上的讲话》的心得。《人民文学》第 4 期大篇幅报道评奖事宜，第 5 期则以"沿着《讲话》开创的道路继续前进"为题，刊出部分获奖作者（周克芹、刘绍棠、汪曾祺、韩少功、林斤澜、古华、陈建功、航鹰、乌热尔图、简嘉）在座谈会上的发言。

汪曾祺的发言题目是"要有益于世道人心"。汪曾祺主要谈了两个方面："要有一个清楚、明确的世界观"；"要对读者负责"。

3月27日

复曲阜师范大学中文系学生汪家明信。汪家明准备以汪曾祺的作品为对象写毕业论文，来信询问有关资料。提出自己的希望："写得客观一点，准确一点，而且要留有余地（如拟发表，尤其不能说得过头）。"

约此前后

老友杜运燮之子杜海东中文系即将毕业，因为喜欢汪曾祺的作品，选择

1　崔道怡《汪曾祺是永远的》，载《北京青年报》2007 年 5 月 26 日。

以其为题作毕业论文。杜运燮特意带领杜海东访问汪曾祺。汪曾祺加以劝阻，说没什么好写的。

4月2日

致信朱德熙。以玉渊潭某遛鸟人介绍的治哮喘验方抄奉。透露近期的陕西、四川旅行计划。

4月4日

散文《看〈小翠〉，忆老薛》刊于本日出版的《戏剧电影报》1982 年第 14 期第 3 版。该文怀念老友薛恩厚。生前未收入任何作品集。

4月初

陕西旅游。

4月9日

抵达成都。本次是应作协四川分会及四川人民出版社之邀访川。同被邀请者还有林斤澜、刘心武、孔捷生、何士光等。汪曾祺于四月九日抵蓉，受到有关领导的热情接待。

4月12日

在作协四川分会举办的报告会上，作题为"美的需要和社会效果"的发言。记录稿《美学感情的需要和社会效果》刊于《文谭》1983 年第 1 期。《文艺报》1983 年第 3 期"文摘"栏以"文艺作品的社会效果"为题摘要转载此文。

4月13日

下午，访川五位作家同成都地区的专业文学工作者举行座谈，座谈会内容整理发表于《文谭》1982 年第 7 期。汪曾祺的发言集中谈文学语言，插话中涉及文学繁荣与刊物的关系、文学研究注重纵向研究等。

在成都赋诗《劫后成都》《成都小吃》。

随后去蜀南、川中、川东等地作四川各地访问游历，留下不少诗篇。兹择要将其行程与作品记录如下：游新都桂湖杨升庵祠，作诗《新都桂湖杨升庵祠》。游广汉、邛崃，因见农村富足赋诗《新屋》。在眉山，访三苏祠作《眉山三苏祠》。在乐山，赋诗《离堆》。参观郭沫若故居，赋诗《过郭沫若同志旧宅》。往峨眉山，赋诗《初入峨眉道中所见》《自清音阁至洪椿坪》《宿洪椿坪夜雨早发》。至宜宾，游流杯池，作诗《宜宾流杯池》。至兴文，下榻梅岭。游天泉洞，在新发现的"天窗倒影"景点前徘徊良久，作韵语："泉来天外，天在地底，千奇百怪，岂有此理。"[1] 撰题五言诗《兴文石海》。游蜀南竹海。当时无诗，1987 年作画并题诗记其印象，见本谱 1987 年纪事。到川东，在重庆北温泉夜间散步，赋诗《北温泉夜步》。参观大足石刻，作新诗《媚态观音》。另有《宿万县》。

上述诗中，《初入峨眉道中所见》《自清音阁至洪椿坪》《宿洪椿坪夜雨早发》《媚态观音》以"诗四首"为题刊于《海棠》1982 年第 3 期；《新都桂湖杨升庵祠》《新屋》《眉山三苏祠》《过郭沫若同志旧宅》《北温泉夜步》以"川行杂诗（五首）"为题刊于《四川文学》1982 年第 7 期。

在大足，作文学讲座。由大足县广播局整理后的录音稿，刊于《海棠》1982 年第 3 期。

4 月

人民文学出版社编辑部编选的《一九八一年短篇小说选》出版，选收当年全国优秀短篇小说作品 35 篇。《大淖记事》入选。

5 月 5 日

在重庆。抄出川行杂诗交付《四川文学》发表。

1　刘大如《大山的呼唤——兴文石海开发纪实》，天马图书出版公司（未标注出版年份），第 175 页。

5月上旬

为纪念《讲话》发表四十周年，《北京文学》邀请本市部分作家、诗人、评论工作者就重新学习《讲话》问题进行座谈。《北京文学》1982年第5期（5月10日出版）以"重新学习《在延安文艺座谈会上的讲话》——本市部分文学工作者在《讲话》发表四十周年座谈会上的发言摘要"为题刊出诸位作家的发言摘要。汪曾祺发言在列。

5月13日

返抵北京。后连日乏累，"每天睡很多觉"。[1]

5月18日前

作散文《旅途杂记》，包括《半坡人的骨针》《兵马俑的个性》《三苏祠》《伏小六、伏小八》。刊于《新观察》1982年第14期。

5月18日

以《旅途杂记》（游记四篇）寄《新观察》并致信编辑石湾，称"这四篇都有得罪人处，因旅途中有所感触，未能除尽锋芒"。[2]

5月19日

致信朱德熙，报告四川之行情况。提出对近来文学写作中一些语言问题的看法："我觉得现在很多青年作家的现代派小说和"朦胧诗"给语言带来了很大的混乱。"以《成都竹枝词》中《成都小吃》《宜宾流杯池》《离堆》《宿万县》四首抄示朱德熙。

1　见本年5月19日致朱德熙信。

2　石湾《送别汪夫子》，载《十月》1997年第5期。又收《昨夜群星灿烂——石湾编辑漫记》，作家出版社2005年版，第23页。

5月20日

本日出版的《人民文学》1982年第5期刊出"沿着《讲话》开创的道路继续前进"栏，汪曾祺的《要有益于世道人心》发表。

5月26日

作创作谈《〈大淖记事〉是怎样写出来的》。刊于《读书》1982年第8期。

5月30日

复汪丽纹、妹夫金家渝信。可能是信中表示弟弟汪海珊有意让汪曾祺写一封信给县长李舜心谈自己婚事问题，汪曾祺表示"信我可以写，但未必有用"。

5月

小说《王四海的黄昏》刊于《小说界》1982年第2期。

5月

沈从文重返凤凰访问。

6月27日

为高邮家人、陆建华分别寄去小说选22本、15本。

竟日写信。在致汪丽纹信中提到四川之行每人花了省作协四千块钱，很不安。江西、湖南、大连均邀往访，"实在有点害怕了"。透露可能有河西走廊之行。因《皮凤三楦房子》主人公原型高大头此前屡次来信，未作回复，信中嘱家人"如有人问起那篇小说，你们解释一下：很多事是虚构，不要当作完全真有其事，这是小说，不是报道"。

在致陆建华信中，谈《狐仙小翠》停演、文债之累，希望明年躲到高邮。抄《随园诗话》中两条与文游台有关的材料，建议收入新县志中。

6 月 29 日

作小说《职业》，刊于《文汇月刊》1983 年第 5 期。篇末自注："这是三十多年前在昆明写过的一篇旧作，原稿已失去。前年和去年都改写过，这一次是第三次重写了。"

作者自云这篇小说所包涵的感情是"忧伤"。【自选集序（1986）】

约 6 月

致信高邮县长李舜心，为汪海珊婚事求助。[1]

7 月 1 日

谈艺书信《说短——与友人书》刊于本日《光明日报》。旋被《新华文摘》第 44 期（1982 年第 8 期，8 月 25 日出版）转载。

7 月

汪朗从中国人民大学新闻系毕业，分配至《中国财贸报》工作。

8 月下旬

与林斤澜、邓友梅一起，在《北京文学》编辑李志陪同下，作新疆、甘肃之行。

按照《天山行色》中写到的，此次新疆之行的主要行实与赋诗情况如下：

在乌鲁木齐，游南山，看塔松。

乘汽车出乌鲁木齐，先到小天池，后到天池。作诗《天池雪水歌》。

往天山，途经乌苏、霍尔果斯。作诗《早发乌苏望天山》《往霍尔果斯

1　此信已佚，见 6 月 27 日家书提及。

途中望天山》：

> 雨中过赛里木湖，往南经过果子沟，到伊犁。作诗《雨晴，自
> 伊犁往尼勒克车中望乌孙山》。在伊犁，三人各为当地作者作文学
> 讲座，汪曾祺的讲座题为"道是无情却有情"。三人的讲座一并刊
> 发在《伊犁河》（文学季刊）1982年第4期。

最迟在8月24日，到尼勒克县游览，滞留5日。与尼勒克文艺爱好者座谈、交流、题字。为张亚苏和张肇思写字。书写了自己的诗作《伊犁至尼勒克道中》、现场作诗并书《无题》（"山形依旧乌孙国"）等。[1]

返回乌鲁木齐。

在新疆，为当地作者作题为"回到现实主义，回到民族传统"的报告，讲话记录刊于《新疆文学》1983年第2期。

9月18日

在兰州。下午，应邀与《当代文艺思潮》编辑部进行座谈。座谈记录以"关于现阶段的文学──答《当代文艺思潮》编辑部问"为题，刊于《当代文艺思潮》1983年第1期。

9月22日

本日在兰州开始写作散文《天山行色》，至10月7日完成于北京。包括《南山塔松》《天池雪水》《天山》《伊犁闻鸠》《伊犁河》《尼勒克》《唐巴拉牧场》《赛里木湖·果子沟》《苏公塔》《大戈壁·火焰山·葡萄沟》。刊于《北京文学》1983年第1期。

1　张肇思《不尽长河绕县行》，载《伊犁日报》2001年1月5日。张肇思、赵林两先生接受笔者访问时提供信息及作品复制件。

9 月

朱德熙《语法讲义》由商务印书馆出版，汪曾祺题签。

10 月

《大淖记事》入选北京出版社本月出版的《〈北京文学〉短篇小说选(1981)》一书。

11 月 3 日

作文艺评论《沈从文的寂寞——浅谈他的散文》。刊于《读书》1984 年第 8 期。系为湖南人民出版社 1982 年 12 月出版的《沈从文散文选》所写评论。

11 月 7 日

沈从文复信西南联大校友、时任中山大学教授的现代文学学者吴宏聪（吴来信询及汪曾祺作品特征），较多地谈到汪曾祺作品的看法。核心评价是"素朴亲切"。[1]

11 月 7 日或 8 日

作画《菊花》并题跋。画作收入《汪曾祺书画集》。[2]

11 月 15 日

湖南人民出版社弘征来访，邀赴长沙为湖南作协《芙蓉》文学讲习班讲课。

1　《沈从文全集》第 26 卷，第 459—460 页。

2　《汪曾祺书画集》，2000 年。

11月16日

致信陆建华。谈及诸刊约稿、应接不暇状，回答关于自己履历的几个细节问题。

下午启程赴湖南，应湖南人民出版社邀请前往讲学。北京同行者有蒋和森、柳鸣九、谌容。广东作家陈国凯也应约参加是次活动。

11月18日

抵长沙次日上午，为全省青年作者讲课。湖南省文联主席康濯主持。按照东道主安排，与会作家两人一组，汪曾祺与陈国凯一组。汪曾祺讲题为"小说创作随谈"。记录稿载《芙蓉》1983年第4期。

弘征请汪曾祺、陈国凯到家中晚宴，酒后欣赏弘征收藏的书画。之后挥毫作书数幅。[1]

约11月19日

讲课完毕，在弘征陪同下，与谌容游览资江、沅水，桃花源、岳阳楼。

在桃源，作诗《桃花源》（"红桃曾照秦时月"）、《修竹》（"修竹姗姗节子长"）、《宿桃花源》（"山下鸡鸣相应答"），均见《湘行二记》自引。

11月21日

回到长沙，和谌容访弘征家。为弘征写两首七绝旧作。

12月1日至4日

北京市作协评论组与市文联研究部联合召开第二次"北京市部分作家作品讨论会"，对邓友梅、汪曾祺、林斤澜、陈祖芬的重要作品及其创作道路、

1　陈国凯《我眼中的汪曾祺》，载《绿洲》1988年第5期。

艺术风格进行探讨与评论。

季红真在会上发表评论《传统的生活与文化铸造的性格——谈汪曾祺部分小说中的人物》，汪曾祺本人则作了题为"回到现实主义，回到民族传统"的发言。两文均刊于《北京文学》1983 年第 2 期。[1]

12 月 4 日

《北京文学》为增强地方特色，邀请在京部分作家与业余作者进行座谈。除该刊编委刘绍棠、邓友梅、浩然、刘心武、周雁如外，汪曾祺与理由、李陀、母国政、郑万隆、陈建功、刘锦云、韩少华、李功达出席该座谈会，就"北京风味"进行了探讨。[2]

12 月 8 日

作散文《湘行二记》（《桃花源记》《岳阳楼记》），刊于《芙蓉》1983 年第 1 期。

12 月 26 日

作七律诗一首贺沈从文 80 大寿（"犹及回乡听楚声"），诗见 1982 年12 月 28 日致弘征信抄引。

12 月 28 日

复信弘征，感谢为治印。赞赏弘征来信抄示的"画苑文坛两凤凰"诗二首，并抄示自己所写的沈从文八十寿辰贺诗。

1　苗稼全《北京作协、市文联研究部举行作品讨论会 探讨邓友梅等作家的创作特色》，见《北京文学》1983 年第 1 期。

2　李志《本刊邀请部分作家和业余作者座谈具有北京特色的文学创作》，《北京文学》1983 年第 1 期。

12 月

中国社会科学院文学研究所当代文学研究室编《中国文学作品年编（1981）·短篇小说选》由中国社会科学出版社出版。选收 1981 年短篇小说 30 篇。汪曾祺的《大淖记事》入选。

本年

北方昆剧院《青春白发黄金印》上演。汪曾祺、刘毅、林勋编剧。

该剧改编自传统戏《宗泽交印》，汪曾祺改成现名。后来剧本发表时，又改回了"宗泽交印"之名。[1]

本年

邓友梅和新华社记者韩舞燕结婚。汪曾祺在他们婚后画《梅花》贺喜，上题"几生修得到梅花"。画上的梅花是用牙膏点的。画作见《人民日报（海外版）》2007 年 7 月 13 日。[2]

1983 年，63 岁

1 月 5 日

文艺随笔《语言是艺术》刊于本日出版的《花溪》1983 年第 1 期。[3]

1　陈婉容《忆汪曾祺老师》，载《北京文学·精彩阅读》2007 年第 5 期。

2　邓友梅《金庸墨宝、汪曾祺的画儿——无事忙杂记》，载天津《今晚报》2006 年 11 月 4 日。

3　关于该篇的发表、入集、改题过程，参见本谱 1982 年 1 月、1985 年 12 月关于《揉面》《文学创作笔谈》的纪事。

1月18日

致信金家渝，请他进一步了解做烧饼的"七拳半"。因他准备写一篇关于他的小说，"通过这个人，反映一下在新的经济政策之下，个体户的生活的变化"。因为陆建华请求，汪曾祺信中让金家渝给陆建华介绍一下有关汪家家世、祖父、父亲等的情况。提到自己的创作设想："我倒很想到高邮住一个较长时期。几个出版社都约我写长篇。我想写长篇，还只有写高邮。"

约此时

《十月》专刊《长篇小说》创刊，母国政来向汪曾祺约稿。汪曾祺提到了自己的长篇创作计划，是一部高邮题材的长篇小说。[1]

1月

作散文《一代才人未尽才——怀念裘盛戎同志》。收入《裘盛戎艺术评论集》，中国戏剧出版社 1984 年 9 月版。

2月1日

画《菊花图》，题旧诗《吃擂茶》（1982）并跋。收入《汪曾祺书画集》。

春节（2月13日）前夕

与林斤澜一同拜访沈从文。座间谈到"一位青年作家"的小说，沈从文说"他爱用成语写景，这不行。写景不能用成语"。汪曾祺认为"这真是一针见血的经验之谈"。【《小说技巧常谈》】

2月20日

小说《八千岁》刊于本日出版的《人民文学》1983 年 2 月号。

1　母国政《悼季刊〈长篇小说〉》，载《人民日报》1989 年 3 月 15 日第 8 版。

2月至3月

先后数次到医院，进行了全面的身体检查。检查结果，患有慢性肝炎。

3月3日

复杨香保2月26日信。此前，杨香保来信，代表张家口市文联邀请汪曾祺来张讲学。汪曾祺表示"重游故地，我很愿意，也多次想起过。既承相邀，我愿意来"，并希望"只是跟大家见见面，最多不拘形式地座谈一次"。同时，他还希望张家口市文联能提供该市重点作家作品。

随后，张家口市文联选取若干优秀作品寄给汪曾祺，以备阅评。[1]

3月15日

作文艺随笔《小说技巧常谈》，包括《成语·乡谈·四字句》《呼应》《含藏》。后刊于《芙蓉》1983年第4期。[2]

3月

作绘画《楝果》并题诗《偶写家乡楝实》。[3]

3月下旬至4月上旬期间

应《北京文学》之邀到门头沟为该刊举办的北京市青年业余作者短篇小说创作班授课。

4月1日

作小说《小说三篇》（包括《求雨》《迷路》《卖蚯蚓的人》三篇），刊于《钟

1　据2012年12月7日杨香保先生接受笔者采访提供的材料。

2　北京师范大学1998年版《汪曾祺全集》中，本篇缀"一九八三年三月十五日"。兹从之。

3　据金实秋《补说汪曾祺》，吉林人民出版社2013年版，第102页。

山》1983 年第 4 期。

约此时

刘锡诚来访并约稿。这次是《北京师范学院学报》约刘锡诚写《论汪曾祺小说的美学追求》，并请他代约汪曾祺写一篇谈自己创作的文章。

4 月 11 日

致信刘锡诚，谈文章写作中的苦恼和想法。初步定题目为《我是中国人》。[1]

4 月 22 日

自德州南行，访问鲁西南。本日到菏泽。【《菏泽游记》】
约本日，为菏泽文学爱好者作讲话。

4 月 23 日

到李集看牡丹。应大队党支部书记请，题诗《菏泽牡丹》（"造化师人意"）。

4 月 24 日

早发菏泽，往梁山。途经巨野，在郓城小憩，近午到梁山。应修复梁山规划小组请，作、题《梁山》诗（"远闻巨野泽"），散文《菏泽游记·梁山》曾自引。

4 月下旬

回到德州。曾到平原县作文学讲座，顺便回答了在菏泽未及回答的关于"无主题小说"的问题，强调自己的小说都是有主题的。【《我是一个中国人——散步随想》（1983）】

1　有关情况见刘锡诚《一个抒情的人道主义者》，载《钟山》1998 年第 3 期。

4 月

作创作谈《关于小小说》，刊于《百花园》1983 年第 4 期，又载《小小说选刊》1985 年第 1 期（创刊号）。

4 月

作绘画《雨》，收入《汪曾祺书画集》。

4 月

作绘画《菊花》并题跋，跋文为："金背大红、十丈、珠帘、鹅毛、狮子头。"收入《汪曾祺书画集》。

4 月

作绘画《骀荡》，收入《汪曾祺书画集》。

4 月

山东德州举行文艺创作会，邀请北京市文联的邓友梅、从维熙、林斤澜和汪曾祺讲课。汪曾祺讲的是《戏曲和小说杂谈》。讲座整理稿刊于《山东文学》1983 年第 11 期。

5 月 6 日

撰《菏泽游记》二题（《菏泽牡丹》《上梁山》），刊《北京文学》1983 年第 11 期。

5 月 6 日

写信给陆建华，谈高邮王氏父子（王念孙、王引之）学术，对拟建中的王氏父子纪念馆提出意见。谈到长篇计划，表示想回高邮住一阵。

6月中上旬

完成《北京师范学院学报》约稿《我是一个中国人——散步随想》，刊于《北京师范学院学报》1983 年第 3 期。[1]

6月15日

致信刘锡诚，谈《我是一个中国人——散步随想》一文。希望"最好不要发表。近来文艺界似乎又有点风吹草动，似宜'默处'为佳。如何？"

6月17日

致信黄裳，系"在画纸上大笔挥洒"。[2]时黄裳在京，谋一晤，汪信中云"后日即将应张家口之邀，到彼'讲学'"。随信寄上自己的画作一幅。[3]

6月20日

乘车到张家口。[4]

6月21日

上午，在张家口市文联主任徐玫、杨香保与时任张家口地区农业局局长宇斌[5]的陪同下，参观了张家口名胜"大境门""水母宫"，触景生情，赋诗《过

1　有关情况见刘锡诚《一个抒情的人道主义者》，载《钟山》1998 年第 3 期。

2　黄裳《故人书简——忆汪曾祺》，见《你好，汪曾祺》，山东画报出版社 2007 年版。

3　黄裳《故人书简》所引书信月份不明，查黄裳《东单日记》"六月中在北京住了十来天"，知此为当年 6 月间事。（见《黄裳全集·锦帆卷》，上海书店出版社 1998 年版，第 690 页）

4　此据杨香保先生接受笔者书面采访所提供的信息。而据当月 17 日汪曾祺致黄裳信，则为 19 日赴张家口。

5　徐玫、杨香保二人与汪曾祺同在反右斗争中落难，又同期在沙岭子农科所劳动。汪在农科所任秘书时，宇斌任农科所秘书，同情汪、徐、杨等的遭遇，时有来往，后成为挚友。

大境门》抒怀。

　　下午，张家口市文联召集四区一县百余名业余作者，举行"张家口市小说创作座谈会"。汪曾祺在会上作专题发言，结合张家口五名作者的作品，谈了小说创作的若干问题。当场赋诗《重来张家口，读〈浪花〉小说有感》并题写。汪曾祺的发言以"生活·思想·技巧——在张家口市小说创作座谈会上的发言"为题，刊发于《浪花》1983 年第 3 期小说专号。诗的手迹一并刊发。

6 月 22 日

　　参观坝上草原，留影为念。作诗《重来张家口》。

6 月 23 日

　　前往沙岭子农科所旧地。作诗《重过沙岭子》。[1]

6 月 24 日

　　下午返回北京。杨香保赠送他喜欢的张家口特产口蘑一袋，携归。

6 月 25 日

　　致信杨香保。建议他从《诗经》开始有计划地读书。
　　本日回复多封来信。

6 月前后

　　沈从文发生脑溢血症状，住院治疗两月后出院。汪曾祺数次看望，并电话叫朱德熙夫妇来看望。[2]

1　该诗生前未发表。2012 年 12 月杨香保先生接受笔者书面采访时提供影印件。
2　据何孔敬《长相思——朱德熙其人》。

7月1日

致信刘锡诚，谈《我是一个中国人——散步随想》收入《北京作家评论集》事。

7月2日

作小说《云致秋行状》，刊于《北京文学》1983 年第 11 期。

作者后来在《〈汪曾祺自选集〉序》（1986）中说这篇小说写的是"由于对命运的无可奈何转化出一种常有苦味的嘲谑"。

7月25日

作小说《星期天》，刊于《上海文学》1983 年第 9 期。小说以 1946 年至 1947 年作者在上海致远中学任教时的经历见闻为素材创作。

8月1日

作小说《故里三陈》（包括《陈小手》《陈四》《陈泥鳅》三篇），刊于《人民文学》1983 年第 9 期。篇末注明"急就"。《新华文摘》1982 年第 10 期（10 月 25 日出版）以"小说二篇"为总题选载其中的《陈小手》《陈四》两篇。

8月

从甘家口搬到丰台区蒲黄榆路九号楼十二层一号，是新华社的宿舍楼，也是"文革"后北京最早建造的高层居民楼。汪宅共三居室。搬家之后，汪曾祺终于有了属于自己的一个房间，并添置了新的书桌。

9月1日

为即将由人民文学出版社出版的小说集《晚饭花集》作序（《〈晚饭花集〉自序》）。

9月3日

作小说《昙花、鹤和鬼火》，刊于《东方少年》1984年第1期。

9月8日

复信陆建华，谈陆请约范曾画王氏父子像事，认为范非合适人选，建议请刘旦宅；关于黄永玉，也推辞，"我与永玉曾极熟，近年不常见"，还认为他也不是合适人选。

9月16日

致信汪丽纹、金家渝、汪海珊，告以新家地址及汪朗、汪明已结婚的消息。提到自己的创作和出版情况，再次表示"我一直想回高邮住住。想写一部反映高邮生活的长篇，也许以运河的变迁为主干。这得用几年工夫"。透露历史长篇小说《汉武帝》列入人民文学出版社的出版计划。

9月17日

孙女汪卉出生。

10月11日

致信陆建华。因陆建华、萧维琪将来访，信中特意告以自己新居地址。

10月12日

全天开会。

10月20日

为大同宋志强写1982年所作题画诗一首（"新沏清茶饭后烟"），以报此前宋志强来函询问健康状况并赠送山西陈醋。复信给宋，略谈写作近况，并题赠《汪曾祺短篇小说选》。

10 月 25 日

作小说《金冬心》，刊于《现代作家》1984 年第 1 期。

11 月 26 日

应徐州市文学艺术界联合会邀请，赴徐州讲学。

当天下午，东道主在徐州市人民舞台举行隆重的欢迎会。在会上，汪曾祺作了题为"文学创作杂谈"的报告。[1]

11 月 27 日至 28 日

在徐州活动。

文学交流方面，东道主先后安排两次小型座谈会。

参观徐州名胜云龙山、故黄河和淮海战役纪念馆。

在徐州即兴撰题联语：万里风云来线外，千家春色在手中。

11 月 29 日

受连云港文学工作者协会和《连云港文学》邀请，在董尧陪同下，转赴连云港讲学。

到达新浦，下榻连云港市第一招待所。下午，即在连云港市教育局大会议室演讲 "谈谈小说创作"。

因东道主安排次日游览花果山，当晚枕上作诗《人间幻境花果山》（"刻舟胶柱真多事"）。

11 月 30 日

由姜威、董尧陪同到花果山、连云港口游览一天。晚上，姜威以家宴招待，狗肉佐酒。

1　徐州行踪，据作家董尧先生接受笔者访问及致笔者信中提供的材料。董尧时任徐州文联《大风》杂志编辑。

11月31日

乘火车离连云港回徐州。

12月1日

从徐州乘车返回北京。[1]

12月12日

在北京作散文《人间幻境花果山》，刊于《连云港文学》1984年第1期。在连云港期间为《连云港文学》自书诗《花果山》同时刊发。同期发表徐州铜山作家董尧《云台遐想——陪作家汪曾祺登览港城名山》一文。

12月16日

复信陆建华，谈《葡萄月令》创作的有关情况，谈到"散文要控制。要美，但要实在。写散文要如写家书，不可做作，不可存心使人感动"。

12月

《陈小手》入选人民文学出版社编选的《1983年短篇小说选》。是书于1984年3月由人民文学出版社出版发行，共选收当年短篇小说作品34篇。

12月

《北京文学》编辑部编《〈北京文学〉一九八二短篇小说选》由北京出版社出版。《鉴赏家》入收。

---

1 连云港前后行程，据姜威、董尧先生接受笔者访问时分别提供细节，并参姜威《汪曾祺做客寒舍》，载《连云港日报》1997年1月8日。

12 月

作绘画《水仙》，并以佛偈题跋，跋文为："揭谛揭谛 波罗僧揭谛 菩提萨婆诃。一九八三年十二月，高邮汪曾祺，时年六十三岁，手不战，气不喘。"收入《汪曾祺书画集》。

约本年

某月 25 日，复信徐城北。应请寄上自己的剧本《一匹布》，以及应导演张胤德要求专门撰写的检场人言与说明书。介绍戏的排演情况。谈到自己的京剧理想，说"我不脱离京剧，原来想继续二十七年前的旧志：跟京剧闹闹别扭。但是深感闹不过它。在京剧中想要试验一点新东西，真是如同一拳打在城墙上！"

1984 年，64 岁

1 月 10 日

作文艺评论《传神》。刊于《汀城》1984 年第 3 期。

1 月

文艺随笔《提高戏曲艺术质量》刊于《戏剧论丛》1984 年第 1 辑。

2 月 1 日

作诗《一九八三年除夜子时戏作》。

2 月 2 日

作绘画《菊花》，并题诗《一九八三年除夜子时戏作》，收入《汪曾祺书画集》。

作《荷花图》，题《一九八三年除夜子时戏作》诗并加跋语。

2月6日

致信弘征，告以近况，并将日前所作"六十三年辞我去"一诗抄示。[1]

2月7日

作文学评论《漫评〈烟壶〉》，刊于《文艺报》1984年4月号。该文评论邓友梅发表在《收获》1984年第1期上的中篇小说《烟壶》。[2]

2月19日

本日出版的《戏剧电影报》1984年第8期发表尹丕杰的《有感于汪曾祺写小说》一文，一方面对汪曾祺的小说赞赏有加，另一方面又站在戏剧界的角度上，为众多中青年作家和汪曾祺一样"脚踩两只船"、从戏剧之船跳到小说之船上表示惋惜。3月18日，该报又发表梁秉坤的《也谈"水土流失"》，提出不同意见。

2月21日

作文艺杂论《谈风格》，刊于《文学月报》1984年第6期。

2月

《人民文学》本年第2期发表邓友梅的小说《战友朱彤心》。汪曾祺读后认为，开头不错，"怎么突然弄出个正面结尾？真没劲，真糟蹋材料！"[3]

1　见弘征《我与汪曾祺的诗缘》，载《解放日报》1998年12月18日。该信落款为1月5日，当指为农历甲子正月初五（2月6日）。

2　邓友梅《再说汪曾祺》，载《文学自由谈》1997年第6期。

3　邓友梅《再说汪曾祺》，载《文学自由谈》1997年第6期。

2月

作"拟故事"《仓鼠和老鹰借粮》。此文与《螺蛳姑娘》一起以"拟故事两篇"为总题刊于《中国作家》1985 年第 4 期。

2月

接巫宁坤来信，嘱为作昆明题材的画。

2月

中国戏剧出版社出版戏剧连环画《宗泽交印》，系根据北方昆曲剧院演出摄影改编，署"编剧　汪曾祺、刘毅；改编　刘毅"。

3月1日

小女儿汪朝调入新华社中国图片社工作。[1]

3月2日

复信巫宁坤，说对方所嘱托绘画事，因一时未构思好，尚需细思。[2]

3月10日

作绘画《蜻蜓》，题款作"一九八四年三月十日，煮面条等水开作此"。收入《汪曾祺书画集》。

1　汪朝在中国图片社先后做过调度、统计、激光照排、图片编辑等工作。2009 年 12 月退休。

2　巫宁坤《花开正满枝——汪曾祺辞世十周年祭》，载《悦读》（第七卷），二十一世纪出版社 2008 年版。

3月14日

下午，参加《北京文学》一九八三年优秀作品发奖大会。本次共评出 10 篇获奖作品，汪曾祺的散文《天山行色》是获奖作品中唯一的散文作品。

3月20日

为巫宁坤作画，画《仙人掌》《青头菌》和《牛肝菌》并题跋。跋文说："宁坤属画，须有昆明特点，为作此图。"[1]

3月30日

作散文《老舍先生》。刊于《北京文学》1984 年第 5 期。《新华文摘》1984 年第 7 期转载。后获 1984 年度"《北京文学》奖"。

3月

上海文艺出版社本月出版《1983 年全国短篇小说佳作集》，共收 1983 年度小说佳作 29 篇。《陈小手》入收。

3月

《人民文学》为纪念创刊即将满 35 周年之际编选《〈人民文学〉创刊 35 周年短篇小说选》，小说《陈小手》入选。该书于同年 6 月由湖南人民出版社出版。

3月

凌焕新等主编《微型小说选（3）》由江苏人民出版社出版。汪曾祺《尾巴》入收。

1　见巫宁坤《往事回思如细雨》，载《文汇读书周报》2004 年 7 月 19 日。

4月4日

作"拟故事"《螺蛳姑娘》，与前作《仓鼠和老鹰借粮》一起以"拟故事两篇"为总题刊于《中国作家》1985 年第 4 期。

4月14日

老作家孙犁写完《读小说札记》八则，其中第五则盛赞汪曾祺《故里三陈》。[1]

4月16日

外孙女（汪明之女）齐方出生。

4月28日

作绘画《春城无处不飞花》，收入《汪曾祺书画集》。

5月1日

本日作画十余幅。最后一幅画为《紫藤》并题跋，收入《汪曾祺书画集》。

5月9日

作散文《翠湖心影——昆明忆旧之一》。刊于《滇池》1984 年第 8 期。

5月11日

绘画《狗矢》，收入《汪曾祺书画集》。

5月13日

作散文《泡茶馆——昆明忆旧之二》。刊于《滇池》1984 年第 9 期。

1　《读小说札记》，载《天津日报》1984 年 5 月 18 日。

5月15日

创作谈《谈谈风俗画》刊于本日出版的《钟山》1984 年第 3 期。

5月19日

作散文《昆明的雨——昆明忆旧之三》。刊于《滇池》1984 年第 10 期。

5月20日

作绘画《扁豆白菜》，题郑板桥句"一庭春雨瓢儿菜，满架秋风扁豆花"。收入《汪曾祺书画集》。

5月25日

作绘画《初日芙蓉》，题款"一九八四年五月廿五日，曾祺逞兴"。收入《汪曾祺书画集》。

6月5日

写成小说《日规》初稿。取材于作者在西南联大时期的同学、早逝的生物系助教蔡德惠的故事。

6月7日

重写小说《日规》，刊于《雨花》1984 年第 9 期。《新华文摘》1984 年第 11 期（11 月出版）转载。

6月17日

据本日出版的《戏剧电影报》1984 年第 25 期报道，中国戏剧家协会北京分会举办戏曲表演艺术讲习班日前举行结业仪式。讲习班为期两个月，培养对象是首都中青年优秀戏曲演员。学员们共聆听 18 次专题课。汪曾祺为授课人之一。

6月23日

作散文《水母》。刊于《北京文学》1984年第11期。

6月27日

在1977年9月23日所写的两篇"蔬菜笔记"《葵》《薤》的基础上合并成散文《葵·薤》。刊于《北京文学》1984年第11期。《新华文摘》1985年第1期转载（在"随笔两篇"题下收《水母》《葵·薤》）。

6月

作绘画《金银花》，并题跋。收入《汪曾祺书画集》。

7月

花山文艺出版社《长篇小说报》创刊。创刊号封二刊出汪曾祺贺诗《题长篇小说报》手迹。

8月1日

致信武汉大学法语教授叶汝琏（请袁可嘉转致）。从信的内容看，此前叶汝琏曾来访不遇。信中感谢对方为自己赴法一事奔走。

8月16日

复信陆建华。对陆建华调到南京工作，表示勉励。陆建华来信提出要整理汪曾祺年表，汪曾祺加以劝阻。谈到自己近来创作，表示长篇计划《汉武帝》不好写。

8月25日

《流派要发展，要有新剧目——读李一氓〈论程砚秋〉有感》一文刊于本日出版的《戏剧电影报》1984年第13期。

夏秋之交

调离《新观察》，正参与筹备《中国作家》创刊的石湾来约稿。汪曾祺许诺："花力气给你写一部有分量的东西——历史小说《司马迁》！"[1]

8月至9月

北京京剧院成立国庆三十五周年献礼节目领导小组，汪曾祺为成员之一。连日开会。同时，剧院加紧排练六台节目。其中有汪曾祺参与创作的两台：一是现代戏《红岩》，二是由汪曾祺改编剧本的传统戏《钟馗嫁妹》。[2]

9月13日

作文艺评论《应该争取有思想的年轻一代——关于戏曲问题的冥想》。刊于《新剧本》1985年第1期。

9月16日

与杜运燮、萧荻、刘北汜、何扬、秦泥等当年的西南联大同学聚谈，共同回忆了当年"冬青文艺社"的有关情况。[3]

9月26日

接到泌尿医学专家吴阶平回信。此前为准备《汉武帝》创作，曾去信询问"宫刑"的详细情形，列出六个问题请教。吴阶平回信回答了部分问题。

1　石湾《送别汪夫子》，载《十月》1997年第5期，又收入《昨夜群星灿烂——石湾编辑漫记》，作家出版社2005年版。

2　据赵述《为国庆舞台增色添光》，载《戏剧电影报》1984年第38期。新戏预告见该报第39期。

3　见杜运燮散文集《热带三友·朦胧诗》，中国戏剧出版社2006年版。

9 月

作绘画《天南梦雨》。画见《扬州晚报》2010 年 2 月 27 日。

9 月

北京十月文艺出版社编选的《北京优秀短篇小说选（1949—1984）》出版。《大淖记事》入选。

11 月 7 日

作散文《隆中游记》。生前未发表。后刊于《收获》2001 年第 4 期。

11 月 21 日

致信陆建华，谈及去湖南桑植事。退回陆建华所荐王干小说。

11 月

应邀担任河南百花园杂志社即将创刊的《小小说选刊》顾问，并题写贺词："小小说如斗方册页，须以小见大，言近意远，笔精墨妙，以己少少许胜人多多许。"题词墨迹载《小小说选刊》创刊号（1985 年第 1 期）。

12 月 6 日

作散文《跑警报——昆明忆旧之四》，刊于《滇池》1985 年第 3 期。

12 月 24 日

致信朱德熙，问询何孔敬病情，报告近来写作情况。

12 月 29 日

参加在京西宾馆举行的中国作家协会第四次会员代表大会。

12 月

作绘画《一年容易又秋风》，收入《汪曾祺书画集》。

12 月

《〈北京文学〉短篇小说选（1983）》一书由北京出版社出版。《云致秋行状》入选。

本年

高邮王氏纪念馆整修开放，应请撰题对联寄上：

一代宗师，千秋绝学；二王余韵，百里书声。[1]

本年

改定《故乡水》。刊于《中国》1985 年第 2 期。

1985 年，65 岁

1 月 4 日

中国文联出版公司与中国青年报社联合举办千字小说征文比赛开赛。汪曾祺应邀担任这次比赛的 11 位评委之一。

---

1 《他乡寄意》（1986）说：“前年高邮在王氏旧宅修建了高邮王氏纪念馆，让我写字，我寄去一副对联……”

1月5日

下午，中国作家协会第四次会员代表大会宣布选举结果，选出236名理事，汪曾祺当选。

1月6日

参加中国作家协会第四届理事会第一次会议。会议选出中国作家主席团，巴金当选中国作家协会主席。

因作家张弦拟将《萧萧》改编成电影剧本，汪曾祺、林斤澜于本日陪同张弦到沈从文寓所商谈有关事宜。

年初

某日，作者的小学同学、高邮人民医院张廷猷来访不遇。张带来信息说，高邮要举行文游台900年纪念活动，有意让汪曾祺当发起人，并邀请汪回高邮一趟。

年初

陈世崇受命负责《北京文学》编辑部全面工作，趋访汪曾祺。

1月12日

复信陆建华。谈四次作代会情况。对方为要写的介绍汪曾祺散文的文章征求意见。信中提出建议，希望随便一些，不要过于严整。透露高邮之行计划。

1月26日

致信汪丽纹。因此前从汪陵纹信中知道任氏娘卧病，寄二十元钱。嘱打听文游台纪念活动安排。

2月2日

复金家渝信。此前接到高邮县人民政府请柬，邀汪曾祺参加2月9日举行的苏轼、孙觉、王巩、秦观四贤雅集高邮文游台900周年纪念会。事先未料到活动安排在这个季节，信中说因苏北天寒，又有事在身，不能出席。

约2月2日

致信朱延庆，告以不能回乡参加四贤雅集高邮文游台900周年纪念会。

2月

根据《大淖记事》改编的连环画《巧云和小锡匠》由江苏美术出版社出版。改编者为孙韦，绘画者为凌清。

3月3日

作文学评论《人之所以为人——读〈棋王〉笔记》。当日致信光明日报社编辑潘仁山，附寄稿件。该文后刊于《光明日报》1985年3月21日。

3月8日

《北京文学》举行一九八四年优秀作品评选，评出18位作者的19篇作品。汪曾祺的《老舍先生》列散文类第一名。

3月10日

《北京文学》1985年第3期刊登《北京市庆祝建国三十五周年文艺作品征集评奖获奖作品篇目（文学作品部分）》，汪曾祺《老舍先生》名列散文二等奖。

3 月 20 日

陪同张弦及北京青年电影制片厂副厂长柳城访问沈从文，听取沈从文对电影剧本《萧萧》意见。[1]

约本日，柳城与汪曾祺口头约定，由北影将《大淖记事》改编拍摄为电影。[2]

3 月

文艺随笔《细节的真实——习剧札记》刊于《文艺欣赏》1985 年第 3 期。

3 月

小说集《晚饭花集》由人民文学出版社出版，收作者 1981 年下半年到 1983 年下半年所写短篇小说，共 19 篇（其中 6 篇是系列小说，各含三题）。

3 月

冯骥才、李陀编《当代短篇小说 43 篇》由四川文艺出版社出版。汪曾祺的《异秉》入收。

4 月 4 日

因此前人民文学出版社约编散文集，致信石湾，请代复制曾在《新观察》上发表过的《果园杂记》《旅途杂记》。[3]

约 4 月 18 日

在北京华侨大厦参加莫言新作《透明的红萝卜》研讨会。

1　据《沈从文全集·附卷》"年谱简编"。
2　见本年 9 月 27 日致金家渝信，其中说到这个口头约定为"半年前"的事。
3　所提到的这首诗已佚。

4 月

《昆明的果品——昆明忆旧之五》刊于《滇池》1985 年第 4 期。包括《梨》《石榴》《桃》《杨梅》《木瓜》《地瓜》《胡萝卜》《核桃糖》《糖炒栗子》九题。

4 月

文艺创作自述《我和民间文学》刊于《民间文学》1985 年第 4 期。

5 月 1 日

应《北京文学》之约，作散文《祝愿》以庆祝该刊创刊 30 周年。刊于《北京文学》1985 年第 6 期散文栏。

5 月 4 日

作为 11 位评委之一，参加中国文联出版公司、《中国青年报》联合主办的"千字小说征文比赛"颁奖会。

5 月 22 日

作创作谈《我是怎样和戏曲结缘的》。刊于《新剧本》1985 年第 4 期。

5 月 26 日

读到方荣翔在《戏剧电影报》上发表的文章，知道其术后恢复良好，致信给方。

5 月

《人民文学》编辑部召开部分省市青年作家座谈会。其间，湖南作家蒋子丹、徐晓鹤、何立伟来访汪曾祺。

6 月 9 日

作散文《昆明的花——昆明忆旧之六》，包括《茶花》《樱花》《兰花》《缅桂花》《粉团花》《康乃馨·莒兰·夜来香》《美人蕉和波斯菊》《叶子花》《报春花》。刊于《滇池》1986 年第 3 期。

6 月 30 日

本日出版的《戏剧电影报》第 26 期第 3 版头条以"读《裴盛戎》"为题刊出作家苏叔阳为剧本《裴盛戎》（汪曾祺、梁清濂合作，载《新剧本》1985 年第 3 期）致汪曾祺的信。信中盛赞《裴盛戎》"是个不同凡响的好剧本"。

7 月 7 日

何立伟再次来访，为画《芍药图》相赠，题款作"七月七日夜，曾祺赠立伟"。[1]

7 月上旬

作小说《故人往事》（包括《戴车匠》《收字纸的老人》《花瓶》《如意楼和得意楼》四篇），刊于《新苑》1986 年第 1 期。又刊于《新创作》1987 年第 2、3 期合刊。收入《汪曾祺自选集》。

7 月

《上海文学》副主编杨晓敏携编辑姚育明来访问约稿，以《晚饭花集》题赠并留客吃饭。

1　何立伟《但开风气不为师——汪曾祺》，载《光明日报》2007 年 6 月 8 日。

约 8 月初

汪曾祺、施松卿趋访朱德熙。朱德熙刚由昆明回来，带回一块昆明宣威火腿。何孔敬蒸了火腿招待汪曾祺，汪喝了大半瓶洋酒、大半瓶茅台。

8 月 8 日

致信金家渝。告以 10 月有香港之行，为此拔掉了残缺的牙齿，装了全义齿，还有做衣服、办护照等一系列准备工作要做。

8 月

四川人民出版社出版《中国文学家辞典》，现代第四分册收"汪曾祺"词条。

8 月 18 日

作散文《八仙》，手稿本，未发表过。[1]

约 8 月

作绘画《雨足》，题款作"一九八五年初秋"。[2] 收入《汪曾祺书画集》。

8 月

散文《生机》（包括《芋头》《豆芽》《长进树皮里的铁蒺藜》）刊于《丑小鸭》1985 年第 8 期。

9 月 19 日

致陆建华信，称已写完陆编《全国获奖爱情短篇小说选评》序。谈及十

1　先后写过两篇同题文。1985 年 8 月 18 日作本较短，1986 年 12 月 4 日作本较长，八仙逐一论述，少部分内容雷同。

2　本年 8 月 7 日为立秋日。

月初去香港事。

9月21日

作绘画《花卉》，收入《汪曾祺书画集》。

9月27日

因杨周翰索字画，本日先为作画一张。致信朱德熙请其代转。提出将送《晚饭花集》给吕叔湘。

9月27日

复金家渝信。因来信提到高邮方面拟拍摄电视片，并请汪曾祺自己写剧本，复信中表示同意。因赴港访问在即，约定高邮方面来访时间需在自港回京之后。[1]

9月

作小说《郝有才趣事》，刊于《大西南文学》1985年第9期。后收入《汪曾祺自选集》时改名为《讲用》。

10月2日

随中国作家代表团离开北京，前往广州，准备赴香港访问。此次系应香港中华文化促进中心邀请访港。

10月4日

中国作家代表团一行15人离开广州，乘坐直通火车赴香港。

代表团团长艾芜，副团长陆文夫、邵燕祥，团员有汪曾祺、高晓声、陈国凯、古华、黄裳、沙叶新、陈敬容、杨犁、晏明、贺捷生、张辛欣和范宝慈。

1　由信中说法推测，高邮方面的计划是根据汪曾祺作品拍摄故事片。此计划后未见实现。

本日下午四时，代表团出席了由香港中华文化促进会举办的欢迎酒会。

10 月 5 日

下午三时，在红磡理工学院 B341 室，艾芜、陆文夫、张辛欣、高晓声主讲《变革中的中国文学——小说》。[1]

10 月 10 日

艾芜、汪曾祺、黄裳、古华、陈国凯、杨犁、范宝慈一行七人访问商务印书馆铜锣湾图书中心、香港三联书店。

下午五时半，沙叶新在国际大厦作讲座，题为"从小说到戏剧——有关巴金《家》剧的排演和演出"。[2]

晚上，新华社香港分社宴请访港作家代表团。

10 月 12 日

在大屿山梅窝管理营举行的作家交流营开营，代表团一行 15 人与近 40 名香港作家及文化界人士参加。交流营为期三日两夜，活动形式包括座谈和小组讨论等。[3]

10 月 13 日

作家代表团继续在作家交流营活动。杨犁、邵燕祥、黄裳、汪曾祺、古华、陈国凯于本日发言。[4] 汪曾祺的发言题目为《寻根》。[5]

1　据《内地十五位作家来港作访问交流》披露日程，载香港《大公报》1985 年10 月 4 日。

2　综合香港《大公报》及《文汇报》1985 年 10 月 10 日报道。沙叶新担任院长的上海人民艺术剧院《家》剧组由黄佐临率领，是月 14 日抵港，参加中华文化促进中心"中国现代名著剧季"。

3　《中国作家梅窝交流　杨犁谈文学馆现况》，《大公报》1985 年 10 月 14 日。

4　《中国作家梅窝交流　杨犁谈文学馆现况》，《大公报》1985 年 10 月 14 日。

5　讲稿《寻根》有手稿，生前未整理发表过。1998 年，北京师范大学出版社《汪曾祺全集》首次收入。中国现代文学馆收藏，作者家属捐赠。

访港期间，因沙叶新之介绍，认识了香港作家、编辑辜健（古剑）。辜健成为汪曾祺多年好友和著述港台出版、发表的代理者。在港期间还曾接受香港《文汇报》记者袁群英的专访，访问记《汪曾祺的土与洋》发表于该报10月17日。

10月15日

作家代表团除沙叶新外，其余人于本日下午乘坐直通火车离港返回内地。

香港《文汇报》本日"笔汇"副刊（第26版）发表古兆申（古苍梧）的《汪曾祺的〈复仇〉》一文，以《复仇》为例，介绍了汪曾祺的意识流小说的特色。

10月22日

香港《大公报》刊出唐琼（潘际坰）的特写《两栖作家》，是汪曾祺访港剪影。

10月

自港返京后，应请书写沈从文八十岁寿联"玩物从来非丧志，著书老去为抒情"寄赠古剑。[1]

10月

崔道怡主编《小说拾珠》由百花文艺出版社出版，《受戒》入收该书。这是一部"获奖以外短篇佳作的选本"，收1979年至1983年间"曾经引人瞩目和深受读者好评的小说"四十篇。

10月

《1984年全国儿童短篇小说选》由新蕾出版社出版。是书精选1984年儿童文学短篇小说佳作32篇。汪曾祺的《昙花、鹤和鬼火》入选。

1　古剑《书缘人间——作家题赠本纪事》，山东画报出版社2010年版。

秋

《沈从文的寂寞》被译成英文（The Solitude of Shen Congwen）刊于英文版季刊《中国文学》本年第3期（秋季号）。英译者为 Song Shou Quan。

11月2日前后

为何立伟即将出版的小说集《小城无故事》写了题为"从哀愁到忧郁"的序言。在收入何立伟的小说集以前，先期发表于《文学自由谈》1986年第1期。

《小城无故事》于1986年5月由作家出版社作为"文学新星丛书"之一出版。

11月2日

为古剑作《松鼠图》一幅。随后连同本年三月份出版的《晚饭花集》一并寄去。

11月8日

致信石湾，交何立伟《小城无故事》序。

11月20日

作小说《詹大胖子》，刊于《收获》1986年第2期。

11月21日

作绘画《宿墨作花卉图》。收入《汪曾祺书画集》。

11月22日

作绘画《红萝卜》，跋语作"吾乡有红萝卜、白萝卜，无青萝卜"。收入《汪曾祺书画集》。

11月23日

致信古剑。因古剑嘱请刻印章未能如愿，信中申述原因："久已生疏，腕弱不能执刀，且并刻刀亦无一把。"随信寄去对方嘱书张问陶诗《咏梅八章》之一首（"香雪蒙蒙月影团"）。[1]

11月27日

与夫人施松卿到沈宅看望沈从文，遇上同样来看望沈从文的云南作家彭荆风与女儿彭鸽子。与彭荆风初识。[2]

11月

作《花卉图》并题王昌龄《芙蓉楼送辛渐》全诗。收入《汪曾祺书画集》。

12月4日

作小说《幽冥钟》，刊于《收获》1986年第2期。

12月10日

本日出版的《读书》1985年第12期刊出扬州籍青年评论家王干、费振钟的评论《淡的魅力》。

12月12日

作小说《茶干》及"后记"，与《詹大胖子》《幽冥钟》一起以"桥边小说三篇"为总题刊于《收获》1986年第2期。《新华文摘》1986年第6期转载《幽冥钟》一篇。

1　古剑《汪曾祺的字与画——收藏小记之六》，载《南方都市报》2010年12月19日。本条并参考古剑先生接受笔者访问时所提供的资料。

2　据彭鸽子女士接受笔者访问提供信息。

12月17日

复信金实秋。针对金编《古今戏曲楹联荟萃》一书提出修改意见，允诺作序。[1]

12月

作文艺笔谈《待遣春温上笔端》。刊于《瞭望》周刊（海外版）1985年第51期。生前未收入任何作品集。

《瞭望》周刊在1985年岁末以《作家十人谈》为总题，约请冰心、汪曾祺、蒋子龙、王愿坚、刘心武、刘再复、流沙河、王安忆、张辛欣、高莽十位作家笔谈该年度文学状况。

12月

《花溪》编辑部编《文学创作笔谈》一书由重庆出版社出版，收《花溪》杂志所刊发过的38位作家谈创作的文章。有汪曾祺的《"揉面"——谈语言与运用》一篇，系该刊1982年第3期发表的《揉面——谈语言运用》与1983年第1期上的《语言是艺术》合并而成。

12月

作协北京分会评论委员会编《探索者的足迹——北京作家作品评论选》一书由北京十月文艺出版社出版。季红真《传统的生活与文化铸造的性格——谈汪曾祺部分小说中的人物》、李复威《旧梦重温中寻求美的真谛——论汪曾祺创作的题材开拓和艺术信念》两篇关于汪曾祺的评论入收。

年末

自香港归来后，作散文《香港的鸟》。收入《蒲桥集》。

1　据金实秋《梦断孤蒲晚饭花》，载《中华散文》2002年第11期。

1986 年，66 岁

1月2日

上午，写完《沈从文先生在西南联大》。刊于《人民文学》1986 年第 5 期。

1月9日

作散文《午门忆旧》。刊于《北京文学》1986 年第 5 期。刊出时与《玉渊潭的传说》一并以"桥边散文（两篇）"为总题。

1月13日

作散文《玉渊潭的传说》。刊于《北京文学》1986 年第 5 期。刊出时与《午门忆旧》一并以"桥边散文（两篇）"为总题。

1月13日

将《晚饭花集》若干本打包寄给金家渝供分赠亲友。

1月15日

致信金家渝。补寄赠送郑素英和汪奇芳的《晚饭花集》。再次嘱亲友向人们解释关于高北溟、高大头的小说"很多是虚构"，切勿当真。因珠影导演胡炳榴拟将《受戒》改编为电影，可能到高邮选景，汪曾祺在信中托金家渝了解下庵赵庄有关情况。[1]

1　拍摄计划后因故搁浅。有关情况见吴迎军采写《胡炳榴：用电影挖掘大问题》，载《信息时报》2006 年 3 月 8 日。

1月25日

复信陆建华,改订此前序文中的几处措辞。透露可能四月回邮。

1月

济南电视台将《雪花飘》改编成电视剧,方荣翔主演。方荣翔将济南台致送稿酬转寄汪曾祺。汪曾祺收到后当即退还,并附信感慨推辞。[1]

1月

为傅学斌《京剧百丑脸谱集萃》作《〈百丑图〉跋》。手书墨迹收入傅学斌《京剧百丑脸谱集萃》(中央编译出版社 2002 年版)。

1月

《小小说选刊》编辑部编《微型小说集》由中国文联出版公司出版。《尾巴》《陈小手》两篇入收。

2月23日

散文《香港的高楼和北京的大树》刊于本日《光明日报》。

2月27日

致信邓友梅。原件藏中国现代文学馆。

3月5日

收到小姑爹崔锡麟信,列举同类案例,说明汪家祖屋争取归还的可能性,并提出一些步骤建议。

---

1 事见方立民《沧海艺魂——我的父亲方荣翔》,济南出版社 1990 年版,第 98 页;另据方立民先生向笔者叙述。

3 月 7 日

为祖屋事致信金家渝。按崔锡麟建议，向金家渝提出一些处理办法。另外提及自己准备写《高邮岁时记》，委托金家渝等亲友为自己准备一些民俗材料。

3 月 28 日

文艺随笔《用韵文想》刊于《剧本》1986 年第 3 期。

3 月

作绘画《荷叶小鸟》，题“书被催成墨未浓”。收入《汪曾祺书画集》。

3 月

中国作家协会创作研究室编《当代作家论》第 1 卷由作家出版社出版。此书是关于当代作家的系列评论集之一，冯牧作序。该卷侧重评述包括汪曾祺在内的中年作家和老作家计 22 人。关于汪曾祺的评论文章是行人的《他耕耘在真善美土地上》。

4 月 5 日

本日清明节，《北京文学》编辑部邀请王蒙、冯骥才、邓友梅、刘绍棠、刘心武等到京郊踏青。

不久，新任主编林斤澜提出四条编辑意见，充分吸收了汪曾祺的建议。[1]

4 月 19 日

评论随笔《一篇好文章》刊于本日《北京晚报》第 3 版。评该报日前发表的耿鉴庭《朱光潜先生二三事》一文。

1　据陈世崇《汪曾祺与〈北京文学〉》，载《北京文学·精彩阅读》2007 年第 7 期。

约 4 月 24 日

参加《文艺研究》文学组举行的"文学语言问题座谈会",并作《关于小说语言》的发言。

4 月 29 日

高邮县文学艺术工作者第一次代表会议结束。高邮县文联成立,汪曾祺被聘为名誉主席。因请柬寄出时间晚,未出席成立大会。

4 月

作绘画《螃蟹》,收入《汪曾祺书画集》。[1]

4 月

作绘画《鱼》,收入《汪曾祺书画集》。[2]

4 月

以篆隶书大字为郑州三友鞋厂题词:

　　捷足先登　人怀三友[3]

4 月末 5 月初

5 月 2 日,扬州籍著名中医耿鉴庭赴扬州开会。行前,汪曾祺嘱其顺访朱自清故居。耿鉴庭在扬得睹朱自清父亲朱小坡遗物,并将一只笔筒上的刻

1　《走近汪曾祺》157 页收,编者加题"高邮湖蟹"。

2　原画无题款,作日未详。《扬州晚报》2010 年 2 月 27 日发表该画作时,图片说明作"一九八六年四月,曾祺写",未知何据。暂从之。

3　天涯网"我是白知"2009 年 6 月 28 日网帖,见 http://bbs.tianya.cn/post-books-108775-1.shtml。

字拓下，带与汪曾祺鉴赏。[1]

暮春时节

南京大学中文系即将毕业的研究生叶兆言受出版社委托前来组稿。[2]

春夏之交

因宗璞致信索画，先为作一斗方（《两只小鸡》）寄上，随后又为画《花卉》并作题小诗："人间存一角，聊放侧枝花。临风亦自得，不共赤尘霞。"该作颇得宗璞、冯友兰欣赏。[3]

5月5日

汪连农来信谈关于戏曲前途的困惑与问题。

此前，二人在街上相逢，汪曾祺问他最近两年创作状况。当时，江"面色微红，欲言又止"，其后一直想寻机请教。近来，他的一位居于异国的朋友来信表达对于"国宝"京剧过分程式化的特征与现代生活的格格不入及由此引起的"崩溃感"，而随后一位来自法国的电影明星则向他表达了对京剧的赞赏。他在矛盾之下，咨询汪曾祺，自己未来的创作之路究竟该如何走。[4]

5月7日

作文艺随笔《关于小说的语言（札记）》，包括《语言是本质的东西》《从众和脱俗》《神气·音节·字句》《小说语言的诗化》。刊于《文艺研究》1986 年第 4 期。

1　耿鉴庭《〈背影〉主人翁遗留的两件文物》，《北京晚报》1986 年 5 月。扬州朱自清故居于 1992 年对外开放。据《朱自清故居老房东捐百年笔筒》（《扬州晚报》2008 年 7 月 16 日）一文披露，笔筒上以行草书刻有以下文字："自古贤圣以次百官，乃以孔丘为御史大夫，则知其言何可妄授！况列曹尚书，古之常伯。"

2　据叶兆言《郴江幸自绕郴江》，载《作家》2003 年第 2 期。

3　宗璞《三幅画》，载《钟山》1988 年第 5 期。

4　江连农信见《晚翠文谈》，浙江文艺出版社 1988 年版。

5月12日

复长信给江连农,主要谈建国以来的戏曲发展经验教训、戏曲的现状与问题。

江连农、汪曾祺来往书信分别以"我的困惑""一个'外星人'的回答"为题,一起发表在《新剧本》1986年第4期。

5月26日

应邀赴常德参加由北岳文艺出版社主办的通俗文学讨论会。

会议期间,因感雅俗文学并无截然界限,即席赋诗("北岳谈文到南岳")。诗见《索溪峪》(1986)一文自引。

5月29日

往索溪峪,住"专家村",在饭厅见黄永玉画《索溪无尽山》。下午游览新发现的溶洞黄龙洞。在车上赋诗《索溪峪》以应管理处方面请(拟镌于洞外壁上)。

5月30日[1]

游宝峰湖。作诗《宝峰湖》。

5月31日

自索溪峪赴张家界。抵第三招待所山庄。为管理处写对联:"造化钟神秀,烟云起壮思。"下午,回"专家村"。晚饭后,为"专家村"写对联,以与黄永玉画作配,乃书"欹枕听雨,开门见山"八字。

后来撰散文《索溪峪》,刊于《桃花源》1988年第1、2期合刊。[2]1987

---

1 作者在《索溪峪》一文中说"二十九日,往索溪峪";"三十一日,游宝峰湖";"三十一日,自索溪峪往游张家界"。从行文看,疑游宝峰湖日当为"三十日"。

2 本文撰作时间考辨,见徐强《汪曾祺全集系年辨正——兼论若干篇章的文献意义》,载《文艺评论》2011年第6期。

年 3 月 21 日又追记写成散文《猴王的罗曼史》。

5月

为绘画旧作《小松鼠》上题元代萨都剌词作《满江红·金陵怀古》。收入《汪曾祺书画集》。

5月

散文《故乡的食物》（包括《炒米和焦屑》《端午的鸭蛋》《咸菜茨菇汤》《虎头鲨·昂嗤鱼·砗螯·螺蛳·蚬子》《野鸭·鹌鹑·斑鸠·鵏》《荠菜·枸杞·荠菜·马齿苋》）刊于《雨花》1986 年第 5 期。获得《钟山》《雨花》与双沟酒厂联合举办的"第二届双沟散文奖"。

6月6日

将在《北京晚报》"陶然亭"副刊开设"桥边杂记"专栏。本日撰小序，叙述缘起与初衷。

6月9日

作随笔《谈读杂书》，刊于《新民晚报》1986 年 7 月 8 日。

6月10日

小说《虐猫》刊于本日《北京晚报》。

6月22日

完成小说《八月骄阳》第二稿，刊于《人民文学》1986 年第 8 期。是为纪念老舍逝世 20 周年而作。[1]《新华文摘》1986 年第 10 期转载。

1　手稿藏中国现代文学馆。作者生前亲自捐赠。

6月23日至27日期间

西南联大旧友、植物学家、中国科学院昆明植物研究所名誉所长吴征镒院士来京开会，朱德熙写信告知汪曾祺，约一会。未几，几位老友见面叙旧、谈诗、论曲。

6月27日

致信陆建华。谈高邮鸭蛋、《北京晚报》专栏文及近期写作情况。

6月30日

《北京晚报》"桥边杂记"专栏刊发第一篇《比罚款更好的办法》。到6月27日之前，已撰就专栏文八篇。除本篇外，还有《写信即是练笔》、《灵通麻雀》、《博雅》（上、下）、《沈括的幽默》、《苏三监狱》、《再谈苏三》。随后陆续发表，到1987年1月10日刊毕。[1]

6月

高邮县文联副主席陈其昌来信请送一本《晚饭花集》给文联并题字。乃在封面题诗（"风流千古说文游"）寄赠。

6月

《中国新文艺大系（1976—1982）》短篇小说集下卷由中国文联出版公司出版。《大淖记事》入收。

7月5日

作小说《安乐居》，刊于《北京文学》1986年第9期。《新华文摘》

1　1986年6月27日致陆建华信中云"前应《北京晚报》之约，开一专栏，一气写了八篇小东西"。则陆续发表的这前八篇最晚此时已经写完。

1986 年第 12 期转载。

7月6日

为即将发表在《人民文学》上的《八月骄阳》稿件复信崔道怡。谈老舍之死的历史事实，对作品插图提出自己的建议。

7月7日

在昨日复崔道怡信上加写内容，告以将赴密云开会，删改事交崔道怡处理。[1]

7月9日

复高邮文学青年王树兴信。王曾来信告以《炒米和焦屑》引《板桥家书》炒米"最是××××之具"中空白四字应为"暖老温贫"，汪复信感谢。

7月10日

新诗《旅途》（《有一个长头发的青年》《赛里木》《巴特尔要离开家乡》《吐鲁番的联想》《坝上》《歌声》），刊于《中国作家》1986 年第 4 期。

7月12日

是日出版的《文艺报》第 2 版"我与新时期文学"栏目发表林斤澜文《旧人新时期》，谈论自己的三个在新时期文坛上令人瞩目的老友——汪曾祺、邓友梅、高晓声的小说观。

7月12日

小说《毋忘我》刊于本日《北京晚报》。

1　据崔道怡《〈羊舍一夕〉发表 50 周年》（载《北京晚报》2012 年 5 月 12 日），他后来未加删改，原样刊出。

7月14日

本日《北京晚报》刊出"桥边杂记"专栏文章《写信即是练笔》。

7月15日

赴密云水库参加北京市文化局组织的"新剧作讨论会"。会议为期半月。

本次会议讨论的新创剧本中,有十余个受到好评,认为可以较快投入排演,其中包括汪曾祺《一捧雪》、梁清濂《鼓盆歌》等。[1]

7月20日

《北京晚报》刊出记者萧燕立的《"三栖作家"汪曾祺》。汪曾祺在采访中介绍了自己在短篇小说、戏剧与散文诗歌三个方面的创作近况。

7月24日

在密云水库作《小小说是什么》,后刊于《文艺学习》(双月刊)1987年第3期。

7月25日

在密云水库改完京剧剧本(旧戏新编)《一捧雪》并作《前言》,发表于《新剧本》(双月刊)1987年第5期。

7月28日

本日《北京晚报》刊出"桥边杂记"专栏文章《灵通麻雀》。

7月

多人散文集《我所认识的沈从文》由岳麓书社出版。汪曾祺的《沈从文

---

1 《北京市文化局召开新剧作讨论会》,《戏剧报》1986年第9期。

的寂寞——浅谈他的散文》收入该书。

7 月

为《作家》创刊三十周年题诗（"清影姗姗小叶杨"）。手迹刊于《作家》1986 年第 10 期。

8 月 11 日

本日《北京晚报》刊出"桥边杂记"专栏文章《博雅》之上半部分，下半部分于本月 25 日刊出。

作《门前流水尚能西——〈晚翠文谈〉自序》，刊于《天津文学》1986 年第 11 期。

作文艺随笔《有意思的错字》，生前未发表。

8 月 12 日

作文艺随笔《口味·耳音·兴趣》，后作为《吃食和文学》（三题）的第一篇，刊于《作品》1987 年第 1 期。

8 月 13 日前后

给高邮有关方面写关于争取祖屋发还的信，寄给朱延庆，请他转交。[1]

8 月 20 日

复金家渝 7 月 30 日信。告以金秋将回江苏。透露自己应中国文联出版公司之约，将编第三本小说集。[2]

8 月 23 日

一天参加了两个纪念老舍逝世二十周年的会议。一个是由《新剧本》、

1　该信未见。8 月 20 日致金家渝信提到"约一星期前发出"，故系于此时。
2　此约定后未实现。

北京市老舍研究会、《戏剧电影报》、作协北京分会和北京市文联理论研究部联合举行的"老舍先生逝世二十周年纪念会"。另一个是由《北京文学》编辑部、《光明日报》文艺部联合举行的老舍创作讨论会。[1]

8月24日

本日出版的《戏剧电影报》第 34 期报道北京京剧院自 1984 年开始的改革整顿工作初步完成，全院分为六个剧团。文中提到"一批优秀传统剧目及新编剧目正在酝酿、创作之中"，其中有汪曾祺的《一捧雪》。

8月25日

本日《北京晚报》刊出"桥边杂记"专栏文章《博雅（下）》。

8月27日

复信漓江出版社彭匈。此前彭匈来信约编自选集。复信同意，拟选小说、散文、诗。

8月28日

作散文《他乡寄意》并致信陆建华，请其转交《新华日报》。文章后刊于《新华日报》1986 年 9 月 17 日第四版。

8月

作隶书对联："刚日读经柔日读史，有酒学仙无酒学佛。"收入《汪曾祺书画集》。

8月

作《水仙图》并题诗（"玉作精神水作魂"）。收入《中国当代作家书

---

1 《北京文学》1986 年第 10 期。《北京文学》编辑部整理，未经本人审阅。又收入舒乙主编《老舍之死》，国际文化出版公司 1987 年版。引者更正了个别误字。

画作品集》，海峡文艺出版社 1994 年 2 月版。[1]

8 月

台湾新地出版社出版大陆作家小说选《灵与肉》，收汪曾祺、李准、刘青、牛正寰、张贤亮小说各一篇，列为该社"当代中国大陆作家丛刊"之二。汪曾祺的《黄油烙饼》作为头题收入其中。

9 月 2 日

参加《文艺报》为庆贺巴金《随想录》五集完稿而召集的首都文艺界人士座谈。在发言中称巴金"始终是一个痛苦的流血的灵魂"。该发言以"责任应该由我们担起"为题，刊于《文艺报》1986 年 9 月 27 日。

9 月 4 日

致信山西大同宋志强，指出宋呈阅的一篇小说《汽车上听来的故事》的失败之处。

高邮县文管会萧维琪来邀请汪曾祺参加 10 月召开的秦观学术研讨会，同时请为文游台撰书楹联。

约 9 月 5 日

为高邮文游台撰联语并亲笔书写：

拾级重登，念崇台杰阁、几番兴废，千载风云归梦里；
凭栏四望，问绿野平湖、何日腾飞，万家哀乐到心头。

对联随后镌刻悬于文游台。

1　该书收录众多作家作品，多创作于 1985 年、1986 年，系为庆祝福建人民出版社建社 35 周年而征集(该社成立于 1951 年)。因此汪曾祺的这两幅作品也当是应请而作。

9月6日

作《苦瓜是瓜吗》，作为《吃食和文学》（三题）之一，刊于《作品》1987年第1期。后又刊于台湾《联合文学》1993年第9期。

9月19日

为回国访问的美国学者王浩画《昆明食物》，并录李商隐诗一首。致信朱德熙请其转送王浩。

9月22日

本日《北京晚报》刊出"桥边杂记"专栏文章《沈括的幽默》。

9月23日

复信陆建华。言十月回江苏计划。至于高邮邀请参加秦观学术讨论会，则有犹疑态度，因"怀疑高邮当局的诚意"。

9月

作绘画《秋色无私到草花》，收入《汪曾祺书画集》。

9月

程德培、吴亮评述《探索小说集》由上海文艺出版社和香港三联书店联合出版，选收新时期探索性小说33家各一篇。汪曾祺的《陈小手》入选，后附简短评述。

10月1日

宋志强来访，与谈宋的小说习作《故里杂记》（一）。

10 月 1 日

吉林省作协主办的《作家》创刊 30 周年，本日出版的 1986 年 10 月号刊出包括汪曾祺在内的 14 位作家的题词或贺信。

10 月 3 日

复彭匈 9 月 27 日信，谈《自选集》编法，同意对方来信主张的不收戏曲，并提出只收小说。

10 月 5 日

寄出《童歌小议》两篇给《民间文学论坛》，并附致该刊主编陶阳的信。

10 月 6 日

本日《北京晚报》刊出"桥边杂记"专栏文章《苏三监狱》。

10 月 11 日

为鲁迅文学院第八期作家班、第一届进修班讲课，题为"谈创作"。[1]

10 月 20 日

复信宋志强，并寄旧日画作《花卉》一幅。

10 月 20 日

作散文《云南茶花》，刊于《北京文学》1987 年第 1 期。

1　这两个班分别于 1984 年 2 月和 1985 年 3 月入学。1985 年 7 月至 1986 年 8 月因校舍问题停课。本年 9 月复课。据鲁迅文学院编《鲁迅文学院与中国当代文学》，2009 年 6 月。

10月20日左右

到南京。此次系应江苏文艺出版社邀请，趁赴上海参加"中国当代文学国际讨论会"之机，与黄裳和林斤澜夫妇游南京、扬州。

10月21日

游玄武湖。

20日或21日，与叶至诚一家、高晓声夫妇、林斤澜夫妇、章品镇聚餐，吃蟹作画。

南京的活动结束后，开始一路往东，在江苏多个地市游览。

10月22日

下午抵达扬州，下榻小盘谷。

10月23日

上午参加文学创作座谈会。

10月27日

为出席次日的《高邮县志》编写座谈会，从扬州回到高邮。下榻第一招待所。晚间回故宅省亲。

10月28日

上午，出席《高邮县志》编写座谈会，评审新编《高邮县志》初稿。

此前，汪曾祺已应邀担任县志编写顾问。

在座谈会上邂逅县立五小时的同桌许长生（许荫章），叙旧情，话故事。回京后不久，作诗《赠许荫章》寄来。

再次见到国文老师张道仁先生。

座谈会后，参加在棉纺厂举行的高邮民歌手、棉纺工人与来邮演出的中央民族歌舞团艺术家的联欢活动。

饭后返回扬州。

本日扬州青年作家杜海携小说《碧珍》求教，汪曾祺读后作文艺随笔《说"怪"》以为回应。生前未发表。[1]

在扬州期间，除了游览著名胜地，还参观了隋炀帝陵。

在常州，参观黄仲则的两当轩、赵翼故居、恽南田故居。

还曾到江阴吃鱼、喝酒、寻旧，因而耽误了 3 日举行的"中国当代文学国际讨论会"开幕酒会。[2]

10 月

受西南联大校友会委托，为庆贺联大校友、物理学家李政道六十寿辰及宇称不守恒定律发现 30 年，作诗（"三十年前三十岁"）并书赠李政道。

又作绘画，画《云南特产》，并加题跋，赠送李政道。

10 月

画《猫戏图》寄赠《北京文学》编辑部傅用霖。

11 月 3 日

"中国当代文学国际讨论会"在金山宾馆开幕。40 多位作家、评论家，50 多位国外汉学家参加。汪曾祺因滞留江苏，未赶上出席开幕式。

11 月 4 日

汪曾祺与高晓声经过一些周折之后终于到会报到。[3]

1　见 http://js.people.com.cn/html/2012/05/04/105928.html。1987 年 1 月 29 日致金家渝信中提及这次在扬州"我还给《扬州文学》写了篇短文"，证明这篇文章本意是给《扬州文学》发表用的。

2　参见陆文夫《酒仙汪曾祺》，收入《你好，汪曾祺》，山东画报出版社 2007 年版。

3　陆文夫《酒仙汪曾祺》。

11月6日

中国当代文学国际讨论会闭幕。

会议期间，汪曾祺曾与挪威汉学家易德波谈及扬州评话。在汪曾祺建议下，易德波到扬州找到有关人士进行访问、研究，后来出版了著作。

会议期间，为瑞典女汉学家秦碧达撰题嵌名联语：

碧落黄泉，久寻必达。

秋末冬初

作《水仙图》纪念陈澄莱，寄奉宗璞。是年内第三次赠宗璞画作。[1]

11月8日

参加在京西宾馆召开的中国作家协会第四届理事会第二次会议，会期六天。

初冬

应《扬子晚报》委托，中国新闻学院邵伯籍学生王喜根采访江苏籍在京名人。本日采访汪曾祺。采访记《坚守在短篇小说阵地上的老将》刊于《扬子晚报》。[2]

11月11日至24日

《北京文学》在北京上苑饭店举办青年小说作者改稿班，汪曾祺与陈建功等作家和评论家一起应邀到会座谈交流。[3]

1　宗璞《三幅画》，载《钟山》1988年第5期。关于陈澄莱，参见本谱1959年冬纪事。
2　王喜根《汪老赠我〈风入松〉》，载《江苏商报》1997年12月6日。
3　据《北京文学》1987年第3期《编后记》。

11 月 17 日

作文艺随笔《小说的散文化》，刊于《八方》丛刊 1987 年第 5 辑。

12 月 3 日

作散文《张大千和毕加索》，刊于《北京文学》1987 年第 2 期。文章是读完杨继仁著《张大千传》[1] 后的感想。

12 月 4 日

作散文《八仙》，刊于《北京文学》1987 年第 3 期。

12 月 5 日

作散文《栈》，刊于《北京文学》1987 年第 4 期。
本篇是在 1977 年 9 月 23 日所写笔记《栈》的基础上增删而成。

12 月 10 日

作绘画《兰花图》并题跋。收入《汪曾祺书画集》。

12 月 14 日

作《〈汪曾祺自选集〉自序》。

12 月 17 日

作书法小品，抄《诗林广记后集》一则并题跋。收入《汪曾祺书画集》。

12 月 28 日

作《〈古今戏曲楹联荟萃〉序》并致信金实秋。序以"戏台天地——《古

1　该书系文化艺术出版社 1985 年版。

今戏曲楹联荟萃》序"为题刊于《读书》1987 年第 8 期。《古今戏曲楹联荟萃》，金实秋著，1992 年由中国戏剧出版社出版。

信见金实秋《梦断孤蒲晚饭花》。[1]

12 月

据湖南桑植所见野果"舅舅粮"作绘画并题跋。收入《汪曾祺书画集》。

下半年

作文论《汪曾祺谈创作》，刊于鲁迅文学院内部刊物《文学院》2004 年第 2 期，公开出版则见于鲁迅文学院培训中心编《文学之门》，中国文联出版社 2005 年版。标题当为《文学院》编者代加。此文为 1986 年 10 月开班的鲁迅文学院进修班所讲。生前未收入作品集。[2]

本年

作散文《地灵人杰话淮安》，收入解说词集《话说运河》，中国青年出版社 1987 年版。此书是 32 集电视纪录片《话说运河》解说稿。

本年

作散文《索溪峪》，刊于《桃花源》1988 年第 1～2 期。[3]

本年

作绘画《松鼠》并题跋。

1　金实秋《梦断孤蒲晚饭花》，载《中华散文》2002 年第 11 期。汪曾祺原序在《读书》1987 年第 8 期发表时未缀日期。金文误记为 1987 年。

2　《文学之门》刊稿未缀作日。有关推论详见徐强《汪曾祺全集补遗与考论》。

3　《桃花源》刊本未缀作日。北师大版《全集》编入 1988 年下。实为 1986 年作，详考见徐强《汪曾祺全集系年辨正》。

本年

作绘画《鱼戏莲叶》，以瘦金体题乐府古辞《江南》，并加跋语。收入《汪曾祺书画集》。

本年

汪曾祺加入中国共产党。

1987 年，67 岁

1月1日

散文《昆明菜——昆明忆旧之七》（包括《汽锅鸡》《火腿》《牛肉》《蒸菜》《诸菌》《乳扇、乳饼》《炒鸡蛋》《炒青菜》《黑芥·韭菜花·茄子酢》）刊于《滇池》1987 年第 1 期。[1]

本日山西大同宋志强来访。就年前汪曾祺推荐自己以《黑旦》参加《北京文学》青年作者改稿班致谢。

1月4日

致信金实秋，纠正前信错误。表示《古今戏曲楹联荟萃》序文发表问题由金实秋酌处。[2]

1　《滇池》刊出本副标题作"《昆明忆旧》之六"。"昆明忆旧"系列至上一篇《昆明的花》已为"之六"，这里显然为误植，应为"之七"。

2　金实秋《令我难忘的汪老五封信》，《补说汪曾祺》，吉林人民出版社 2013 年版。

1月9日

作文学评论《林斤澜的矮凳桥》，包括《林斤澜的桥》《幔》《人》《涩》四篇，刊于《文艺报》1987年1月31日。《新华文摘》第100期（1987年第4期）转载。

1月10日

本日《北京晚报》刊出"桥边杂记"专栏文章《再谈苏三》。这是该专栏最后一篇。

1月14日

复信山西大同宋志强，谈关于宋呈阅的《故里杂记》和《老宋》两篇小说。

1月18日

作散文《宋朝人的吃喝》。作为《散文四篇》题下之一，刊于《作家》1987年第6期。[1]本篇又单独刊于香港《大公报》1987年7月31日22版"大公园"特约稿。

1月上旬

《童歌小议》（包括《少年谐谑》《儿歌的振兴》两题）刊于本日出版的《民间文学论坛》（双月刊）1987年第1期。

1月21日

参加中国作家协会召集的首都部分作家"反对资产阶级自由化"学习座

　　1　《散文四篇》除本篇外，还有《马铃薯》《紫薇》《腊梅花》。其中《宋朝人的吃喝》后标时间为"一九六七年一月十八日"，《蒲桥集》收入时原样照排。均误。

谈会并发言。[1]

1 月 24 日

作文艺随笔《贺路翎重写小说》，刊于《人民日报》1987 年 2 月 24 日第八版"大地"副刊。

1 月 28 日

除夕，光明日报社记者武勤英来访，其以汪曾祺第一人称口吻所写的访问记《看书买书与写书——作家汪曾祺的书房》随后在《光明日报》2 月 21 日第 2 版"我的书斋"栏目刊出。[2]

1 月 29 日

大年初一。作完《江苏邑县丛书——高邮》序，刊于《雨花》1987 年第 11 期。《江苏邑县丛书——高邮》系高邮朱延庆所作书稿，1987 年以《江苏县邑风物丛书·高邮》为名由江苏人民出版社出版。

1 月

台湾《联合文学》1987 年 1 月号推出"沈从文专号"，汪曾祺的《沈从文的寂寞——浅谈他的散文》和《沈从文先生在西南联大》在该专号中重刊。

2 月 8 日

元宵节（2 月 12 日）即将到来之际，旧体诗《元宵》刊于本日《光明日报》。

2 月 12 日

元宵节。约本日前后作六十七岁生日自寿诗（"尚有三年方七十"）并手书。

1　《中国作家协会召集首都部分作家学习、座谈，文学界要反对资产阶级自由化》，《人民日报》1987 年 1 月 22 日第 3 版。

2　采访日期，据文中"岁末最后一天"一语推断。1 月 28 日为除夕日。

收入《汪曾祺书画集》。

2月16日

作散文《马铃薯》，作为《散文四篇》题下之一，刊于《作家》1987年第6期。

2月18日

作散文《腊梅花》，作为《散文四篇》题下之一，刊于《作家》1987年第6期。

2月18日前后

作绘画《腊梅》并录《竹坡诗话》一则为跋。[1]收入《汪曾祺书画集》。

2月21日

作散文《紫薇》，作为《散文四篇》题下之一，刊于《作家》1987年第6期。

2月22日

任氏娘生日（3月份）在即，本日寄出100元作寿礼。致信汪丽纹，询问祖屋发还一事进展。

2月23日

作散文《金岳霖先生》，刊于《读书》1987年第5期。

致信翁偶虹，对其为梁清濂《鼓盆歌》所作的诗提出一点修改意见。该信公开发表于《新剧本》1987年第4期。

3月7日

作散文《午门》，刊于香港《大公报》1987年5月12日。

1　原作未缀作日。因1987年2月18日所作散文《腊梅花》也具引这段文字，姑暂系于此时。

3 月 9 日

作散文《苏三、宋士杰和穆桂英》，刊于《北京文学》1987 年第 6 期"草木闲篇"专栏；后又刊于香港《大公报》1987 年 8 月 29 日"大公园"。

3 月 14 日

收到王喜根的信、载有王撰访问记的《扬子晚报》及采访照片后，于本日复信王喜根。即根据此前不久的采访撰成的《坚守在短篇小说阵地上的老兵》一文。

3 月 20 日

本日出版的《人民文学》1987 年第 3 期刊出《社会性·小说技巧》，是该刊副主编崔道怡主持的汪曾祺与林斤澜对谈记录，根据录音整理。

3 月 21 日

作散文《杜甫草堂·三苏祠·升庵祠》，刊于《北京文学》1987 年第 5 期。又载香港《大公报》1987 年 8 月 16 日。

3 月 21 日

作散文《猴王的罗曼史》，落款写"3 月 21 日追记"。刊于《北京晚报》1987 年 4 月 18 日第 6 版"陶然亭"。又载《大公报》1987 年 7 月 6 日"大公园"。

3 月 24 日

作完散文《泰山拾零》，包括《陈庙长》《经石峪》《快活三里》《讨钱》《泰山老奶奶》《绣球花》《山顶夜宴》《看日出》《耙和尚》《莱芜讴》十题，刊于香港《文学家》1987 年 6 月第 1 卷第 2 期。

4月5日

随中国作协作家代表团抵昆明，开始云南边疆民族地区参观采访之行。同行者有邵燕祥（团长）、张又君、曹杰、韩映山、朝克图那仁、李星、叶延滨、李锐、毕四海、柳萌。

后游访云南各地，先后到武定、楚雄、大理、保山、腾冲、德宏。

在武定县，游狮子山，在正续禅寺应邀以隶书撰题联："皇权僧钵千年梦，大地山河一担装。"

4月11日

参加芒市泼水节。

4月12日

参加德宏州法帕区泼水节。赋诗一首（"泼水归来日未曛"）。

4月18日

在腾冲，为腾冲和顺图书馆题诗（"海外千程路"）。[1]

4月22日

在大理，为大理文联题词两幅，一为"苍山负雪，洱海流云"；一为"雨国残梦，平生壮观"。[2]

每到一地均组织座谈。在楚雄谈语言，在大理谈风格，保山、瑞丽、昆明亦均有座谈。《文学语言杂谈》（《滇池》1987年12期）即此次出访座谈记录稿。

1　和顺图书馆在腾冲和顺镇，为该镇旅缅侨胞集资于1928年兴建，故云。原件134cm×67cm。该馆馆长寸宇先生向笔者提供资料。

2　大理白族自治州文联前主席施立卓先生、现副主席廖惠群女士接受笔者访问时提供信息。

回到昆明，下榻连云宾馆。居留几日。寻访联大旧址，游访了茶馆、黄土坡、白马庙、金殿、黑龙潭、西山、大观楼。应请作字画若干。曾为晓雪撰题对联：凉风起天末，诗思在水边。[1] 为《滇池》杂志题词：眼空五百里，笔纵一千年。[2]

在昆期间，访彭荆风，在彭家用餐、作字画。

4月29日

自昆明返京，带回云南特产。出机场直接乘车奔北京大学，到朱德熙家，送给他和夫人何孔敬。

同日，山东青年作家常跃强来访。

4月30日

常跃强再次带作品来访、求教。[3]

作散文《建文帝的下落》，刊于《大西南文学》1987 年第 12 期，发表时题作"建文帝的下落（外一篇）——滇游新记"。

4月

作人物画《李长吉》。收入《汪曾祺书画集》。

5月4日

作散文《泼水节印象》，刊于《滇池》1987 年第 8 期。

5月6日至17日

同住蒲黄榆的书法家大康（康殷）书画展在中国美术馆东大厅举行。汪

1　晓雪《恋翠湖》，见杨林森主编《翠湖春晓》，云南民族出版社 2001 年版。

2　手迹刊于《滇池》1988 年第 5 期（创刊一百期纪念号）。

3　常跃强《汪老赠我"碧桃花"》，载《齐鲁晚报》2010 年 3 月 4 日。

曾祺前往参观，对大康的书画艺术多有赞赏。[1]

5月8日

作散文《大等喊》，刊于《滇池》1987年第8期。[2]

5月11日

作散文《滇南草木状》，与《泼水节印象》《大等喊》合为《滇游新记》，刊于《滇池》1987年第8期。

5月24日

作散文《吴三桂》，刊于《北京文学》1987年第7期。

5月25日

散文《藻鉴堂》刊于本日香港《大公报》。

5月26日

中国民间文艺家协会《民间文学论坛》创刊五周年座谈会在北京举行。汪曾祺有贺词相寄。[3]

5月27日

作绘画《梨花》，题"满宫明月梨花白"。

1　汪朗等《老头儿汪曾祺——我们眼中的父亲》（中国青年出版社2012年版）第207页记其事，但时间不详。据有关资料，大康较有影响的书画展是1987年5月这次。姑系于此。

2　手稿藏中国现代文学馆。作者生前亲自捐赠。

3　李路阳《〈民间文学论坛〉创刊五周年座谈会》载："作家汪曾祺、画家陈大羽、书法家沈鹏等同志也寄来题词、题字、题画祝贺。"见《民间文学论坛》1987年第4期。

5月29日

晚饭后作绘画《雨打梨花深闭门》。收入《中国现代文学馆馆藏珍品大系·书画卷》第二辑，文化艺术出版社 2007 年版。

5月

本月出版的台湾《联合文学》1987 年第 5 期（总第 31 期）刊出"汪曾祺作品选"专辑，除发表了署名"编辑室"的《从前卫到寻根——汪曾祺简介》，还选载了《受戒》《大淖记事》《陈小手》《詹大胖子》《八月骄阳》《复仇》六篇小说。

6月1日

散文《观音寺——昆明忆旧之八》刊于《滇池》1987 年第 6 期。[1]

6月8日

散文《熬鹰·逮獾子》刊于本日香港《大公报》。

6月9日至16日

在桂林参加首届漓江旅游文学笔会，宿象鼻山下云峰饭店。其间，与柯蓝、公木、贾平凹等作家同游桂林，并向当地文学爱好者讲授创作经验。[2] 为彭匈撰题联语："苍山画古存花壁，奇句情深忆柳州。"[3]

会后转道南宁。在南宁，住在邕州宾馆。广西作家何培嵩来访，汪曾祺为他题写隶书"受戒"。[4] 与贾平凹合作一幅画并撰、题跋语赠彭匈。在一家

1　刊出稿作"第七"，按该系列前面诸篇排序，本篇当系"第八"。

2　据 2012 年 7 月 27 日马力接受笔者访问回忆。

3　彭匈《平凹与我互相道谢》，收入《会心一笑》，广西人民出版社 2005 年版。

4　何培嵩《汪老谈文学》，载《南方文坛》1997 年第 5 期。

潮州饭馆，题即兴联语："桂林洞山水，潮菜色味香。"[1]

作旧体诗《广西杂诗》七首，刊于《广西文学》1987 年第 9 期。

6 月 25 日

散文《狼的母性》刊于本日香港《大公报》第 8 版。

6 月

作书行草条幅"无山不是诗"。[2]

7 月 3 日

即将毕业离京的中国新闻学院邵伯籍学生王喜根来辞行，汪曾祺挑旧画《风入松》题赠。[3]

7 月 4 日

致信李辉，推辞李辉所请为《居京琐记》写序，推荐端木蕻良写。[4]

7 月 6 日

为漓江版《汪曾祺自选集》征订事致信陆建华。

7 月 8 日

作散文《鳜鱼》，刊于《北京文学》1987 年第 11 期。

---

1 车欣欣《思慕"文狐"久知音——彭匈、汪曾祺廿年笔墨情缘》，《南国早报》2007 年 6 月 2 日。

2 孔夫子旧书网臣卉书店 2013 年 3 月 25 日拍品。

3 王喜根《汪老赠我〈风入松〉》，载《江苏商报》1997 年 12 月 6 日。王喜根毕业前与汪曾祺辞行的时间，系王喜根先生本人通过电子邮件告知笔者。

4 信见李辉《和老人聊天》，大象出版社 2003 年版。

约 7 月 9 日

瑞典作家汉森（Stig Hansén）、汉学家倪尔思（Nils Olof Ericsson）在这期间的某个下午到汪宅访问，谈沈从文。[1]

7 月 11 日

作散文《银锭》，刊于《北京文学》1987 年第 12 期。

7 月 12 日

美国《纽约时报》杂志刊登该报北京办事处首席记者爱德华·A·戈尔根采写的题为"中国的文化压制"的报道，综合了对多位人士的专访，报道当前文艺形势。其中一段写汪曾祺接受专访时说的关于"批判资产阶级自由化"的看法。

9 月 22 日，汪曾祺在美国爱荷华大学看到报纸，指出这段报道有"捏造"之处。

7 月 25 日

作散文《家常酒菜》，包括《拌菠菜》《拌萝卜丝》《干丝》《扦瓜皮》《炒苞谷》《松花蛋拌豆腐》《芝麻酱拌腰片》《拌里肌片》《塞馅回锅油条》《其他酒菜》，刊于《中国烹饪》1988 年第 6 期。

8 月 1 日

作小说《瑞云》，系《聊斋新义》之一，刊于《人民文学》1988 年第 3 期。由此开始改写《聊斋志异》的写作计划。

---

1 见沈从文《答瑞典友人问》，《沈从文全集》第 27 卷。

8月11日

作散文《钓鱼台》，刊于香港《大公报》1987年11月23日第26版大公园"特约稿"。

8月20日

山西大同青年作家乌人（志强）来访。

8月下旬

作《〈茱萸集〉题记》，是为台湾联合出版社即将出版的短篇小说自选集《茱萸集》而作。

约8月

作文艺评论《传统文化对中国当代文学创作的影响》，是准备携带到美国讲演用的稿子。由施松卿译为英文。

8月

作创作谈《我是一个中国人——我的创作生涯》。由施松卿译为英文。是准备携带到美国讲演用的稿子。

8月

致信山西评论家李国涛，指出"我很不愿意别人'学'我。一个人的气质是学不来的"。[1]

8月

钱理群、吴福辉、温儒敏、王超冰合著《中国现代文学三十年》一书由

1　苏北《湖东汪曾祺》，搜狐网上，《北京晚报》2012年6月23日。

上海文艺出版社出版。书中列专节"抗战胜利后京派的复出"，论述了沈从文、汪曾祺的文学创作。

8月

舒乙主编《老舍之死》一书由国际文化出版公司出版。是书收录国内外多位作家的散文、小说、戏剧、论文、报道 15 篇（种）。汪曾祺的小说《八月骄阳》收入其中。

8月底

取道香港赴美国参加国际写作计划。

本日离京抵达香港，住在三联书店招待所。当日在舒非陪同下逛店铺。

在港期间，接受施叔青访问。访谈录《散文化小说是抒情诗——访汪曾祺》发表在《联合报》，又以"作为抒情诗的散文化小说——与大陆作家对谈之四"为题发表于《上海文学》1988 年第 4 期。

8月31日

写家信。

9月1日

上午 9 点，飞往东京。换机转往芝加哥。随后转机飞往爱荷华大学所在的衣阿华州。住五月花（Mayflower）公寓八楼 30D，与古华同住。旋赴聂华苓家的便宴。

本期写作计划共有来自 27 个国家（地区）的 33 名作家参加。

"计划"安排中国访问学者赵成才（国际关系学院教师）为汪曾祺等人担任翻译。

9月2日

早起写家信。谈到对聂华苓一家的印象，也谈了对美国生活和对途中所过境地的印象。

9月3日

外出购买食物。

中国留学生会的会长（爱荷华大学博士生）来看望，汪曾祺把要讲的内容大致说了一下，他认为很好。

9月4日

几位中国留学生预约邀请汪曾祺、古华等吃饭，包饺子。

约在本日见到芝加哥大学华人学者、即将成为聂华苓女婿的李欧梵。请他到五月花公寓选一张画。

写第二封家书，毕。

9月5日

留学生请吃饭，汪曾祺做鱼香肉丝。

写信给李又安、陈宁萍、张充和，联系十一月美东地区旅行期间的住宿与行程。

约本日，准备了讲稿"作家的社会责任感"。

9月6日

读安格尔的诗和聂华苓的文集。

写第三封家书。

9月7日

写信致古剑，谈新地出版社小说选出版事宜，寄上委托书。

9月10日

散文《夏天的昆虫》（包括《蝈蝈》《蝉》《蜻蜓》《刀螂》四题）刊于本日出版的《北京文学》1987年第9期。

9 月 11 日

完成《聊斋新义》的《黄英》篇，先刊发于《华侨日报》，后刊于《人民文学》1988 年第 3 期。

写第四封家书，毕。报告连日来的经历与印象。

全体作家参观海明威农场，并在农场就餐。参观爱荷华大学图书馆。

9 月 12 日

作家们存款的银行预约请客。根据安格尔提议，汪曾祺作画、众作家签名作为送给银行的礼物。

晨写第五封家书，毕。

9 月 17 日

致信古剑，请其代理文季社《灵与肉》一书所收《黄油烙饼》及新地《小说选》稿费、版税。报告自己近况。

散文《水母宫和张郎像》刊于本日香港《大公报》。

9 月 20 日

作小说《聊斋新义》之《蛐蛐》（根据《促织》改写），先刊于纽约《华侨日报》，后刊于《人民文学》1988 年第 3 期。

为即将由台湾新地出版社出版的小说集《寂寞和温暖》作"自序"。

约本日，在"计划"举行的"我的创作生涯"主题座谈会上作即兴发言。

9 月 21 日

作小说《聊斋新义》之《双灯》，先刊于纽约《华侨日报》，后刊于《上海文学》1989 年第 1 期。[1]

1　《上海文学》刊稿缀"一九八八年六月十日"，当是改定时间。此处用家书（1987 年 9 月 22、23 日）记载的日期。

9月22日

开始写《石清虚》。

有湖南籍医学访问学者来看望，答应汪曾祺帮忙买到硝酸甘油。

写第六封家书。

9月23日

《石清虚》写毕。[1] 先刊于纽约《华侨日报》，后刊于《人民文学》1988年第3期。

湖南的访问学者送来硝酸甘油。

晨，续写第六封家书，毕。谈及作品在台湾出版代理的事宜。

9月25日

到亚洲中心参加招待会，就近去看施松卿要的电动打字机。

约9月26日至27日

到Springfield参观林肯故居、林肯墓和新萨勒姆的林肯小木屋。

散文《坝上》刊于本日香港《大公报》第四张之"特约稿"栏。

9月28日

聂华苓与王浩通电话，商定纽约旅行期间汪曾祺在王家住宿。

9月29日

写第七封家书，毕。因王浩、金介甫、李又安等的安排，11月间的美东旅行计划大致确定。

1　《石清虚》的写作成文日期，《人民文学》刊本缀"一九八七年九月二十一日"。此处用家书（1987年9月22、23日）记载的日期。

9 月

本月出版的台湾《联合文学》1987 年第 9 期（总第 35 期）刊出"京味小说"专辑，选登老舍、汪曾祺等的作品，汪曾祺的《安乐居》入选。

9 月

小说集《寂寞和温暖》由台湾新地出版社出版。收入短篇小说 13 篇，均为《汪曾祺短篇小说选》中的作品。

10 月 1 日

以家书形式作散文《林肯的鼻子》，后刊于《散文世界》1988 年第 4 期。

10 月 2 日

受邀参加中国学生联谊会举行的国庆晚餐会，汪曾祺、古华、聂华苓作了开场讲话。

10 月 3 日

晚上，大学图书馆的两个负责人（一个俄国人、一个美国人）请作家们吃饭。

约今日接古剑香港来信，称将为《黄油烙饼》及《联合文学》转载的六篇小说[1]争取稿费。

写第八封家书。

10 月 4 日

到衣阿华州的首府得梅因去参观。先后看了美国公众保险公司和一个生活史主题农场（Living history farm）。

1　指《联合文学》本年第 5 期上的《汪曾祺作品选》中的六篇小说。

晚上，保险公司在一家中国餐馆请客，吃的基本是广东菜。汪曾祺应邀致辞。

10月5日

晚间，大学图书馆的两个人招待晚餐。

续写第八封家书。

10月7日

第八封家书写毕。

本日为中秋节。晚上，聂华苓邀请汪曾祺等在家中聚餐。

开始写第九封家书。

10月8日

晚上，汪曾祺和古华邀请部分作家在公寓聚餐。

10月10日

去密苏里州汉尼堡城，参观马克·吐温故乡。

10月11日

听新英格兰乐队的轻音乐。

晚上与古华接受芬兰作家 Risto 回请兼接受其采访。

约本日，为即将到来的保罗·安格尔生日作诗一首（"安寓堪安寓"）。

10月12日

本日是保罗·安格尔的 79 岁生日。晚上，他请作家们到宅喝酒。汪曾祺念早已准备好的诗。

蒋勋为自己据古代传说写的小说求序于汪。

续写前信。

10 月 13 日

晨续写前信，未完。

10 月 14 日

《华侨日报》编辑王渝（作家，巫宁坤的外甥女）和刘心武来。

10 月 16 日

东部旅行安排进一步落实。王浩来电谈到准备买票请汪曾祺看戏，汪曾祺嘱其"歌剧、舞剧、音乐会都行，不要买话剧"。

续写前信，毕。表示"我现在不太想家了"。

10 月 18 日

参加"计划"组织的"我为何写作"讨论会并作发言。会前稍作准备。

台湾作家陈映真的父亲特地带了全家来看望中国作家，并听了讨论会。晚上，陈映真的姑父在燕京饭店请客。宴后，聂华苓又邀请大家到家里喝酒聊天。

10 月 19 日

聂华苓来电交流 18 日聚会的激动情绪。

华裔作家董鼎山、《中报》编辑曹又方和另一位记者来汪曾祺处吃饭，汪曾祺做多道中国菜。

约此前后

为聂华苓画一幅《秋海棠》和《草虫图》，题朱自清诗句"但得夕阳无限好，不须惆怅近黄昏"。[1]

1　据金实秋《补说汪曾祺》，吉林人民出版社 2013 年版，第 104 页。

10 月 20 日

写第十封家书。是一封长信。

谈及作家们的感情、对陈映真的印象及《聊斋新义》的写作与出版问题。

10 月 21 日

几位中国作家先于大队人马赴芝加哥。随即参加李欧梵组织的与芝加哥大学中国学生的座谈。汪曾祺讲的是"我为什么到六十岁以后写小说较多，并且写成这个样子"。

晚上，芝加哥中国领事馆在湖南饭馆请中国作家吃饭。

10 月 22 日

在芝加哥。

约本日，参观了世界最高建筑、103 层的西尔斯塔，但没有登上去。在次高建筑"九十六层"上喝威士忌。又和蒋勋一起参观了芝加哥艺术博物馆。

10 月 23 日

"国际写作计划"其他作家本日抵达芝加哥。

上午，与吴祖光在留学生带领下逛街。

约本日，有一位自称老费、想拍中国电影的美国老板宴请。

10 月 24 日

晚上，唐人街的一个中药店百理堂的老板、画家陈海韶请汪曾祺、吴祖光参加 Party。

10 月 25 日

从芝加哥回到爱荷华，归途中参观海明威故居。

晚上，开始写第十一封家书。

10 月 26 日

下午，为爱荷华大学的文学高年级学生和研究生做讲座。汪曾祺脱稿讲"作家的社会责任感"。[1]

续写前信，未毕。

10 月 27 日

续写前信，毕。谈对一般美国女生的印象。[2]

10 月 28 日

回复古剑 10 月 11 日来信，同意他为《寂寞和温暖》编选的目录。告以《晚饭花集》已授权施叔青代理事。

10 月 30 日

赴东部旅行前夕，于本日下午写第十二封家书。述日前演讲情况和东部演讲计划，询问家人要什么礼物。提出"我回来要吃涮羊肉。在芝加哥吃了烤鸭，不香。甜面酱甜得像果酱，葱老而无味"。

新地出版社老板、台湾作家郭枫下月将来爱荷华，汪曾祺留信嘱咐书与版税事。

10 月 31 日

离开爱荷华，到东部地区旅行。

本日到达纽约，与王浩重逢。[3] 在纽约六天，住在王浩家。

1　内容见 9 月 5 日纪事所引述讲稿。
2　后据此信内容写成散文《美国女生》。
3　王浩时任洛克菲勒大学教授。

10 月

散文《从桂林山水说到电视连续剧〈红楼梦〉》刊于《北京文学》1987
年第 10 期。

10 月

《汪曾祺自选集》由漓江出版社出版，是该社"作家自选集系列"之一种。

是书为综合性自选集，选收诗、散文、短篇小说三类作品，而以短篇小
说为主。书凡 40 万字，在作者单本作品集中是规模较大的一本。

11 月 1 日

上午，金介甫夫妇开车接汪曾祺等参观世界贸易中心。随后游览了唐人
街和哥伦比亚大学。

下午，乘在耶鲁大学任教的郑愁予的车到纽黑文，住在郑家。

11 月 2 日

在纽黑文。

下午三点，在耶鲁大学演讲"中国文学的语言问题"。[1]

七点，在三一学院演讲"传统文化对中国当代文学的影响"。原拟看望
张充和，因她恰好去了敦煌，没有得见。

11 月 3 日

从纽黑文回到纽约。晚上，王浩请看歌剧、听音乐会。

散文《太监念京白》刊于本日香港《大公报》。

1　该讲题先后在耶鲁大学、哈佛大学、宾夕法尼亚大学讲过，各处分别用过"中
国文学的语言问题""中国作家的语言意识""我对文学语言的一点看法"等名称。
后来发表的追记整理稿，定名为《中国文学的语言问题》。

11 月 4 日

在纽约。

纽约《中报》编辑曹又方带汪曾祺和古华到"炮台公园"，再次看自由女神像。晚上，听音乐会。

11 月 5 日

原定本日应王渝之请看一个经典裸体舞剧。因王渝找不到人相陪，加之奔波劳累，乃作罢，休息一日。

11 月 6 日至 13 日

到费城，继续在东部诸城活动。路线是费城—华盛顿—马里兰—费城—波士顿。

在费城期间，住在李克、李又安家。在华盛顿观光一天。

到马里兰的当天晚上，华人学者余珍珠请客。汪曾祺在马里兰大学演讲，讲题仍是"传统文化对中国当代文学的影响"。

回到费城，参观了独立厅、宾州大学博物馆。第二天，在宾夕法尼亚大学演讲"中国文学语言问题"。

到波士顿。在哈佛大学再次演讲"中国文学的语言问题"。参观加勒夫人博物馆、市博物馆。

在波士顿期间，与特意在波士顿等候的法国汉学家安妮（Annie）短暂会晤。

在东部旅行期间，曾遇到西南联大同学吴纳荪（鹿桥），见赠其长篇小说《未央歌》。

11 月 8 日

林斤澜为汪曾祺《晚翠文谈》出版事宜致信浙江文艺出版社李庆西，请求社方不要对书稿作大的删削。

11月14日

由波士顿飞芝加哥,下午返抵爱荷华大学。

11月15日

开始写第十三封家书。

11月16日

本日,《文艺报》副主编陈丹晨受聂华苓之邀来爱荷华做客。汪曾祺、蒋勋、黄凡、陈怡真[1]、李昂等均参加。汪曾祺携 20 枚茶叶蛋往,并在安寓做水煮牛肉。

续写前信。

11月17日

续写前信,毕。

中午,陈丹晨和赵成才来汪曾祺处吃饭。

11月19日

应纽约《中报》之请,追记在美东地区所作演讲,成《中国文学的语言问题——在耶鲁和哈佛的演讲》一文,先刊于《中报》(日期不详),后刊于《文艺报》1988 年 1 月 16 日。

11月21日

本日前后,在赵成才陪同下到旧书店为施松卿购得《莎士比亚全集》。

本日前后,新地出版社老板、台湾作家郭枫到来,但并未带来版税。

---

1 陈怡真,女,时任台湾《联合报》副刊主编。

11 月 22 日

下午，参加"美国印象座谈会"，汪曾祺发言，大受好评。

接受爱荷华大学授予的"荣誉研究员"称号。

因有作家来信征集签名，建议爱荷华大学以保罗和聂华苓的名字命名一座建筑，以纪念他们为"计划"工作 20 年。汪曾祺在信上签了名，并写信给聂致意。

写第十四封家书。

11 月 23 日

下午，将给聂华苓的致意信交赵成才翻译。

11 月 24 日

聂收信后立即来电感谢。

在北爱荷华大学演讲，讲题临时改为"'文化大革命'期间我们是如何创作的"。

写信给古剑，报告与郭枫面晤情况。

11 月 25 日

接陈若曦电话。因对方未坚请，汪曾祺也就顺势打算放弃西部旅行计划。

续写前信，毕。透露自己将提名林斤澜、贾平凹参加"计划"。

11 月 26 日

在聂华苓家过感恩节。

11 月 29 日

"国际写作计划"举行欢送会。

12月1日

在云南所作讲话记录稿《文学语言杂谈》刊于本日出版的《滇池》1987年第 12 期。

12月2日

多数作家已离开爱荷华。

汪曾祺离美行程已定，写信给香港的董秀玉、潘耀明联系接机事宜。写信给古剑，委托他代买家人所要物品。

12月6日

写第十五封家书。备述日前两位黑人学者 Herbert 和 Antony 请自己去聊天的经过和内容。

与两位黑人学者谈话当天，汪曾祺的公寓房间失窃，丢失电视机和 600 美元现金等。

12月7日

赵成才来电转述 Minita 对汪曾祺被盗的慰问。

续写前信，毕。提到美国治安问题，谈到自己剩下来一个星期左右时间的读书打算。

12月15日

离开爱荷华。

12月17日

中午 12 点，乘坐西北航空公司 102Y 班机抵达香港。

返程途经香港，与正在港的王安忆等人同乘游艇。

在港期间，曾晤香港三联书店董秀玉，并由该店编辑、作家舒非陪同两三天，谈话内容广泛。[1]

12 月 21 日

在舒非建议下，参观中华文化促进中心举办的"石鲁回顾展"。

12 月 22 日

返抵北京。

12 月 23 日至 25 日前后

连日到民族宫礼堂看昆剧。

12 月 17 日至 25 日，文化部主办的全国昆剧抢救继承剧目汇报演出在北京举行。汪曾祺还曾买票请朱德熙看。

12 月 24 日

有贺年片寄山西大同宋志强，告以已回国。宋志强接到贺年片后次日即赴京看望。

12 月

被聘为北京市艺术职务系列高级职称评审委员，参加一、二级艺术人员任职资格评审工作。

本年

作绘画《花卉蜻蜓》，题"少年不识愁滋味"。

本年

作绘画《四川兴文竹海》，并题诗（"竹林大如海"）。收入《汪曾祺书画集》。

1　舒非《汪曾祺侧写》，载《文艺报》1988 年 5 月 14 日。

本年

受聘担任北京京剧院艺术咨询委员会委员。

1988 年，68 岁

1 月 6 日

作《话说"市井小说"》，刊于《人民日报》1988 年 3 月 18 日。是为杨德华编《市井小说选》所作序言。该书 1988 年 7 月由作家出版社出版。

1 月 10 日

复古剑 1987 年 12 月 28 日信，谈台湾新地出版社所出书的版税收取事宜，并为古剑的出版编辑工作提出若干建议。

1 月 16 日

《中国作家的语言意识》刊于本日《文艺报》。此文系在美国各校的演讲。

1 月 20 日

作《〈聊斋新义〉后记》，刊于《人民文学》1988 年第 3 期。

1 月 24 日

出席北京人民艺术剧院、幽州书院在北京联合举行的话剧《太平湖》公演、《老舍之死》一书发行新闻发布会，并作发言。[1]

---

1 有关报道见《戏剧电影报》1988 年第 3 期（1 月 17 日出版）。

1月25日

复古剑 1 月 6 日信，仍谈新地版税事，并继续提出建议。

2月1日

散文《悬空的人》刊于《瞭望》1988 年第 5 期。同文又刊于台湾《中时晚报》1988 年 6 月 3 日第 7 版"时代副刊"。

2月11日

以美国波士顿照片寄宋志强，附短笺，并请宋转交赠给李国涛的画作一幅。[1]

2月13日

散文《菌小谱》刊于本日出版的《中国烹饪》1988 年第 2 期。[2]

约2月上中旬

作绘画《松鼠》《葡萄》，题字称"用虚谷法"。[3]

2月19日

复宋志强 1 月 14 日来信。因对方代表大同邀汪等北京作家往游，汪曾祺告以 4 月为宜。

1　见乌人《汪曾祺的书画》，载《扬州文学》2008 年第 1 期。

2　1987 年 10 月在《大公报》上发表的《昆明食菌》（10 月 11 日）、《口蘑》（10 月 22 日）两文，与《菌小谱》中的相关两部分略同。按作者 1987 年 8 月末即赴香港转飞美国，直到年末回国，故该文主要内容至迟在 1987 年 8 月底前即已写成。

3　未缀具体作日，题款称"一九八八年新春"。查当年历书知 2 月 4 日为立春，2 月 17 日为春节。故作日当去此不远。

2月

肖德生、阎纲、傅活、谢明清主编《一九八六年短篇小说选》由人民文学出版社出版，选收作品36篇。《安乐居》入收。

2月

上海文艺出版社编选《八十年代散文选1986》由该社出版。汪曾祺《故乡的食物》入选。

3月22日

作《自报家门——为熊猫丛书〈汪曾祺小说选〉作》，刊于《作家》1988年第7期。"熊猫丛书"系外文出版社文学翻译丛书。

3月

时逢戏剧家马少波70岁寿辰，作诗《寿马少波同志七十》为祝。

3月

文论集《晚翠文谈》由浙江文艺出版社出版，收文论43篇。

3月

应"元海同志"之嘱，作书法"闻鸡起舞"。元海，身份暂不详。[1]

3月

应邀为京郊西北望田园庄作诗（长短句）《田园庄》（"东北望，西北望"），并自书以赠。

1　书法见 http://shequ.kongfz.com/768010.html。"元海同志"，身份不详。

3 月

为"树华同志"题字："培土树华"。[1] 树华，身份暂不详。

3 月

作书"龙腾"。[2]

4 月 3 日

复信彭匋，告以有关条件与程序，询《自选集》出版进度。透露高邮将为自选集举行发售仪式，自己已写好讲话稿。

4 月 5 日至 10 日 [3]

与李陀等《北京文学》一行赴大同，举行该刊创作函授部的面授。

4 月 22 日

作《〈到黑夜我想你没办法〉读后》，刊于《北京文学》1988 年第 6 期。所谓《到黑夜我想你没办法》，当为《到黑夜想你没办法》，系山西大同青年作家曹乃谦的小说集。

4 月

台湾《联合文学》1988 年 4 月号刊发小说《七里茶坊》。

4 月

为庆祝北京大学成立 90 周年，北大校刊编辑部编辑的多人主题文集

1　扬州潘珠军收藏。"树华同志"，身份不详。

2　原作图片见 http://pmgs.kongfz.com/detail/103_289271。

3　大同之行的日期，见 4 月 3 日致彭匋信。

《精神的魅力》由北京大学出版社出版。汪曾祺的《西南联大中文系》
收入该书。

4月

为钱锋作画两幅，一为《荷花》，一为《菊花》。

5月1日

《聊斋新义》之《陆判》刊于本日出版的《滇池》1988年第5期。

5月10日

沈从文逝世。

5月11日

上午，开会。

中午回家后，施松卿告以沈从文去世的消息。作《淡泊的消逝——悼吾
师沈从文先生》，刊于台湾《中国时报》1988年5月14日。

5月12日

动身赴浙江桐庐，参加《人民日报·海外版》组织的笔会。同行者有叶至善、
韩静霆、韩蔼丽、何志云。足迹曾至富春江、严子陵钓台。

5月15日

撰写纪念沈从文的散文《一个爱国的作家》，刊于《人民日报》（海外版）
1988年5月20日。《新华文摘》第115期（1988年第7期）转载。

桐庐笔会结束后，赴杭州，为等机票，略作停留。

5月18日

在北京八宝山革命公墓参加沈从文遗体告别仪式。接受新华社记者郭
玲春采访。新华社报道中引述了他的话，其中说到：沈先生是"真诚的爱

国主义者"，"是我见到的作家中最甘于淡泊的，这不仅是人的一种品格，也是人的一种境界"。[1]

5 月 26 日

作散文《星斗其文，赤子其人——怀念沈从文老师》，刊于《人民文学》1988 年第 7 期。收入《蒲桥集》时有多处增补。

5 月 30 日

致信古剑，告已收到新地出版社版税，谈散文集出版计划，推荐散文较好的作家贾平凹、宗璞、韩蔼丽。

5 月 31 日

致信彭匈，通报加入作协事宜的进展。询问《自选集》出书事宜。谈到沈从文逝世，表示："沈从文先生去世，国外反应强烈，国内报刊则寂寥，令人气闷！"

6 月 5 日

散文《字的灾难》刊于本日《光明日报》。

6 月 6 日

作散文《踢毽子》，刊于《中国体育报》1988 年 7 月 12 日。

6 月 10 日

作《关于散文的感想》，系为自己编辑的《桥边散文集》所写的自序，刊于《文艺报》1988 年 7 月 23 日。又以"《蒲桥集》自序"为题刊于《花城》

1　新华社记者郭玲春《眷恋乡土多名作　饮誉中外何寂寞——杰出作家沈从文告别亲友读者》，载《人民日报》1988 年 5 月 19 日。

1990 年第 2 期。[1]

6 月 11 日

与萧乾、茹志鹃、刘再复一起应邀担任中国作家协会与美国美孚石油公司合作举办的"美孚飞马文学奖"的评委。唐达成为评委会主席。[2]

6 月 18 日

端午节。借调到《文艺报》工作的王干来访，汪曾祺想起按照高邮习俗本日当吃"五红"，乃按此张罗午饭。[3]

6 月 20 日

作小说《聊斋新义》之《画壁》，刊于《北京文学》1988 年第 8 期。

6 月

中国社会科学出版社出版《小说文体研究》一书，署该社文学编辑室编，主要由白烨编选。选收近年来关于"小说文体"问题的文章 28 篇。汪曾祺在该书占据显著地位。除收入其本人的《关于小说语言（札记）》《林斤澜的矮凳桥》两篇以外，还收入关于汪曾祺的专论两篇——李陀《意象的激流》、李国涛《汪曾祺小说文体描述》，以他为主要评论、言说对象的文章两篇——何立伟《美的语言与情调》、李庆西《新笔记小说：寻根派也是先锋派》。书中其他很多篇什也多处提到汪曾祺的创作。

1　该散文集原拟称《桥边散文集》或《桥边集》，正式出版时定名为《蒲桥集》。所以收该序文时，原称"《桥边散文集》"的地方均改作"《蒲桥集》"。《花城》发表稿同。

2　据香港《大公报》1988 年 6 月 21 日报道。

3　见王干《赤子其人，赤子其文》，载《大家》1997 年第 5 期。

7 月初

施叔青到北京，带来台湾《中国时报》发表《八千岁》稿费 330 美元。[1]

7 月 4 日至 6 日

参加《文学自由谈》编辑部先后在北京大雅宝空司招待所、北大蔚秀园举行的主题为"漫话作家的责任感"的文学沙龙并发言。沙龙实录以"漫话作家的责任感"为题，刊于《文学自由谈》1988 年第 5 期。

7 月 8 日

复古剑信。古剑前来信索要散文集稿，为香港《博益》月刊约散文稿，并请汪曾祺代约林斤澜小说稿。复信抄示作家出版社散文集《桥边集》[2]目录。寄上旧作《葡萄月令》给《博益》。

7 月 10 日

《多此一举》（包括《信封上印画》《工艺菜》）刊于本日《光明日报》。

7 月 11 日

作《〈西方人看中国戏剧〉读后》，刊于《文艺报》1988 年 8 月 20 日。《西方人看中国戏剧》系台湾作家施叔青的戏剧文化著作，人民文学出版社 1988 年 3 月出版。

散文《严子陵钓台》刊于本日《人民日报》（海外版）副刊。

约此时

天津艺术研究所戏剧研究室魏子晨来访，主要谈了对京剧现状的看法。

1　施叔青来京事，见 1988 年 1 月 25 日、7 月 8 日致古剑信预料。事后未见记述。
2　即后来的《蒲桥集》。

提出京剧传统戏要"尽量保存传统作品的情节，而在关键的地方加以更动，注入现代意识"。[1]

7 月 13 日

作文艺杂谈《不要把作家抽象化起来》。

7 月 14 日

文化艺术出版社拟出版"京味小说八家"（老舍、汪曾祺、刘绍棠、邓友梅、韩少华、陈建功、浩然、苏叔阳）。本日，邀请作家、评论家召开"京味小说座谈会"。汪曾祺参加。

7 月

杨德华编《市井小说选》本月由作家出版社出版，共收 19 位现当代作家的 22 个中短篇小说。汪曾祺的《讲用》入收其中。另收汪曾祺所作序言。

夏天

与林斤澜一同出席《南方周末》组织的聚餐会。

8 月 1 日

本日出版的《作家》1988 第 8 期头题刊出汪曾祺散文《自报家门》，当期"作家影集"栏目则用封二、封三刊出汪曾祺照片 9 帧。[2]

8 月 5 日

《美国短简》（《美国旗》《夜光马杆》《花草树》《Graffiti》《怀旧》《公园》六题）刊于本日出版的《上海文学》1988 年第 8 期。

1　魏子晨《假如组建一个汪曾祺京剧团呢？》，载《上海戏剧》1989 年第 3 期。具体采访时间失记，此据魏子晨先生接受笔者访问时提供信息推断。

2　其中一帧为"1973 年在西藏布达拉宫前"，时间误。按本谱时间，应为 1975 年。

本日致信古剑，谈及转交林斤澜散文《藏猫》给古剑，告以自己将来港参加"美孚飞马文学奖"的颁奖。

8 月 7 日

致信彭匈，通报已收到《自选集》样书。谈到对即将召开的文代会的看法："这次文代会不会爆出什么'幺蛾子'，上面已经一再打招呼，一些旧事不再提，安定团结，向前看。"[1]

8 月 13 日

散文《退役老兵不"退役"》刊于本日出版的《文艺报》。

8 月 16 日

作创作谈《认识到的和没有认识的自己》，刊于《北京文学》1989 年第 1 期。《新华文摘》第 125 期（1989 年第 5 期）转载。

8 月 24 日

写作散文《沈从文转业之谜》，系应湖南文艺出版社新创刊的《真善美》杂志（弘征主编）约稿而写。此文刊于本年 10 月出版的《真善美》第一、二期合刊号（创刊号）。

8 月

在寓所接受张兴劲专访。访谈情况见张兴劲《访汪曾祺实录》，刊于《北京文学》1989 年第 1 期，又载台湾《联合文学》1989 年 1 月号。

9 月 6 日

因闻说萧乾养乌龟，为《东方纪事》杂志"四时佳兴"栏目致信萧乾约稿。

1　本次文代会、作代会因形势原因未能如期召开。

9月11日

作散文《酒瓶诗画》，刊于本日《光明日报》。

9月21日

北京师范大学研究生院与鲁迅文学院联合举办的"文艺学·文学创作"研究生班预备班开学。汪曾祺任授课专家，并担任创作研究与实践导师，指导学员刘亚伟等。

9月23日至24日

参加《北京文学》在京召开的"汪曾祺作品研讨会"。

林斤澜、李陀、陈世崇、黄子平、陈平原、李庆西、李国涛、晓蓉、吴方、孟悦、李以建、李洁非、王干、罗强烈、潘凯雄、蒋原伦、张兴劲、刘向阳等参加研讨会。著名学者吴组缃出席会议并发言。法国的安妮·居里安等外国汉学家也参加了研讨会。

9月30日

作散文《关于"样板戏"》，刊于《文艺研究》1989年第3期。

9月

短篇小说自选集《茱萸集》由台湾联合出版社出版，收入短篇小说30篇。

10月8日

作散文《甓射珠光》，刊于《中国物资报》1988年11月17日。

10月10日

致信彭匈，为收到的3500元稿费致谢，并请对方先寄来自己订购的样书，以便带到香港送人。[1]

10 月 17 日

复信陆建华，谈高邮"汪曾祺讨论会"流产事，《北京文学》《联合文学》联合推出汪曾祺专辑事。谈到刚出版的《茱萸集》《汪曾祺自选集》。谈因要参加"美孚奖"有关工作，不能应陆文夫、高晓声之请回江苏，因要参加"文代会"而取消香港行。谈高邮老家房子事。

10 月 21 日

作笔记体小说《早茶笔记（三则）》（包括《断笔》《八指头陀》《耿庙神灯》三题），刊于《今古传奇》1989 年第 2 期。是其后陆续发表于该刊的"早茶笔记"系列第一组。

10 月 24 日

致信彭匈，谈"飞马奖"与贾平凹情况。

10 月

作为五评委之一参加在北京举行的"美孚飞马文学奖"颁奖。本届"飞马文学奖"授予贾平凹的《浮躁》。

10 月

作绘画《人民代表大会》，画面为一群小鸡在"开会"，活泼幽默，富有生趣。收入《汪曾祺书画集》。

10 月

《云南文史资料》第 34 辑（"西南联合大学建校五十周年纪念专辑"）

1　原定 11 月赴港参加美孚石油公司为贾平凹举行的"飞马文学奖"颁奖会，后此次活动因故取消。

由云南人民出版社出版，汪曾祺《沈从文先生在西南联大》（1986）见收。

11月4日

作评论《贾平凹其人》，刊于《瞭望》周刊1988年第50期（12月12日出版）为本届"飞马文学奖"特设的"《浮躁》四人谈"栏目。

11月7日

作散文《野鸭子是候鸟吗？——美国家书》，刊于《经济日报》1988年11月20日"五洲"副刊。

11月9日

作散文《淡淡秋光》，包括《秋葵·凤仙花·秋海棠》《香橼·木瓜·佛手》《橡栗》《梧桐》，刊于《散文世界》1989年第1期。

11月13日

作文艺随笔《小说陈言》，包括《抓住特点》《虚构》《干净》，刊于《小说选刊》1989年第1期。

11月

中华诗词学会《中华诗词年鉴》首卷由中国民间文艺出版社出版。汪曾祺《广西杂诗·桂林（二）》入收。

12月5日

邵燕祥、汪曾祺受中外文化出版公司委托编辑中国作家访美观感散文集《美国的月亮》。两人联名致信若干作家约稿。本日致信萧乾。

12月7日

散文《吴大和尚和七拳半》刊于本日《人民日报》"大地"副刊"燕舞散文征文"作品栏。2009年入选人民日报文艺部编、人民日报出版社出版的《人民日报 60 年优秀散文选》。

12 月 7 日

作小说《荷兰奶牛肉》，刊于《钟山》1989 年第 2 期。

12 月 22 日

作散文《冬天》。生前未发表。

12 月 25 日

散文《韭菜花》刊于中国残疾人联合会主办的《三月风》（月刊）1989 年第 1 期。同期刊出丁聪所作漫画像。汪曾祺应编辑之请自作诗《自题小像》。

本年

聂华苓、保罗·安格尔访华，汪曾祺设家宴款待。

1989 年，69 岁

1 月 7 日

作散文《吴雨僧先生二三事》，刊于《今古传奇》1989 年第 3 期。

1 月 30 日

致信范用，抄诗《忽忆童年春节，兼欲与友人述近况，权当拜年》。

1 月

《北京文学》与台湾《联合文学》共同行动，刊发汪曾祺专号。《北京文学》第 1 期刊出汪曾祺的小说新作《小学同学》（包括《金国相》《邱麻子》《少年棺材匠》《薆蒿薹子》《王居》五篇）和自述《认识到的和没认识到的自己》、陈红军整理的《汪曾祺作品研讨会纪要》、张兴劲的《访汪曾祺实录》及两篇评论：吴方《说"淡化"——汪曾祺小说的"别致"及其意义》和《笔下浸透了水意——沈从文的〈边城〉和汪曾祺的〈大淖记事〉》（陈丰译）。

《联合文学》1月号专辑名为"来自大地的声音——'汪曾祺作品探索'专辑"。除发表《北京文学》专号上的全部内容外，还刊出方瑜的一篇《乱针绣出的人物绘卷——评汪曾祺〈茱萸集〉》。

1 月

纪实散文《我的"解放"》刊于《东方纪事》1989年第1期。旋为《新华文摘》第123期（1989年第3期）转载。江苏文艺出版社主办的《东方纪事》杂志从本期开始改在北京编辑，朱伟总体筹划，汪曾祺担任该刊总顾问。

2 月 6 日

完成七场戏曲歌舞剧《大劈棺》。后刊于《人民文学》1989年8月号。

2 月 12 日

得曹禺回信。此前，汪曾祺应曹禺之嘱寄赠了《汪曾祺自选集》《晚翠文谈》二书。曹禺在信中盛赞二书。

2 月 22 日

参加河北省文联、《文艺报》和作家出版社联合举行的铁凝长篇小说新作《玫瑰门》讨论会并作发言。

2 月

吴亮、章平、宗仁发编《民族文化派小说》由时代文艺出版社出版，为该社"新时期流派小说精选丛书"之一种。是书选收新时期"民族文化派"小说9家10篇，汪曾祺《桥边小说三篇》入选。

3 月 7 日

作诗《我为什么写作》，刊于《新民晚报》1989 年 4 月 11 日。

3 月 25 日

作文艺随笔《重写文学史，还不到时候》，刊于《文论报》1989 年 3 月 25 日。

3 月 27 日

《人民日报》文艺部"燕舞"散文征文评选本日揭晓，汪曾祺的《吴大和尚和七拳半》榜上有名。[1]

3 月 31 日

由星云大师率领的"国际佛教促进会大陆弘法探亲团"与北京知名作家座谈会在中国现代文学馆举行。汪曾祺参加，并当场诵诗献给星云大师（"出家还在家"）。

3 月

致信陆建华，为徐淦生改编《岁寒三友》电视剧一事，请陆建华询问高邮有关方面资助事宜。

3 月

为鲁迅文学院第五届作家进修班和首届文学创作研修班授课，题为"谈创作"。[2]

1　该书后未见出版。
2　鲁迅文学院 2009 年编《鲁迅文学院与中国当代文学》记其事，不系年月。此处依据第五届进修班学员苏北向笔者提供的回忆系日。

3月

散文集《蒲桥集》由作家出版社出版，列为"四季文丛"之一种。这是作者的第一个散文集，为作者自选，共选散文61篇。依"四季文丛"通例，封面印有作者应出版社之请以第三人称自撰的引介语。

3月

刘颖南、许自强编《京味小说八家》一书由文化艺术出版社出版。全书凡43万字，选收老舍、汪曾祺、刘绍棠、邓友梅、韩少华、陈建功、浩然、苏叔阳八位作家的小说16篇，并各附评论。汪曾祺入选作品是《安乐居》和《云致秋行状》，附有许自强所撰评论《淡中有味，飘而不散——从〈安乐居〉和〈云致秋行状〉看汪曾祺小说的风格特色》。

4月2日

致信陆建华，谈自己的作品影视剧改编情况。

4月11日

四言诗《我为什么写作》刊于本日《新民晚报》"读书乐"专栏。

4月24日

本日为方荣翔逝世第三天，汪曾祺作纪念短文，寄给《北京晚报》。后未见刊出。[1]

4月

为纪念沈从文逝世一周年（5月10日），湖南文艺出版社出版40万字的大型文献资料性文集《长河不尽流》。汪曾祺的《沈从文转业之谜》收入其中。

1　本年10月10日致方立民信提及此事。

4 月

《1985—1987 散文选》由人民文学出版社出版，《钓鱼台》入收。

5 月 4 日

在王府井书店参加文化艺术出版社组织的《京味小说八家》签名售书活动。

5 月 7 日

作文论《中国戏曲和小说的血缘关系》，刊于《人民文学》1989 年第 8 期。

5 月 13 日

致信朱延庆，请代查秦观《品令》中与高邮方言相关诸语出处、全文及代寻王磐《野菜谱》。信刊于《文教资料》1997 年第 4 期。

5 月 28 日

文艺随笔《晚岁渐于诗律细》刊于本日《光明日报》。

5 月

作诗《秦少游读书台》。又为高邮县文联文学刊物《珠湖》的地方经济建设主题报告文学集《珠湖春汛》题诗（"珠湖春汛近如何"）。

5 月

华中师范大学编《中国当代文学》第 3 册由上海文艺出版社出版，下限论述内容止于 1986 年 10 月。在"新时期的社会主义文学"一编的"小说"部分，专节论述了"北京作家群"，包括汪曾祺、林斤澜、刘绍棠、陈建功的小说。其中涉及汪曾祺的部分有 2200 字篇幅。

5月

北京师范大学等十院校编《中国当代文学作品选》（上、中、下）由人民文学出版社出版。在"短篇小说"部分，共选 1949 年以来的 14 篇作品，《受戒》入选。

6月9日

应邀为鲁迅文学院第五期培训班授课，题目为《小说创作漫谈》。

约本年6月13日

作散文《罗汉》，作为"散文五篇"之一刊于《收获》1998 年第 1 期。[1]

6月22日

作散文《凤翥街》，刊于《海南纪实》1989 年第 2 期（补）。[2]

7月3日

作散文《王磐的〈野菜谱〉》，刊于《中国文化》1990 年第 2 期。

7月8日

作散文《读廉价书》，包括《一折八扣书》《扫叶山房》《旧书摊》《小镇书遇》《鸡蛋书》，刊于《群言》1990 年第 4 期。

---

1 篇末只缀月日。文中说"前三年在苏州甪直看到几尊较古的罗汉"。汪曾祺1986 年 10 月回江苏，然后参加在上海金山举行的国际汉学家当代中国文学讨论会，这期间游历苏南多地。"前三年"或指 1986 年。则此篇可能是 1989 年作。

2 该期出版于当年 9 月 15 日，也是该刊的终刊号。之前第二期曾因故脱期，故终刊的期号为"2（补）"。

7月28日

作小说《聊斋新义》之《捕快张三》，刊于《小说家》1989 年第 6 期。所据原故事见于《聊斋》卷九《佟客》后附"异史氏曰"的议论中。

8月2日

作小说《聊斋新义》之《同梦》，刊于《小说家》1989 年第 6 期。此文系据《聊斋》中的《凤阳士人》改。

8月10日

致信黄裳，谈作为台湾《中国时报》第十二届时报文学奖散文评委，欲推荐黄裳、宗璞参评事宜。谈到自己近况时，有"我还好，写了些闲文，都放在抽屉里"一语。[1]

8月16日

作散文《"无事此静坐"》，刊于《消费时报》1989 年 10 月 18 日，栏题为"拈花小品"，当为拟撰文章系列。文末说："我是个比较恬淡平和的人，但有时也不免浮躁，最近就有点如我家乡话所说'心里长草'。我希望政通人和，使大家能安安静静坐下来，想一点事，读一点书，写一点文章。"反映了作者此际心态。

8月17日

复信解志熙，应请谈自己的创作。解志熙时为河南大学中文系中国现当代文学专业硕士研究生，正在做有关论文。谈到自己 40 余年的创作，阿左林、纪德、萨特、废名等对自己的影响，及对"京派"的看法。

1　信见黄裳《故人书简——忆汪曾祺》，收入《你好，汪曾祺》，山东画报出版社 2007 年版。

8月22日

《新民晚报》第8版刊出明华采访记《汪曾祺谈读书》。

9月10日

《读书》1989年第9期刊出李庆西的评论文章《野凫眠岸有闲意——〈晚翠文谈〉与汪曾祺的境界》。

9月16日

作散文《寻常茶话》，载《光明日报》1990年3月20日。系应袁鹰为编《清风集》（中外文化出版公司1990年版）约稿而作。对照《清风集》，《光明日报》所收版本内容有删并。

9月18日

作《〈沈从文传〉序》，刊于《吉首大学学报》1991年第1—2期。《沈从文传》为美国汉学家金介甫所著。该书由符家钦中译，时事出版社1990年10月出版。

9月

《和尚——早茶笔记之三》（包括《铁桥》《静融法师》《阎和尚》三题）刊于《今古传奇》1989年第5期。

9月

《江青和两出夭折的"样板戏"》刊于本月出版的《华人世界》（双月刊）1989年4、5期合刊。是年初发表于《东方纪事》上的《我的"解放"》一文的一部分。

10 月 9 日

复宋志强信。对于宋的来信中所附沈风评论说汪曾祺的小说"散文化"，汪说这"倒是很新鲜的见解"。同时略谈自己和文坛近况，"因为签了两次名，少不得要'反思'一下。近来还写了一些散文，'准风月谈'年，现在也只能写写这种东西。写小说一时不可能，大家都不知道今后应该怎么写。"

10 月 10 日

复信方立民。前曾接方立民来信请写纪念方荣翔的文章，回信欣然同意，称此事"义不容辞"。提出四个方面问题请方立民介绍情况。[1]

10 月 28 日

从北京乘火车赴合肥。安徽《清明》创刊十周年纪念暨征文授奖大会在合肥召开。汪曾祺与林斤澜、刘恒、余华一起应邀赴合肥参加这次会议。同行者还有正在鲁迅文学院进修的安徽青年作家李平易等。[2]

10 月 29 日至 31 日

10 月 30 日，纪念大会在中共安徽省委组织部招待所会议室召开。汪曾祺在会上讲话。晚上，在庐州艺苑举行了"清明雨联欢晚会"。31 日，老中青作家与文学期刊主编座谈。座谈会纪要以"文章千古事，得失寸心知"为题在《清明》1990 年第 1 期发表。

10 月

绘画《"韩瓶"梅花》并题跋，收入《汪曾祺书画集》。

---

1 据方立民向笔者提供书信复制件。剧协山东分会编的书，指后来出版的《方荣翔艺术生涯》，山东文艺出版社 1990 年版，内无汪文。

2 墨白《汪曾祺的淡泊》，载《中华读书报》2012 年 2 月 1 日第 3 版。

秋

叶至诚携叶兆言在北京访友，林斤澜招待，并请汪曾祺作陪。[1]

11月1日至2日

安徽省文联、作协及《清明》杂志社轮番宴请。

11月3日

乘坐长途汽车去屯溪。在屯溪，下榻三江楼。其间，当地市长曾慕名来访。汪曾祺作书画赠送众人。为宾馆题字"三江一望"。

11月4日至6日期间

去歙县、黟县游览各一天。歙县是汪曾祺祖籍，在合肥曾戏称来"寻根"。在黟县参观西递村、宏村盐商旧居。为汪姓讲解员题"宗传越国"。

11月7日

汪曾祺、林斤澜乘机离屯溪返合肥，但飞机因天气原因无法降落，折返屯溪。二人又滞留屯溪一日。

11月8日

乘机飞赴合肥，再转北京。[2]

约此时

从安徽回到北京，给新结识的友人寄书。

1　叶兆言《郴江幸自绕郴江》，载《作家》2003年第2期。
2　以上屯溪日程，据李平易先生接受笔者访问时提供具体信息。

11 月 19 日

作散文《皖南一到》（含《草木》《屯溪》《歙县》《黟县》《徽菜》五题），刊于《花城》1990 年第 2 期。

11 月 25 日

台湾《中国时报》本日刊出第十二届时报文学奖得奖作品《在了解的边缘》（郭真君作），并刊出汪曾祺的《边缘的边缘》作为"评审委员意见"。

11 月 27 日

作文艺随笔《词曲的方言与官话》，刊于《中国文化》1990 年第 2 期。

12 月 25 日

作散文《艺术和人品》，刊于《读书》1990 年第 3 期。[1]

12 月 25 日

《读书》杂志编辑赵丽雅、吴彬来访，请参与"蔡志忠漫画三种笔谈"。后未见参与此事。

12 月

与林斤澜、何振邦一行到福建漳州为鲁迅文学院函授学员设点面授并顺访福建。先后到了云霄、东山岛、厦门、泉州、福州、武夷山等地。看过的

1　此文原为汪曾祺为《方荣翔传》所作"代序"。方荣翔（1925—1989），京剧表演艺术家，裘盛戎的高徒，工裘派花脸。曾演出《奇袭白虎团》和汪曾祺编剧的《雪花飘》等京剧现代戏。方立民系方荣翔之子。《方荣翔传》为书稿初名，后来正式出版时改名《沧海艺魂——我的父亲方荣翔》（济南出版社 1990 年版）。汪曾祺的手稿本系为该书作"代序"，后该书用了翁偶虹的序，汪文单独发表，并收入《沧海艺魂》附录中。据方立民先生向笔者提供的手稿复制件及向笔者介绍的情况。

重要名胜则有木棉寺、南普陀寺、开元寺等。

在漳州，除为函授学员讲课外，还为漳州师院学生做讲座。参观八宝印泥厂并题词。在东山岛为文学爱好者讲文学语言问题。在厦门到鼓浪屿舒婷家做客。到武夷山，宿银河饭店，应邀撰题联："四围山色临窗秀，一夜溪声入梦清。"[1]

年底

作《〈知味集〉征稿小启》，发送给多位作家、艺术家、学者，向他们约写饮食生活的主题散文，为编《知味集》一书做准备。

《中国烹饪》率先刊登《知味集》的部分文章。该刊 1990 年第 8 期先刊出了后记（编者加题《作家谈吃第一集》）并附这篇《〈知味集〉征稿小启》。后收入《知味集》书前。

年底

山东作家毕四海携中短篇小说作品来访，请汪曾祺作序。后作《愿他试验各种招数》一文，收入《毕四海中短篇小说选》（济南出版社 1990 年 7 月版）。

本年

中国文学出版社出版法文版短篇小说集《受戒》，列为该社"熊猫丛书"之一种。收有《自报家门》。

本年

为《工人日报》组织的全国工人作家班讲课，题为"小小说的创作"。

1　《初访福建》提及此联，"四围"作"四周"。

1990 年，70 岁

1月9日

作散文《马·谭·张·裘·赵——漫谈他们的演唱艺术》，刊于《文汇月刊》1990 年第 2 期。

1月10日

散文《沽源》刊于本日《消费时报》。

1月15日

作画《水仙金鱼》，题句：宜入新春未是春，残笺宿墨隔年人。[1]

1月30日

作散文《初访福建》，包括《漳州》《云霄》《东山》《厦门》《福州》《武夷山》六题，分两次刊于《中国旅游报》1990 年 4 月 21 日、28 日。

2月10日

正月十五，汪曾祺 70 岁生日，作诗《七十书怀出律不改》。

约此时

年满 70 周岁的汪曾祺办理离休手续。领到离休证后，汪曾祺始知，自己原来是"局级干部"。

1　事见《七十书怀》。这两句诗后来在 1991 年 2 月 15 日扩写为一首完整的七律《辛未新正打油》。

2 月 13 日

文艺评论《读一本新笔记体小说》，刊于本日《光明日报》。又刊于《金潮》1995 年第 4 期。"一本新笔记小说"指王明义、龙冬、苏北、钱玉亮小说合集《江南江北》（安徽文艺出版社 1994 年 9 月出版）。

2 月 17 日

作《遥远的阿佤山》，刊于《文学界》1990 年第 1 期。系为云南佤族女作家董秀英中短篇小说集《马桑部落的三代女人》（云南人民出版社 1991 年 6 月版）所作序言。

2 月 24 日

70 岁生日后 14 天，作散文《七十书怀》，刊于成都《现代作家》1990 年第 5 期。

3 月 2 日

作随笔《知识分子的知识化》，刊于《人民政协报》1990 年 4 月 6 日。

3 月 19 日

复陈午楼信，谈扬州评话。

前此接陈午楼信告知挪威汉学家易德波为扬州评话来访事。复信讲自己推荐易德波趋访的原委，建议陈尽早将著作出版。

3 月 22 日

写完《释迦牟尼》。系江苏教育出版社计划出版的"世界名人画传"之一种。该书最终于 1992 年 7 月以豪华本形式出版。

3 月 23 日

作《作家谈吃第一集》，刊于《中国烹饪》1990 年第 8 期。是为自己主编的《知味集》一书所作后记，题目为中国烹饪杂志社编辑所加。[1]

3 月

散文《人间草木》（包括《山丹丹》《枸杞》《槐花》三题）刊于《散文》1990 年第 3 期。

3 月

散文《沙岭子》刊于本日出版的《作家》1990 年第 3 期。

4 月下旬

患急性胆囊炎，经治疗痊愈。

4 月

秦亢宗主编《中国小说辞典》由北京出版社出版。"汪曾祺""大淖记事"词条见收。

4 月

作绘画《花卉》，题"月晓风清欲堕时"。收入《汪曾祺书画集》。

5 月 5 日

作散文《闹市闲民》，刊于《天涯》1990 年第 9 期。

1　有关该文及《知味集》其书的背景，参见本谱 1989 年"年底"纪事。

5月8日

作散文《二愣子》，刊于《天涯》1990年第9期。[1]

5月14日

复古剑信。因古剑前函提出办作家书画展，汪曾祺从古剑的角度提出征集难度与作品水平、名义与机构、买主、定价、资金等五条理由劝阻。

5月30日

致信朱延庆谈为高邮中学"甘雨楼""赞化楼""紫竹楼"等题字事。[2]

5月

山西大同青年作家曹乃谦来访，招待酒饭，饭前为曹乃谦作画《槐花小院静无人》。

5月

散文《萝卜》刊于《十月》1990年第3期。该文是为自己主编的《知味集》所撰稿。后重刊于台湾《联合文学》1993年第12期。

5月

文学评论《愿他多多实验各种招数》刊于山东《文学评论家》（双月刊）1990年第3期。是为《毕四海中短篇小说选》（济南出版社1990年7月版）所作的序言。

1　《闹事闲民》和《二愣子》在《天涯》发表时题为《闹事闲民（外一篇）》。
2　信见朱延庆《汪曾祺十年前的信》，载《江苏教育报》2000年6月16日。该信连同题字一并寄到高邮中学，题字不久铸字启用，但该信直到2000年才到朱延庆手中。

6 月 8 日

作散文《赵树理同志二三事——早茶笔记之四》，刊于《今古传奇》1990 年第 5 期。

6 月 17 日

奚派传人张建国率石家庄京剧团到上海，本日起在中国剧场演出代表剧目。剧目中包括《范进中举》。

6 月 30 日

作散文《食道旧寻》，刊于《中国烹饪》1990 年 11 月号。是为《学人谈吃》所作序言，标题为《中国烹饪》编者加。《学人谈吃》为聿君编，中国商业出版社 1991 年出版。聿君即时任《中国烹饪》杂志编辑的卫建民。卫建民说："我在中国商业出版社工作时，编过一册《学人谈吃》。集子所收，是《中国烹饪》创刊以来，一些著名学者、作家的文章。集子编好后，我抱着清样送给汪老，请他写了一篇长序。"[1]

6 月

作绘画《童话》。画藏高邮汪曾祺故居。

7 月 12 日

作杂论《写字》，刊于《八小时以外》1990 年第 10 期。

7 月 27 日

作散文《呼雷豹》，刊于《文汇报》1990 年 9 月 26 日。此文是该报所开设"蒲草集"专栏开栏文章。收入《独坐小品》《中国当代作家选集丛书·汪

1　据卫建民先生致笔者信（2013 年 12 月 27 日）。

曾祺》《老学闲抄》。

7 月

散文《五味》刊于本月出版的《中国作家》1990 年第 4 期，后重刊于台湾《联合文学》1993 年第 10 期。

上半年

为鲁迅文学院第六期培训班作讲座《我的创作生涯》，刊于《写作》1990 年第 7 期。[1]

夏

云南保山重建施甸县"文笔塔"，保山地区文联主席周文林通过《边疆文学》编辑屠燮昌约请汪曾祺撰书楹联。为撰书：

塔涌劫灰后，文雄边嶂南。[2]

8 月 14 日

作《"蒲草集"小引》，刊于《文汇报》1990 年 9 月 26 日。此文是为将要在"文汇报增刊"上发表的文章写的引言。所谓"文汇报增刊"，当指《文汇报》"笔会"副刊。

8 月 14 日

作文艺随笔《〈水浒〉人物的绰号》，包括《鼓上蚤和拼命三郎》《浪子燕青及其他》两题，分别刊于《文汇报》1990 年 10 月 24 日、1991 年 2 月 6 日的"蒲草集"专栏，配以自题栏头"蒲草集"。

1　这次讲座在 3 月到 7 月之间。有关考证见徐强《汪曾祺全集系年辨正》。
2　事见屠燮昌《怀念汪曾祺》，载《滇池》1997 年第 8 期。屠文说事在"玉烟笔会"（1991）之后"又过了年把"，误。

8 月下旬

客居美国的朱德熙临时回国主持第三届国际汉语教学讨论会并参加纪念王力先生 90 诞辰语言学研讨会。会议结束后、回美国前的几天内，他看望亲友。其间，他携外孙女也看望了汪曾祺。

9 月 1 日

作散文《多年父子成兄弟》，刊于《福建文学》1991 年第 1 期。《新华文摘》1991 年第 3 期转载。

9 月 10 日

某台湾企业家及南京利烹电子有限公司杨兴瑞欲筹拍"中国食品文化"主题电视片《龙宴传奇》，本日汪曾祺写便信致《中国烹饪》杂志编辑卫建民请他提供帮助。剧组后来要到苏州拍外景，汪曾祺又致信陆文夫请他帮助协调，由卫建民转交剧组持致陆文夫。该片原定由蒋勋担任主持人，后因蒋勋患病，卒未果。[1]

9 月 24 日

作文艺评论《读〈萧萧〉》，刊于《小说家》1991 年第 1 期。

9 月 26 日

"蒲草集"系列随笔始以专栏形式在《文汇报》"随笔"版刊出，作者亲题栏头。本日刊出第一篇《蒲草集小引》及第一篇《呼雷豹》。

9 月

接受李辉采访，主要谈沈从文。整理稿《听沈从文上课》收入李辉《与

1　卫建民先生致笔者信（2013 年 12 月 27 日）。

老人聊天》一书，大象出版社 2003 年出版。

10 月 3 日

作小说《迟开的玫瑰或胡闹》，刊于《香港文学》1991 年第 1 期，又刊于台湾《联合文学》1991 年第 9 期。

10 月 10 日

作《人之相知之难也——为〈撕碎，撕碎，撕碎了是拼接〉而写》，刊于《读书》1991 年第 2 期。《撕碎，撕碎，撕碎了是拼接》是林建法和王景涛合编的关于当代作家印象与评论的文集，时代文艺出版社 1991 年 5 月出版。

10 月 25 日

散文《二十年前旧板桥》《冯乐山的寿联》《打油诗》三篇以《老学闲抄（三章）》为总题，刊于本日《文学报》。

本日又作散文《老学闲抄》三篇，包括《皇帝的诗》《诗用生字》《毛泽东用乡音押韵》，刊于《鸭绿江》1991 年第 2 期，陕西人民出版社《老学闲抄》一书在"老学闲抄"题下原貌收入。

本日《人民政协报》"华夏"栏目刊登记者如水（纪红）的短文《汪曾祺先生》，并附照片一帧。

10 月

陈平原主编"漫说文化"丛书之《佛佛道道》由人民文学出版社出版，《幽冥钟》入收。

11 月 3 日

致信姚育明，谈姚育明的小说《扎根林》，提出若干条具体意见。

11 月 4 日

在致姚育明信后添写内容，继续提出意见。修改后的《扎根林》发表于《上海文学》1990 年第 12 期。《上海文学》1991 年第 6 期以"汪曾祺、吴若增谈《扎根林》"为题刊出汪曾祺的信，及姚育明的说明（致编辑部的信）。

11 月 24 日

作散文《米线和饵块》。未发表，有手稿留存。文中"一九八六年，我重回了一趟昆明"，时间系笔误，当为一九八七年。

11 月

吴福辉编《京派小说选》，作为"中国现代文学流派创作选"之一，由人民文学出版社出版。全书共选收 15 位作家 31 个作品。汪曾祺的《老鲁》《戴车匠》《鸡鸭名家》《异秉》入选。

约 11 月

为山东作家自牧（邓基平）《百味斋日记》题诗（"轻霜渐觉秋菘熟"）。[1]

秋

山东青年作家、汪曾祺在鲁迅文学院指导的学生刘亚伟陪济南《时代文学》编辑张东丽来约稿。[2]

12 月 3 日

作《〈蒲桥集〉再版后记》，刊于《随笔》1991 年第 2 期。

12 月 8 日

作散文《城隍·土地·灶王爷》，作为"城南客话"之一篇刊于《中国文化》

1　自牧著《人生品录——百味斋日记》，山东文艺出版社 1993 年版。自牧先生向笔者提供了墨迹图片及背景材料。

2　刘亚伟先生接受笔者访问时提供情况，并参刘亚伟《我的老师汪曾祺》，作者新浪博客 2006 年 8 月 11 日文章（http://blog.sina.com.cn/s/blog_4965c5410100052f.html）。

（半年刊）1991 年第 1 期（总第 4 期，1991 年 7 月出版）。

12 月 21 日

百花文艺出版社拟出版不定期散文辑刊《中外散文选萃》，主事者谢大光约请卫建民采访汪曾祺。本日，在蒲黄榆寓所与卫建民就散文创作问题对谈。整理稿以"闲话散文"为题，载《中外散文选萃》第一辑。[1] 后收入文畅、孙武臣主编《80 名家谈散文创作》，作家出版社 2000 年 6 月出版。

12 月 24 日

作《〈年关六赋〉序》[2]。《年关六赋》是青年作家阿成（王阿成）的小说集。该书 1991 年由作家出版社出版，是该社"文学新星丛书"之一种。

12 月

新修《高邮县志》作为"江苏省地方志"之一种，由江苏人民出版社出版。全书凡 130 万字。汪曾祺担任该志编纂五顾问之一，曾提出很多编修意见。

12 月

汪曾祺、邵燕祥主编的《美国的月亮》一书由中外文化出版公司出版。书中收入 35 位当代作家关于美国印象的散文 35 篇，汪曾祺本人的《林肯的鼻子》一篇入收。

12 月

汪曾祺主编的《知味集》由中外文化出版公司出版。同时出版的还有袁鹰编《清风集》、姜德明编《书香集》。

《知味集》收录作家、艺术家、学者关于饮食生活的散文 55 篇。汪曾祺本人的《萝卜（外一题）》收入在内。另外，汪曾祺的《寻常茶话》收入《清

1　据卫建民先生致笔者信（2013 年 12 月 27 日）。

2　手稿藏中国现代文学馆。

风集》，《读廉价书》收入《书香集》。均系为该套书特撰。

冬

作书法，自书一年前为武夷山银河饭店所撰联。收入《汪曾祺书画集》。

本年

杂论《步障：实物和常理》刊于《中国文化》（半年刊）1990 年第 2 期（总第 3 期，1990 年 12 月出版）。此文是作者"城南客话"系列的一篇。城南之名，源于作者当时的居所所在的蒲黄榆，位于北京城南部。

本年

本年赵本夫迁新居，为寄赠绘画并题诗（"人来人往桃叶渡"）。[1]

本年

在武汉大学作《小说的思想和语言》，刊于《写作》1991 年第 4 期。

本年

作散文《贾似道之死——老学闲抄》，刊于《收获》1991 年第 1 期。

本年

中国文学出版社出版英文版短篇小说集《晚饭后的故事》，列为该社"熊猫丛书"之一。收有《鸡鸭名家》《异秉》《受戒》《岁寒三友》《大淖记事》《鸡毛》《皮凤三楦房子》《陈小手》《寂寞和温暖》《晚饭后的故事》《八千岁》《三姊妹出嫁》《詹大胖子》等 13 篇小说，前有自序（《自报家门》）。

1　赵本夫《汪先生》，载《扬子晚报》1997 年 5 月 29 日。据敏芝、汝河《赵本夫漫谈〈天下无贼〉》（《都市文化报》2004 年 12 月 29 日）一文，此画为 1990 年所赠。

1991 年，71 岁

1 月 5 日

作散文《美国女生——阿美利加明信片》，刊于《经济日报》1991 年 1 月 13 日第 4 版 "国际副刊" 创刊号。

1 月 7 日

作为教师代表参加鲁迅文学院与北京师范大学研究生院合办的 "文艺学　文学创作" 研究生班毕业典礼。本期 46 名学员获得两院校共同颁发的研究生班毕业文凭。

1 月 11 日

作《正索解人不得——黑孩散文集〈夕阳正在西逝〉序》，刊于《桥》1991 年第 4 期。黑孩的散文集名实为《夕阳又在西逝》，安徽文艺出版社 1991 年出版。

1 月 12 日

早晨，《桥》杂志中文版记者黄燎原来到蒲黄榆汪家，就 1 月 4 日台湾作家三毛自杀身亡一事进行采访。[1]

1　见《桥》（半月刊）特稿《三毛与世界告别》，刊于《桥》1991 年第 2 期，又收入黄燎原主编《句号——三毛告别滚滚红尘》一书，中国广播电视出版社 1991 年 2 月版。

1月13日

收到河北人民出版社赠张紫晨选编《民俗调查与研究》等书。

1月14日

收到陶阳信并赠书二种：《中国神话》《中国创世神话》。

1月15日

在北京南河沿大街欧美同学会的会议室参加中国图书评论学会、《中国图书评论》杂志和河北人民出版社举办的首届专家品书会并发言。《中国图书评论》1991 年第 2 期以《文化名人谈书评》为题依次刊出金开诚、丁守和、汪曾祺、谢冕、戴逸、徐宗逸、刘梦溪的发言。

本日复信陶阳，对对方的著作表示感谢，为民俗学的发展表示欣慰，对"民协"内部表示忧虑和希望。

1月22日

作散文《我的祖父祖母——自传体系列散文〈逝水〉之三》，刊于《作家》1992 年第 4 期。

1月28日

致信黄裳。此前得三联书店赵丽雅信，说黄裳托她在京觅购《蒲桥集》。信中表示将寄书给黄。谈到前不久的纪念徽班进京 200 周年系列庆祝活动。[1]

1月31日

作散文《随遇而安》，刊于《收获》1991 年第 2 期。

---

1 黄裳《也说汪曾祺》，载《读书》2009 年第 3 期。

2月15日

作诗《辛未新正打油》，书为条幅，手迹收入《汪曾祺书画集》。以该诗抄送黄裳。又以钢笔写于打字纸上给邵燕祥。[1]

2月18日

辛未年正月初四，作随笔《雁不栖树》，刊于《文汇报》1991年3月6日，是"蒲草集"系列之一。

2月18日

作戏剧评论文章《正视危机才能走出危机》，作为"京剧前景五人谈"之一刊于本日出版的《瞭望》周刊1991年第7期。

2月22日

收到人民文学出版社王培元寄来的《京派小说选》两册（人民文学出版社1990年版）。致信编者吴福辉，谈"京派小说"，承认自己是京派。[2]

2月26日

71岁生日（3月1日）将至，作诗《七十一岁》。本日致信范用，抄近作诗二首《辛未新正打油》及《七十一岁》。信中说："此二诗亦可与极熟人一看，相视抚掌，不宜扩散，尤不可令新入升官图的桃偶辈得知。"[3]

1　据邵燕祥《汪曾祺小记》，收入《惟知音者倾听》，湖北人民出版社2004年版。

2　吴福辉《汪曾祺坦然欣然自认属于京派》一文披露。文载《现代中文学刊》2011年第2期。

3　信见范用《曾祺诗笺》披露，文收《泥土脚印》，凤凰出版社2003年版。该信未署日期，只署"星期二"。信末祝颂语为"即颂元宵佳胜"，说明是元宵节前夕写成寄出。查日历知元宵节前的星期二为2月26日。因系于本日下。

3 月 26 日

作文艺随笔《美在众人反映中》, 刊于《天津文学》1991 年第 7 期 "老学闲抄" 栏。

3 月

《何时一尊酒, 重与细论文》刊于《文学自由谈》1991 年第 3 期, 系为陆建华编《全国获奖爱情短篇小说选评》所作序。《选评》一书, 由南京大学出版社 1990 年 12 月出版。

3 月

舒乙、王行之主编《受戒——中国佛教小说选》由台湾佛光出版社出版, 为该社 "佛光丛书" 之一。汪曾祺的《复仇》《受戒》入收。

4 月前

作小说《捡烂纸的老头》, 刊于《新地》1991 年第二卷第一期。

4 月 4 日

明日将随 "中国作协赴滇采风团" 赴昆明, 参加中华文学基金会、中国作家协会创联部和《中国作家》联合举办的 "红塔山笔会"。冯牧担任团长, 汪曾祺、尧山壁为副团长。本日写下关于云南的旧体诗三首。散文《觅我游踪五十年》自引其中两首 ("羁旅天南久未还" 和 "犹是云南朝暮云"), 另一首不详。

4 月 5 日

与冯牧及高伟、李迪、张守仁、赵虹、凌力、尧山壁、李晓燕同机飞赴昆明, 下榻翠湖宾馆。傍晚, 与冯牧、张守仁陪准备写南明历史小说的凌力散步青莲街, 寻找逼死坡。

4月6日

代表团经呈贡、晋城，午间抵玉溪，进玉溪卷烟厂。下榻玉烟厂宾馆。

随团登红塔山，不慎扭伤了左脚。此后几日都拄杖跛行。

4月7日

代表团参观聂耳纪念馆。

4月7日

散文《修髯飘飘》上半部分刊于本日《中国教育报》。下半部分刊于该报 14 日。

4月8日

上午，众作家参观车间、看录像。汪曾祺因脚伤未参观。为玉溪卷烟厂写诗（"玉烟好风日"）。又题联语："技也进乎道，名者实之宾。"

下午，与文学爱好者座谈。

晚上，与尧山壁、吕国庆、张守仁一起，和玉溪卷烟厂厂长褚时健进行采访座谈。

4月9日

乘车至江川县游星云湖、抚仙湖。其后在云南多地访问，行程如下：

在瑞丽，住永昌大酒店。

在畹町，参加中缅傣族同胞泼水节开幕式。即兴写诗《戏赠李迪》。

在下关，游洱海，参观蝴蝶泉。晚上参加大理白族歌舞团演出的三道茶歌舞晚会。

自瑞丽返回昆明途中经过保山，游卧佛寺。

在大理，参加当地民俗歌舞茶会。

其间，写诗《戏赠高伟》《赠李林栋》。

回到昆明。次日到作家张长家饮酒题诗。后到佤族女作家董秀英家吃"汽锅鸡"。

在云南有句赠李迪"有镜藏眼，无地容鼻"。回到北京后，汪曾祺应李迪之请，把这八个字写成大横幅，并加题跋赠之。[1]

4 月

作小说《瞎鸟》，刊于《新地》1991 年第二卷第一期。

5 月 2 日早晨

作《一种小说——魏志远小说集〈我以为你不在乎〉序》，刊于《上海文学》1991 年第 12 期。魏志远，成都青年作家。《我以为你不在乎》，四川文艺出版社 1991 年出版。

约 5 月上旬

赴广州参加台湾《联合报》举办的文学研讨会。

应《联合报》副刊之约，作文艺笔谈《二十一世纪文学》，刊于该报 1991 年 5 月 15 日。

5 月 11 日

作散文《觅我游踪五十年》，刊于《女声》1991 年第 8 期。[2] 收入高洪波、李迪主编《十五日夜走滇境》，华龄出版社 1996 年出版。

5 月 13 日

作《〈汪曾祺自选集〉重印后记》，收入《受戒——汪曾祺自选集》。该书原名《汪曾祺自选集》，漓江出版社初版于 1987 年，本次重印改名为现题。

1　见李迪《红红的土高高的山》，收入《十五日夜走滇境》。

2　《女声》文后无成文日期，北京师范大学出版社版《汪曾祺全集》缀 5 月 11 日。

5月14日

致信客居美国的朱德熙，为朱赋诗一首（"梦中喝得长汀水"）。信中劝朱德熙早日回国。[1] 这是一封迟到的信。朱德熙稍后查出患有重病，1992年7月19日病逝于美国加州。

5月21日

作散文《烟赋》，刊于《十月》1991年第4期，又收入《十五日夜走滇境》（华龄出版社1996年7月版）。后者为本年中国作家代表团到云南玉溪访问后写作的文章合集。

5月23日至26日

全国青年作家创作会议召开。汪曾祺参加新老作家联欢活动。

5月28日

作小说《小芳》，刊于《中国作家》1991年第5期。[2]《新华文摘》1991年第12期转载。

5月下旬

菲律宾椰风文艺社和《福建文学》编辑部联合举办的全国散文征文评选活动揭晓，并在福州举行颁奖仪式，汪曾祺《多年父子成兄弟》（载《福建文学》本年第1期）获得二等奖。

5月

自书诗《昆明》（"羁旅天南久未还"），收入《汪曾祺书画集》。

1　见何孔敬《长相思》，中华书局2007年版。
2　手稿藏中国现代文学馆。

5月

杨义《中国现代小说史》第三卷出版（人民文学出版社）。该卷第二章《出入战区的流亡作家》中，除专节论述碧野、姚雪垠、王西彦、田涛外，还用一节篇幅（第六节《其他大后方作家》）论述了陈瘦竹、刘盛亚和汪曾祺。

杨义指出"汪曾祺代表京派在光复后的旧梦重续"，"他属于京派的后劲"。

5月

林建法、王景涛编《撕碎·撕碎·撕碎了是拼接——中国当代作家面面观》一书由时代文艺出版社出版。除收汪曾祺在病中所撰写的序言《人之相知之难也——为〈撕碎·撕碎·撕碎了是拼接〉而写》之外，还收有汪曾祺的《自报家门》《林斤澜的矮凳桥》，及舒非的《汪曾祺侧写》。

5月

作散文《文化的异国》，刊于台湾《中国时报》1992年1月12日。又刊于《作家》1992年第6期。

6月1日

作散文《城南客话·纪姚安的议论》，刊于《中国文化》（半年刊）1991年第2期（总第5期，1991年12月出版）。

6月17日

复老友、上海书店总编辑范泉信。因范泉为主编《文化老人话人生》约稿，作此2500字长信兼为应征。信的主体部分以"却老"为题，刊于《解放日报》1992年3月19日"朝花"副刊。同年11月，《文化老人话人生》由上海文艺出版社出版。

6月20日

作散文《我的家乡——自传体系列散文〈逝水〉之一》，刊于《作家》1991年第10期。

6月30日

作小说《樟柳神》，刊于《上海文学》1992年第1期。系改写清代宣鼎著《夜雨秋灯录》中同名篇章而成。

6月

凌焕新主编《中外微型小说精品鉴赏辞典》由江苏文艺出版社出版。汪曾祺的作品《尾巴》作为词条见收，配有金燕玉撰赏析文章。

7月4日

作小说《明白官》，刊于《上海文学》1992年第1期。系据《聊斋志异·郭安》改写。

7月8日

作小说《牛飞》，刊于《上海文学》1992年第1期。系据《聊斋志异·牛飞》改写。该篇未用"聊斋新义"名义，而只注明"据《聊斋志异》"。

与林斤澜一起赶赴北京站，准备乘车去山东泰安参加"泰山散文笔会"。时长江流域遭大洪水，到车站后得知，铁路停止运行，只好返回家中。

7月9日

铁路交通恢复，复到车站乘车赴泰安。

此次泰山散文笔会由泰山管理委员会与百花文艺出版社联合举办。受邀作家共18位，除汪曾祺外，还有叶梦、佘树森、林斤澜、林希、林贤治、邵燕祥、杨羽仪、杨闻宇、苏叶、姜德明、张抗抗、蓝翎等。笔会期间下榻中天门附近的中溪宾馆。

约 7 月 10 日

泰山笔会举行茶话会。后又陆续举行过散文座谈会。汪曾祺积极发言。[1]

7 月 11 日

泰山笔会作家们徒步登泰山，历 8 小时到达山顶，宿神憩宾馆。

7 月 12 日

众作家三点多即起，到日观峰看日出，汪曾祺也随去。因大雾弥漫，未能如愿。

乘坐索道车下山后，众作家们游览扇子崖，汪曾祺、林斤澜未同往，而在竹林寺、无极庙等处作随意游。

7 月 13 日

游览桃花源。

7 月 15 日

泰山笔会举行总结会。汪曾祺、张抗抗讲话。汪曾祺讲话中有句"曾经笔会难为会，除却泰山不是山"给众人留下深刻印象。约 7 月 14 日和 15 日，连续两个晚上为叶梦、毕玉堂等写字，题大字"溪流崇岭上，人在乱云中"。

7 月 16 日

离开泰山。

7 月 22 日

为介绍青年作家马力加入中国作家协会填写推荐意见。

1　毕玉堂《汪曾祺在泰山》，收入《行者歌于途》，中国文联出版社 2000 年版。

7月24日

江苏滨海工人文化宫陈海鹰来访。[1]

7月末

作散文《泰山片石》，包括《序》《泰山很大》《碧霞元君》《泰山石刻》《担山人》《扇子崖下》《中溪宾馆》《泰山云雾》。作成后即寄泰山笔会主办方，是所有作家中第一个寄回作品的。[2] 刊于《绿叶》1992年创刊号（1月出版）。

7月

郑法清、谢大光主编《中外散文选萃》第三辑由百花文艺出版社出版，汪曾祺的《〈学人谈吃〉序》入收。

7月

以《花卉图》题赠李辉。[3]

夏

在黑龙江参加文学活动。王蒙、林斤澜、津子围等一同参加。[4]

8月16日

作文学评论《野人的执着》，刊于《小说林》1992年第5期。是为湖北青年作家野莽小说集《野人国》（中国文联出版公司1989年版）所作的评论。

1　陈海鹰《汪曾祺说福州话》，《中华读书报》2000年12月6日。
2　毕玉堂《汪曾祺在泰山》，收入《行者歌于途》，中国文联出版社2000年版。
3　画见李辉《自然天成汪曾祺》，《人民日报》2012年4月22日。
4　津子围《更余淡墨出烟岚——忆汪曾祺先生》，载《大连日报》1997年6月21日。据津子围先生接受笔者访问时提供影印件，"出烟岚"当作"作烟岚"。

约 8 月

读了张抗抗《牡丹的拒绝》（《收获》1991 年第 1 期），画《红叶绿花牡丹图》并题诗（"看朱成碧且由他"）相赠。

8 月

王先霈主编《小说大辞典》由长江文艺出版社出版，"《受戒》"词条见收。

9 月 15 日

作《〈旅食集〉自序》。《旅食集》为作者以旅行和饮食为主题的散文集，广东旅游出版社 1992 年 4 月出版。

9 月 19 日

作散文《我的家——自传体系列散文〈逝水〉之二》，刊于《作家》1991 年第 12 期。

9 月 29 日至 10 月 7 日

为出席北海大酒店落成典礼，应邀携施松卿返里。先到南京，旋赴高邮。

9 月 30 日

上午，出席高邮文联在高邮缫丝厂举行的"春蚕杯"征文颁奖大会。为文学青年题字。[1]

9 月

丁柏铨主编《中国新时期文学词典》由南京大学出版社出版。"汪曾祺"

1　见陈其昌、姜文定主编《走近汪曾祺》第 97 页。

词条见收。

9 月

彭华生、钱光培编《新时期作家创作艺术新探》一书由人民文学出版社于 1991 年出版，《小说技巧常谈》（1983）一篇入收。

10 月 1 日

为高邮王氏父子纪念馆题诗（"皓首穷经眼欲枯"）。[1]

下午，在朱延庆等陪同下，与施松卿乘船游高邮湖。

10 月 2 日

得到游高邮湖照片，题以"高邮湖上老鸳鸯"。

晚上，妹婿赵梦兆、妹妹汪锦纹夫妇宴请。酒后为亲友题字。[2]

10 月 3 日

参加北海大酒店落成剪彩仪式。为北海大酒店题诗《北海谣》。与投资北海大酒店的广东某房地产公司老总陈步忠在六楼会面。

下午，在朱延庆陪同下访问母校高邮中学。为高邮中学撰题诗（"红亭紫竹觅遗踪"）。墨迹后镌刻上石，立于高邮中学校门内。又撰题对联："功参赞化，树木树人。"又作诗《回乡书赠母校诸同学》。

10 月 4 日

下午，在高邮市委党校礼堂作报告，题为"文学的要素与结构"，朱延庆主持。

1　图片见李勇《汪曾祺的文风墨韵》，《金秋》2011 年第 12 期。

2　赵梦兆曾用名赵怀义。

在高邮期间

游文游台、参观高邮丝绸厂，各题字。为高邮文联题诗（"国士秦郎此故乡"）。为副县长史善成、北海大酒店服务员李玲、高邮丝绸厂何春华、尤泽勇、姜文定、陈其昌、居宜、杨杰等多人题字、题联、题诗。曾与时任县政协副主席、统战部部长的朱维宁谈起恢复宗教场所问题。再次登门看望早年恩师张道仁先生。

本次回邮，向高邮市政府递交报告，请求将被高邮造纸厂占用的祖屋归还。[1]

10 月 7 日

在朱延庆等陪同下从高邮去南京。中途在扬州游览平山堂、瘦西湖。

中午，扬州市政协在珍园饭店招待午餐。饭后，应扬州政协请写中堂对联："风和嫩绿柳，雨润小红箫。"[2] 为时任扬州市政协主席符宗乾、副主席黄杨、秘书长黄石盘、行政科长许雪峰题诗词联语。

下午，从扬州到南京。在南京，在时任江苏省委宣传部文艺处处长陆建华、省美术馆馆长朱葵安排下，在美术馆小客厅挥毫作书画。应省内文艺界人士之索，为金实秋、成正和陆菁菁[3]、高邮市政协写丈六宣大横幅自作诗（"万家井灶"）。[4]

或在此期间，作诗《咏文两首》[5]。

1　据 1993 年 5 月 30 日致时任市长戎文凤信。后此事一直未获解决。

2　见本年 10 月 15 日致金家渝信引。

3　陆建华《汪曾祺传》插页。

4　见本年 10 月 15 日致金家渝信引。

5　见高邮市文联 1996 年编印的《甓社珠光——高邮市文联十年成果集》，又见《文教资料》1997 年第 4 期。后者刊出时标明为 1991 年所作。《甓社珠光》收入该诗，则证其与高邮有关。因此系于是次回乡期间所作。

10 月 12 日

作小说《虎二题》（包括《老虎吃错人》《人变老虎》两篇），刊于《小说林》1992 年第 1 期。系分别据《聊斋》的《赵城虎》《向杲》改写。

10 月 13 日

致信金家渝，告以拟为即将新婚的外甥金传捷写贺联。云"《蒲桥集》卖得很冲，出版社准备第三次印刷"。

10 月 15 日

晨，致信金家渝。为自传体系列散文《逝水》事，请金家渝、朱延庆等寻访谈人格事迹、诗文。信中附有给金传捷夫妇新婚贺联的联文："风传金羽捷，雨湿小梅红。"另抄有在扬州、南京期间所书字的内容。勉励金传捷用功习字、学写旧诗。

10 月 21 日

撰《开卷有益》，刊《中学生阅读》1992 年第 3 期。

10 月 22 日

撰《关于〈虐猫〉》，刊《中学生阅读》1992 年第 3 期"小小说二人谈"栏目。

当期该栏还刊出汪曾祺的小小说《虐猫》《关于〈虐猫〉》及王子营的《人间应多一些爱心》。

另外，当期杂志封二还刊出汪曾祺为该刊题词的手迹。

10 月 25 日

参加《中国文学》创刊 40 周年纪念茶话会。

10 月 28 日

随北京作家、书法家采风团到浙江.永嘉。本日行程为：从北京天竺机场起飞，两小时抵温州，再乘汽车两小时到永嘉县城。

此次系因浙江.永嘉为开发楠溪江，请林斤澜约北京作家、书法家来此采风。采风团的成员有林斤澜、汪曾祺、刘心武、唐达成、邵燕祥、丛维熙、母国政、郑万隆、林冠夫、陈惠方，及多位书法家。[1]

欢迎晚宴上，尽兴饮酒。

10 月 29 日

永嘉举行欢迎北京采风团会议。

10 月 31 日

采风团赴大若岩风景区，游览陶公洞。

10 月

马良春、李福田总主编的《中国文学大辞典》由天津人民出版社出版，"汪曾祺""汪曾祺短篇小说选""沙家浜""杜鹃山""受戒"等各立词条。

9 月或 10 月

香港作家古剑随团访问北京，到宅拜会汪曾祺。

11 月 1 日

采风团到石桅岩风景区。当时石桅岩景区尚未命名，汪曾祺提出命名为"石桅永泊"，并赋诗（"石桅泊何时"）。

1　此次在永嘉活动主要日程，系李文照先生在 2013 年 3 月 17 日接受笔者访问时提供的材料。

11月2日

随采风团到桥头风景区。

11月3日

永嘉方面召开欢送北京采风团会议。

11月5日

随采风团返回北京。

在永嘉期间，为尚未命名的九级瀑题名"九叠飞漈"。

为李文照、刘文起、苍南县龙港镇龙翔酒店等题字画诗联若干。

11月5日

作散文《录音压鸟》，刊于《解放日报》1991年11月5日第7版"朝花"。

秋

书赠张守仁诗（"独有慧心分品格"）。

秋

作绘画《花卉》并自题《辛未新正打油》诗赠徐城北。[1]

秋

为浙江文艺出版社编辑、《晚翠文谈》责任编辑徐正纶赋诗（"桃柳杭州无恙否"）并题写。

1　见徐城北《想起了汪曾祺、陈从周》，http://blog.sina.com.cn/s/blog_5b1077250100 ade5.html。

11 月 14 日

鲁迅文学院第七期进修班和地矿系统文学创作进修班同时开课，汪曾祺参加了开学典礼。[1]

11 月 15 日

为鲁迅文学院第七期进修班和地矿系统文学创作进修班讲课，题为"论创作"。

该期进修班学员曾明了（曾英）由汪曾祺指导。此后几年间，过从甚多，曾为曾明了的《风暴眼》作序，参加她的作品研讨会，并多次作字画相赠。

深秋

作《荷花图》，题"残荷不为雨声留"。收入《汪曾祺书画集》。

11 月 20 日

作完《初识楠溪江》，包括《九级瀑》《永恒的船桅》《传家耕读古村庄》《清清楠溪水》，旋交《中国旅游报》编辑马力。后于 1992 年 1 月 9 日、23 日、2 月 6 日分三次刊于《中国旅游报》"笔苑"副刊。

11 月 22 日

作回忆性散文《关于〈沙家浜〉》，刊于《八小时以外》1992 年第 6 期。

12 月 2 日

作文艺评论《捡石子儿》，包括《关于空灵和平实》《关于民族传统和外来影响》《关于笔记体小说》《关于中国魔幻小说》《关于本书体例》，

1　曾明了《我的导师汪曾祺先生》。"汪曾祺之友"网 2012 年 8 月 1 日文章，见 http://blog.sina.com.cn/s/blog_5b1077250102e4am.html。

刊于《中国文化》（半年刊）1992 年第 1 期（总第 6 期，1992 年 7 月出版）。系为《中国当代作家选集丛书·汪曾祺》而作的代序，该书 1992 年 12 月由人民文学出版社出版。

12 月 20 日

作散文《遥寄爱荷华——怀念聂华苓和保罗·安格尔》，刊于《中华儿女》1992 年第 2 期。

12 月 25 日

作散文《羊上树和老虎闻鼻烟儿》，刊于《随笔》1992 年第 3 期。后来作者为《南方周末》撰"四时佳兴"专栏文章时，曾将本文前半部分摘出，以"羊上树"为题并附以丁聪插图，作为系列文章之一，交该报 1997 年 3 月 21 日发表。

冬

青年作家黑孩即将东渡日本。作诗两首（"燕市长歌酒未消""开到紫藤春去远"）赠之。[1]

12 月

系列散文《一辈古人》（包括《靳德斋》《张仲陶》《薛大娘》三题）刊于《北方文学》1991 年第 12 期。

本年

作诗《戏柬斤澜》。

本年

介绍曹乃谦加入中国作家协会。

1　据黑孩女士接受笔者访问提供影印件。黑孩 1992 年 2 月赴日。

本年

《京味小说八家》的法文版 Avec l'accent de Pékin《找乐——京味小说选》由外文出版社出版，列为该社"凤凰丛书"之一种，署"老舍等著、高苗编"。

1992 年，72 岁

1月4日

致信范用，抄示近作《岁交春》诗。[1]

年初

参加鲁迅文学院结业仪式，并作即席讲话，提出作家要做"通家"、做"杂家"。

1月8日

作散文《书画自娱》，刊于《新民晚报》1992 年 2 月 1 日。中引自作诗一首（"我有一好处"）。

1月15日

作散文《岁交春》，刊于《大众日报》1992 年 1 月 31 日第 7 版。

1月15日

散文《自得其乐》刊于《艺术世界》1992 年第 1 期。

1　信见范用《曾祺诗笺》，收入《泥土脚印》，凤凰出版社 2003 年版。

1月18日

致信徐城北，以书二册请徐城北交张伍转王薇。

1月23日

文艺随笔《作家应当是通人》刊于本日《新民晚报》。

1月30日

散文《初访福建》完稿，交给《中国旅游报》编辑马力。

1月

散文《晚年——人寰速写之一》刊于《美文》1992年创刊号。

1月

戏曲评论《京剧杞言——兼论荒诞喜剧〈歌代啸〉》刊于《中国京剧》1992年第1期。

2月初

撰《猴年说命》，刊于《解放日报》1992年2月13日"朝花"。

2月3日

散文《本命年和岁交春》，刊于本日《新民晚报》。

2月9日

作散文《西窗雨》，刊于《外国文学评论》1992年第2期。

2月10日前后

春节过后不久，打电话给青年作家、《中国旅游报》记者马力，得知他将于 2 月 15 日乘火车赴昆明参加 18 日开幕的第三届中国艺术节，遂与谈昆明吃食。[1]

2 月 10 日

组诗《回乡杂咏》刊于本日出版的《雨花》1992 年第 2 期。共包括《水乡》《镇国塔偈》《宋城残迹》《文游台》《盂城驿》《高邮王氏纪念馆》《王家亭》《佛寺》《忆荷花亭吃茶》《北海谣——题北海大酒店》《虎头鲨歌》《为高邮市政协礼堂写六尺宣纸大字》十二首。

2 月 13 日（北京）

散文《猴年说命》刊于本日《解放日报》。

约 2 月中上旬

作散文《对口——旧病杂忆之一》，刊于《济南日报》1992 年 4 月 11 日"周末增版·随笔"。[2]

约 2 月中上旬

作散文《疟疾——旧病杂忆之二》，刊于《济南日报》1992 年 5 月 9 日。

2 月 22 日

散文《随笔写下的生活》，刊于本日《文汇读书周报》。

2 月 22 日

作散文《牙疼——旧病杂忆之三》，刊于《济南日报》1992 年 8 月 1 日。

1　据 2012 年 7 月 27 日马力接受笔者访问时提供材料。参见马力《昆明的吃食——云南笔记之一》，《中国旅游报》1992 年 3 月 19 日第三版；又收入《鸿影雪痕》，中国旅游出版社 2001 年版。

2　"旧病杂忆"系列在《济南日报》上刊出三篇，前两篇未缀写作日期，第三篇缀 2 月 22 日。因此前两篇当作于 2 月 22 日之前。

后收入百花文艺出版社《汪曾祺散文选集》。

2月24日

作散文《偶笑集》，包括《烧糊了洗脸水》《职业习惯》《济公的幽默》《世界通用汉语》等四篇，刊于《羊城晚报》1992年3月15日。

3月3日

作散文《日子就这么过来了——徐卓人小说集〈你先去彼岸〉代序》，刊于《雨花》1992年第6期。徐卓人，女，苏州作家。《你先去彼岸》，复旦大学出版社1992年7月出版。

3月10日

画作《水仙》并题诗《书画自娱》，刊于《中国作家》1992年第2期封二"作家作画"栏。

3月14日

山西作家燕治国受《太原日报》委托，为该报"双塔"副刊采写作家风采。本日，燕治国与诗人陈建祖到宅访问汪曾祺。应燕治国之请，作诗《题赠〈太原日报〉"双塔"副刊》。

约3月15日

将小说《受戒》的电影、电视剧改编权、拍摄权转让给北影录音录像公司。[1]

3月18日

复金家渝信。谈及小敏来信报告结识泉州籍男友事。因闻汪丽纹将赴深圳开会，鼓励她外出开阔眼界。透露自己将陪北影摄制组到高邮拍系列片。

1　《中华人民共和国最高人民法院公报》1996年第1期。

此前，汪曾祺曾经给朱延庆写信告知北影拍片事宜。朱延庆回信称已和市长戎文凤谈过，市里表示愿意接待。

3 月 21 日

作《〈菰蒲深处〉自序》。《菰蒲深处》，小说集，浙江文艺出版社1993 年出版。

3 月 22 日

作文艺评论《读剧小札》，包括《玉堂春》《四进士》两篇，刊于《新剧本》1992 年第 3 期。

3 月 27 日

为鲁迅文学院创作研究班（第七期延长班）及第八期文学创作进修班授课，题为"论创作"。[1]

3 月底

为王安忆、姚育明两人各作《荷叶小鸟图》一张，寄给姚育明。[2]

3 月

泰安青年作家毕玉堂来访，检出画作《鸬鸪》，题字持赠[3]；又应请为毕玉堂即将出版的散文集《洗心》题签并题写居室名"洗心居"。[4]

3 月

为高邮集邮协会会刊《盂城邮花》题诗（"以邮名地者"）。

1　据鲁迅文学院编《鲁迅文学院与中国当代文学》，2009 年 6 月。

2　姚育明女士接受笔者访问时提供。

3　毕玉堂先生接受笔者采访时提供影印件。有些地方将鸬鹚（鱼鹰）俗称为"鸬鸪"，也有些地方将野鸽子叫作"鸬鸪"。汪曾祺画的是野鸽子。

4　毕玉堂先生致笔者信。《洗心》，百花文艺出版社 1994 年 8 月版。

3月

诗《读史杂咏》五首刊于本日出版的《文学自由谈》1992年第2期。分别咏五位京派文学名家史事：何其芳、废名、林徽因、沈从文、周作人。

3月

王纪人主编《中国现代短篇小说欣赏辞典》由汉语大词典出版社出版，《受戒》作为词条见收，并配以张德林撰赏析文章。

4月6日

作散文《四川杂忆》，包括《四川是个好地方》《成都》《眉山》《乐山》《洪椿坪》《北温泉》《新都》《大足》《川菜》《川剧》十篇，刊于《四川文学》1992年第8期。

4月14日

作散文《故乡的野菜》，刊于《钟山》1992年第3期。系应该刊"现代散文名篇同题大奖赛"征文而作。

据"《钟山》杂志文学大奖赛征稿启事"，现代散文名家名篇同题新作大奖赛为本年度四个赛项之一。列出26篇现代名家作品篇目作为比赛选题，其中有周作人的《故乡的野菜》。

4月18日

致信金家渝、汪丽纹。告以9天后将与北影摄制组乘火车到南京，转高邮，并对行程计划作了安排。[1]

1　后未成行。

4 月 22 日

作散文《〈汪曾祺小品〉自序》。散文集《汪曾祺小品》，中国人民大学出版社 1992 年 10 月出版。

4 月

散文集《旅食集》由广东旅游出版社出版，为该社"人生丛书"之一种。除《自序》以外，收 37 篇散文作品。

4 月

郑法清、谢大光主编《中外散文选粹》第五辑由百花文艺出版社出版，汪曾祺《山与人》（即《泰山片石》中的"泰山很大"一则）入收。

4 月

许淇、敏歧主编《中外散文诗鉴赏大观·中国现当代卷》由漓江出版社出版。汪曾祺《冬天的树》入收。

4 月、5 月之交

作散文《蚕豆》，刊于《旅潮》1992 年 7、8 月号。[1]

春

为鲁迅文学院第 13 期创研班演讲。

5 月 5 日

与北影录音录像公司签订合同约定：允许北影录音录像公司对《受戒》《大

1　刊出稿未缀作日。末段作"北京就快有青蚕豆卖了，谷雨已经过了"。查 1992 年谷雨在 4 月 20 号，立夏在 5 月 5 号，本篇当于此间完成。

淖纪事》《徒》进行影视改编及拍摄，期限为1992年3月15日至1995年3月15日。北影录音录像公司向汪曾祺一次性支付改编转让费人民币5000元。[1]

5月7日至17日

作散文《食豆饮水斋闲笔》，包括《豌豆》（5月7日）、《黄豆》（5月10日）、《绿豆》（5月11日）、《扁豆》（5月12日）、《芸豆》（5月12日）、《红小豆》（5月13日）、《豇豆》（5月17日）七篇，刊于《长城》1993年第2期。

初夏

应《长城》杂志社邀请，携施松卿到河北小住。铁凝作陪。

约此行期间，曾往访正定县。赠正定作家贾大山一联："神似东方朔，家傍西柏坡。"[2]

5月28日

作散文《我的父亲——自传体系列散文〈逝水〉之四》，刊于《作家》1992年第8期。

5月28日后几日

为高邮的老街坊、理发师傅从富有书写"科甲巷口理发店"招牌字寄回。这副招牌使得理发店一度红火。

6月10日

作散文《傻子——人寰速写之二》，刊于《美文》1992年创刊2号（10月份出版）。

1　《中华人民共和国最高人民法院公报》1996年第1期。

2　陈世旭《常山高士与永远的雨》，收入《文学的日子——我与鲁迅文学院》，鲁迅文学院2000年（内部资料）。

6 月 10 日

作散文《大妈们——人寰速写之三》，刊于《美文》1992 年创刊 3 号（11 月出版）。

6 月 14 日

作散文《"样板戏"谈往》，包括《样板戏》《三结合》《"三突出"和"主题先行"》《样板团》《经验》五篇，刊于《长城》1993 年第 1 期。

6 月 25 日

作散文《豆腐》，刊《小说林》1992 年第 5 期。全文 6000 余字，是作者饮食文化散文中的长文。

6 月 28 日

致信范用，抄录新近读《水浒》所作诗七首，分别吟咏潘金莲、王婆、燕青、林冲、扈三娘、李逵、鲁智深。信中云"这样写下去，可写几百首"。[1] 诗另发表于《文汇报》1992 年 7 月 6 日。

6 月

酷暑中，作散文《城南客话·徐文长论书画》，包括《文长书画的来源》《论书与画的关系》《论庄逸工草》《论"侵让"·李北海和赵子昂》《论变》五篇，刊于《中国文化》（半年刊）1992 年第 2 期（1992 年 12 月出版）。

7 月 3 日

冯亦代先生八十大寿庆在鼓浪屿饭店举办。参加者：冯亦代、王世襄、王蒙、汪曾祺、王若水、李洪林、罗孚、陈原、劳祖德、倪子明、戴文葆、于浩成、

1　见范用《曾祺诗笺》，收入《泥土脚印》，凤凰出版社 2003 年版。

董乐山、沈昌文、董秀玉及赵丽雅等人。[1]

7月5日

作散文《新校舍》，刊于《芒种》1992年第10期。

7月6日

诗《读〈水浒传〉诗》七首发表于本日《文汇报》"笔会"副刊。

7月11日

作散文《我的母亲——自传体系列散文〈逝水〉之五》，刊于《作家》1993年第2期。

7月12日

作散文《大莲姐姐——自传体系列散文〈逝水〉之六》，刊于《作家》1993年第4期。

7月18日

作《相看两不厌——先燕云散文集序》。先燕云，女，云南青年作家。其散文集《那方山水》，云南人民出版社1994年出版。

7月19日

朱德熙病逝于美国加州斯坦福大学医院。汪曾祺听闻消息后十分悲痛。

7月23日

作小说《护秋》，刊于《收获》1993年第1期。

7月26日

复信陆建华，同意对方提出的出版《汪曾祺文集》设想。

1．扬之水《〈读书〉十年（二）》，中华书局2012年版，第204页。

7 月 27 日

作小说《尴尬》，刊于《收获》1993 年第 1 期。

约 7 月至 8 月

收到作家出版社转来邯郸市锅炉辅机厂梁辰信，对《蒲桥集》所收《吴三桂》一文中的两个年代错误提出修正意见。作者后来在《对读者的感谢》（1992）一文中表示感谢。

8 月 6 日

作散文《我的小学——自传体系列散文〈逝水〉之七》，刊于《作家》1993 年第 6 期。

8 月 24 日

作散文《我的初中——自传体系列散文〈逝水〉之八》，刊于《作家》1993 年第 8 期。

8 月 26 日

为南京画家、书法家田原（笔名饭牛）撰题一联并寄交高邮朱延庆转致。联为："才名不枉称三绝，扣角何妨到五更。"

9 月 7 日

作散文《干丝》，刊于《家庭》1993 年第 3 期。

9 月 7 日

作散文《怀念德熙》，刊于《人民日报》（海外版）1992 年 10 月 29 日、《方言》1992 年第 4 期（11 月 24 日出版）。又收入《朱德熙先生纪念文集》（文集编辑小组编，语文出版社 1993 年 7 月版）、《西南联大北京校友会简讯》

第十三期（1993 年 4 月出版）。

9 月 9 日

作散文《肉食者不鄙》，包括《狮子头》《镇江肴蹄》《乳腐肉》《腌笃鲜》《东坡肉》《霉干菜烧肉》《黄鱼鲞烧肉》《火腿》《腊肉》《夹沙肉·芋泥肉》《白肉火锅》《烤乳猪》12 篇，刊于《家庭》1993 年第 3 期。

9 月 11 日

中秋节，舒非在陈建功引导下来访。

汪曾祺下厨招待舒非。谈话中赞扬舒非《汪曾祺侧写》一文。说张兆和近况，称沈从文、张兆和书信集《湘水集》"是现代文学史上的两部最好的情书之一"。酒后为舒非画《墨荷》并题赠新书。

9 月 14 日

作散文《鱼我所欲也》，包括《石斑》《鳜鱼》《鲥鱼·刀鱼·鮰鱼》《黄河鲤鱼》《虎头鲨和昂嗤鱼》《鳝鱼》6 篇，刊于《家庭》1993 年第 1 期。

9 月 15 日

应扬州市文联之邀，为即将开馆的朱自清纪念馆作画。

9 月 20 日

参加北京大学举行的朱德熙教授追思会并作发言。发言内容即 9 月 7 日所作《怀念德熙》一文。

朱德熙归葬北京万安公墓，汪曾祺为题墓碑，碑文曰："爱其所学，关怀后生。贤夫慈父，蔼然仁者。"

9 月 25 日

作文艺随笔《谈题画》，刊于《今晚报》1992 年 10 月 6 日。

9月

散文《未尽才——故人偶记》，刊于本月出版的《三月风》1992 年第 9 期，含《陶光》《陆》《朱南铣》三题。所写三人均为西南联大时期的师友同学。收入《汪曾祺散文随笔选集》。

9月

参加河北承德文联与百花文艺出版社在承德避暑山庄联合举办的"散文创新研讨会"。与会人员还有王蒙、邵燕祥、林斤澜、张抗抗、思宇、王英琦、苏叶、叶梦、柳萌、郭枫等。会期三天。

其间多有题赠。为时任承德文联主席的作家郭秋良撰题联语："眼空冀北，笔秀江南。"[1]

9月

张曰凯主编《新笔记小说选》由作家出版社出版。收 46 位作家 69 篇作品。孙犁、汪曾祺为主打。汪曾祺的《故里三陈》（三题）、《桥边小说三篇》、《故人往事》（二题）、《笔记小说两篇》、《闹事闲民》入收。书前有汪曾祺序。

10 月 2 日

作文艺评论《又读〈边城〉》，刊于《读书》1993 年第 1 期。

10 月 7 日至 8 日

在杭州参加浙江省作家协会举行的"吴越风情小说研讨会"。

研讨会期间，应请作字画多幅。主动为同桌就餐的杜文和题联："人情如野草，世味似茴香。"

1　据郭秋良先生接受笔者访问时提供信息。汪曾祺题字墨迹，见何申等《高山景行播春风——我们心目中的郭秋良先生》，炎黄文化出版社 2006 年版。

嗣后,往游绍兴。在绍兴,住在咸亨大酒店。孙君来访,与谈自己的创作、沈从文、周氏兄弟、《沙家浜》。[1] 游览鲁迅纪念馆、兰亭等处。在兰亭,撰题对联:"岂敢班门弄斧,何妨曲水流觞。"

返杭后作诗《绍兴沈园》。曾参观杭州茶叶博物馆。

10 月 12 日

复古剑 10 月 1 日信。此前,古剑托人带来 XO 酒,汪致谢。附寄《逝水》系列散文中的《我的家乡》《我的家》两篇供选用。

10 月 19 日

作散文《后台》,包括《道具树》《凝视》《大姐》《鄑》《黑妞》5 篇,刊于《江南》1993 年第 2 期。

10 月 25 日

散文《对读者的感谢》刊于本日《文汇报》第 5 版"著书人语"栏。

10 月 25 日

接受吉林大学现代文学专业研究生巨文教的访谈。巨文教当时正在撰写硕士论文《沈从文的生命哲学与其小说创作》。访谈整理稿《张兆和、汪曾祺谈沈从文——访张兆和、汪曾祺两位先生谈话笔录》刊于《中国现代文学研究丛刊》1994 年第 5 期。

10 月 26 日

参加在首都师范学院师生大食堂举行的"中国当代文学研究会学习党的十四大精神座谈会"。冯牧会长主持会议,出席者:陈荒煤、王蒙、许觉民、唐达成、顾骧、刘锡诚、阎纲、谢永旺、张洁、张抗抗、凌力、张胜友、汪曾祺、

1　孙君后来撰《夜访汪曾祺》,载《人民日报》(海外版)1992 年 12 月 3 日;及孙君先生接受笔者访问提供情况。

林斤澜、邵燕祥、蓝翎、张炯、缪俊杰、何启治等。座谈会认为十四大所坚持的"南方谈话"精神具有极其重大的历史指导意义，完全适用于当前文艺的实际情况。[1]

10 月 29 日

作散文《〈当代散文大系〉总序》，刊于《当代作家评论》1993 年第 1 期。[2] 又以"散文的辉煌前景"为题发表于《人民日报》1993 年 12 月 3 日第 8 版。

10 月 31 日

作《〈汪曾祺散文随笔选集〉自序》，刊于《汪曾祺散文随笔选集》，沈阳出版社 1993 年出版。此书为沈阳出版社"当代散文大系"之一种。

10 月

散文集《汪曾祺小品》由中国人民大学出版社出版，列入"名家小品自选系列"。[3] 自选散文 37 篇。

10 月

人民文学出版社编辑部编选的《1991 年短篇小说选》由该社出版，《小芳》入收。

10 月

北京电影学院文学系学生吴琼作为改编课程作业，将《受戒》改编为电影剧本。经学院审核，选定将该剧本用于学生毕业作品的拍摄。吴琼的老师赵凤玺与已取得拍摄权的北影录音录像公司协商，未获明确同意。[4]

1　据阎纲《第六次文代会的前前后后》，载《文汇读书周报》2014 年 9 月 19 日总 1533 期。

2　手稿藏中国现代文学馆。作者生前亲自捐赠。

3　该系列的其他几本著作者是金克木、季美林、张中行。

4　《中华人民共和国最高人民法院公报》1996 年第 1 期。

11 月 5 日

复信陈时风，检近作《梅花》奉上应索画，退还所寄来的润笔费 50 元。

11 月 5 日

复古剑信，回答对方关于自己的书画润格，说"从未定过润格。香港作家如愿要我的字画，可通过你来索取，但要你认为索字画者不俗"。

随信寄去为古剑正在主编的香港《华侨日报》"文廊"副刊题写的刊头。

秋

作绘画《荷塘月色》，自己十分满意，装裱后悬于壁上。[1]收入《汪曾祺书画集》。

11 月 19 日

酒后作绘画《竹》，题"胸无成竹"。

11 月 22 日

作小说《鲍团长》，刊于《小说家》1993 年第 2 期。

11 月

作绘画《山丹丹》并题跋。跋语作："闻大青山人云：山丹丹开花，每历一年增加一朵。"收入《汪曾祺书画集》。

11 月

在北京大学作题为"散谈人生"的文学讲座。这是"北京大学校友作家

1　据陆建华《汪曾祺传》。

讲习班"系列之一。[1]

11月

上海文艺出版社编选《九十年代散文选1991》由该社出版，共从1991年全国报刊选收散文作品31篇。汪曾祺的《多年父子成兄弟》入选。

12月3日

《四海——台港澳华文文学》杂志社主办的"郭良蕙作品研讨会"在北京举行。汪曾祺应邀参加。[2]

12月3日

《人民日报》本日刊出叶于《保护书店》一文盛赞沈阳大文化书局引领高品位读书风尚。据该文透露，书店店招系汪曾祺题。

12月8日

作《一个过时的小说家的笔记——曾明了小说集〈风暴眼〉代序》，刊于《绿洲》1993年第2期。《风暴眼》，作家出版社1994年出版。

12月16日

散文《关于王蒙》刊于本日《新民晚报》。

12月26日

作文艺随笔《语文短简》，包括《普通而又独特的语言》《读诗不可抬杠》《想象》三篇，刊于《语文报》1993年第3月23日。

1　杨崇学（杨之）《汪曾祺散谈文学》，载《新闻出版报》1993年3月某日；又载《语文报》1993年8月27日。此据杨崇学先生提供件。

2　郭良蕙（1926—2013），河南开封人，台湾女作家。

12月31日

作散文《岁朝清供》，似未单独发表，收入《草花集》《中国当代作家选集丛书·汪曾祺》。

12月

《中国当代作家选集丛书·汪曾祺》由人民文学出版社出版。此书为小说、散文合集，共收作品45篇。

年底

作绘画《紫藤雏鸟》寄给高邮老同学许长生，题："晓来谁染霜林醉。"[1]

年底

作绘画《水仙》寄赠古剑。[2]

年底

收到高邮汪莲生信，谈续修族谱事，嘱为续修族谱写序，并写堂名二条。

本年

中央电视台举办"首届'汉语风'外国人学汉语知识竞赛"，与袁世海、林岫等担任评委。

本年

金实秋编辑《三国名胜楹联》一书，邀一些文化名人为三国名胜遗迹撰联，也函请汪曾祺撰题武侯祠对联。回信说"四川方面没有请我写，这怎么好意思"。

1　见陈其昌、姜文定主编《走近汪曾祺》第25页。
2　古剑《汪曾祺的字与画》，载《南方都市报》2010年12月19日。

金实秋又来信恳请，乃撰一联"先生乃悲剧人物　三国无昭然是非"。[1]

本年

作散文《悔不当初》，刊于《时代青年》1993 年第 4 期。[2]

本年

将 1985 年所作小说《讲用》改编为同名喜剧小品。

本年

为谭湘与未婚夫题字："芙蓉花影影姗姗，愿慕鸳鸯不慕仙。"[3]

本年

作绘画《红梅》赠陈时风。[4]

本年

作绘画《蓼花无穗不垂头》并题跋。收入《汪曾祺书画集》。

本年

海峡文艺出版社邀一批作家在福州会馆聚餐。王蒙、李国文、梁晓声、郑万隆、林斤澜、汪曾祺等 20 余位应邀赴宴。

本年

张国华在首都师范大学一个文学会上认识汪曾祺。此后，他至鲁迅文学

1　见金实秋《三国名胜楹联》，黄山书社 1993 年版；并参金著《汪曾祺诗联品读》第 320 页。

2　刊出稿不缀作日。据文中"我已经 72 岁"判断，该文作于本年。

3　见谭湘《相约在春季——散忆汪曾祺先生》，收入《城市徜徉——谭湘随笔》，河北教育出版社 2002 年版。

4　画见 http://www.360doc.com/content/10/1102/12/396843_65930775.shtml。

院研修时多次听到汪曾祺的讲座。后来写了《汪曾祺传》。[1]

1993 年，73 岁

1月8日

作散文《谈幽默》，刊于本日出版的《大众生活》1993 年创刊号。

约 1 月 10 日

作成《续修族谱序》，致信金家渝，寄上序文。序经汪莲生修改后，收入当年编印刊行的《汪氏族谱》。[2]

1月13日

作散文《昆明的吃食》，包括《几家老饭馆》《过桥米线·汽锅鸡》《米线和饵块》《点心和小吃》四篇，刊于《随笔》1993 年第 3 期。

1月19日

农历腊月廿七日，在孙郁邀请下，参加北京日报社联欢会。[3]

1月29日

作散文《花》，包括《荷花》《报春花·勿忘我》《绣球》《杜鹃花》《木香花》5 篇，刊于《收获》1993 年第 4 期。

1　周荣池《读张国华〈汪曾祺传〉》，载《高邮日报》2010 年 11 月 15 日。

2　序不缀作日。致金家渝信落款为 1 月 10 日，不缀年。查高邮汪曾祺故居所藏《汪氏族谱》，系 1993 年编就印行，内收汪克孝序文、杜庚题签落款等均作于 1993 年 3 月前后，则汪曾祺致金家渝信并寄去序文，或当在 1993 年，因暂系于此时。

3　孙郁《汪曾祺散记》，具体时间据孙郁致笔者邮件所提供之信息。

正月（1月23日至2月20日间）

作绘画《笨鸟先飞》赠徐卓人。

2月2日

作散文《昆虫备忘录》，包括《复眼》《蚂蚱》《花大姐》《独角牛》《磕头虫》《蝇虎》《狗蝇》7篇，刊于《大家》1994年第1期。[1]

2月6日

元宵节，汪曾祺73岁生日。自撰寿联并书："往事回思如细雨，旧书重读似春潮。"晚上，撰散文《祈难老》。联语手书墨迹及文章一并刊于《火花》1993年第4期。

2月7日

散文《昆明年俗》，包括《铺松毛》《贴唐诗》《劈甘蔗》《掷升官图》《嚼葛根》5篇，刊于《文汇报》1993年2月7日。

2月12日

作散文《故乡的元宵》，刊于《武汉晚报》1993年3月18日。

2月17日

作散文《学话常谈》，包括《惊人与平淡》《方言》《幽默》三篇，作者生前似未曾发表，也未收入作品集。

2月20日至26日

作为特邀嘉宾，携施松卿参加《钟山》等五杂志及海南蓝星经济文化发

1　作者1943年《烧花集》题记中说："去年雨季写了一点，集为《昆虫书简》。"与本篇相对照，可见作者对于昆虫的一贯兴趣。

展实业在海南举办的首届"蓝星笔会"。

2月

《光明日报》副刊编辑、散文作家韩小蕙主编《新时期散文名家自选》由陕西人民出版社出版。自选《泰山片石（节选）》收入该书。

2月

回忆散文《地质系同学》刊于《新生界》1993年第2期。写西南联合大学地质系三个同学，及后来均成为中国著名地质学家的郝贻纯（又作郝诒纯）、马杏垣、杨起、欧大澄。

2月

抄录1992年10月作于杭州的诗《绍兴沈园》，交给《中国旅游报》编辑马力。

约2月底3月初

"乍暖还寒的一个大风天"，苏华、王京生来访问。苏华撰写的《汪曾祺："最后一个士大夫"》作为"名人专访写作竞赛"应征稿件，刊发在《光明日报》1993年4月6日第2版，配以王京生拍摄的照片。

3月1日

作文学评论《推荐〈孕妇和牛〉》，刊于《文学自由谈》1993年第2期。《孕妇和牛》，铁凝短篇小说，刊于《中国作家》1992年第2期。

3月2日

作文学评论《推荐〈秋天的钟〉》，刊于《人民文学》1991年7、8月合刊、《文学自由谈》1993年第3期。《秋天的钟》，青年作家萌娘（贺平）的散文，刊于《人民文学》1991年7、8月合刊。

3 月 4 日

诗《绍兴沈园》发表于《中国旅游报》1993 年第 3 版。

3 月 6 日

作文艺随笔《红豆相思——读陈寅恪〈柳如是别传·缘起〉》，刊于《光明日报》1993 年 4 月 9 日。

3 月 7 日

作文艺随笔《阿索林是古怪的——读阿索林〈塞万提斯的未婚妻〉》，刊于《光明日报》1993 年 4 月 30 日。

3 月 11 日

致古剑短信，告已收到"文廊"稿酬港币 900 元。

3 月 15 日

作散文《胡同文化——摄影艺术集〈胡同之没〉序》。《胡同之没》系摄影家沈继光作品集。当日附信寄给沈继光，告以该序言将先在大陆期刊发表一下，并将收入小品集。刊于《中国文学》（中文版）创刊号。《新华文摘》1993 年第 11 期转载。

3 月 20 日

作散文《老董》，刊于《追求》1993 年第 10 期。

3 月 24 日

作散文《〈榆树村杂记〉自序》。《榆树村杂记》，作者散文选集，中国华侨出版社 1993 年 9 月出版。

3月26日

作《〈独坐小品〉自序》。《独坐小品》，作者散文选集，宁夏人民出版社 1996 年 11 月出版。后以"心远地自偏——《独坐小品》自序"为题刊于《黄河文学》1997 年第 1 期。

3月29日

作散文《白马庙》，刊于《大家》1994 年第 1 期。

约3月

杨崇学（杨之）关于 1992 年 11 月汪曾祺北大文学讲座的文章《汪曾祺散谈文学》在《新闻出版报》发表后不久，杨崇学和朋友吴涛一起到蒲黄榆给汪过目。汪曾祺留吃饭。[1]

3月

白烨、雷达编选《净土——20 世纪末文学作品精选短篇小说卷》由时代文艺出版社出版，选收 1991 年短篇小说佳作 30 篇。汪曾祺《露水》入选。

3月

潘旭澜主编的《新中国文学词典》一书由江苏文艺出版社出版。全书 180 万字，是关于新中国文学的一部中型权威辞书。书中收有"汪曾祺"条目，介绍了他的主要经历和创作情况，同时为《沙家浜》《大淖记事》《晚饭花集》各列单独条目。四个条目合计篇幅 1500 字左右。

4月5日

作文学随笔《要面子——读威廉·贝克特〈射手〉》，刊于《大连日报》

1　杨崇学接受笔者访问提供的事实。

1993 年 4 月 30 日"棒槌岛"副刊。

4 月 16 日

文艺随笔《精辟的常谈——读朱自清〈论雅俗共赏〉》刊于本日《光明日报》"读书与出版"版"择菜笔记"专栏。此前不久，汪曾祺曾参加《光明日报》书评版编辑李春林组织的关于书评的小型座谈会，并在会上作了精彩发言。[1]

4 月 19 日

作散文《文游台》，刊于《散文天地》1993 年第 5 期。[2]

4 月 20 日

作散文《露筋晓月——故乡杂忆》，刊于《鸭绿江》1993 年第 9 期。

4 月 26 日

施松卿致信陆建华，告以汪曾祺已经动手编辑文集。

4 月

北京电影学院投资人民币 5 万元，组织该院 1989 级学生根据吴琼改编的剧本联合摄制电影《受戒》。至 5 月拍摄完成，用于教学观摩。[3]

5 月 3 日

致陆建华信，抄寄自拟《文集》目录。

春

为纪念高邮名儒韦子廉逝世五十周年，高邮政协盂城诗社拟出纪念册《鹤

1　李春林《"英年早逝"的汪曾祺先生》，见《你好，汪曾祺》，山东画报出版社 2007 年版。

2　北师大版《全集》缀"一九九三年四月十九日"。

3　《中华人民共和国最高人民法院公报》1996 年第 1 期。

影琴音》，请汪曾祺题写书名并作序。汪曾祺题写了书名"鹤影琴音 汪曾祺谨署"，却婉拒写序，回信云"嘱写序言，此非弟子之事，似宜另请高邮耆宿为之"。另作诗《江湖满地一纯儒》并题跋，怀念韦鹤琴先生。

约此时

作散文《一个暑假》。生前未发表，后刊于《收获》1998年第1期。有诗《忆韦鹤琴（韦子廉）》。末段关于韦子廉的名字号，说法不准确。据周荣池《江湖满地一纯儒》一文，韦名子廉，字鹤琴，自号鄙庐舍人，晚号潜道人。[1]本篇交代了汪曾祺的书法艺术渊源。所引题诗之跋语，与当时手迹有出入。

5月7日

杂论《文人论乐——读萧伯纳〈贝多芬百年祭〉》刊于本日《光明日报》"读书与出版"版"择菜笔记"专栏。

5月23日

为江苏文艺出版社将出《汪曾祺文集》作自序。致陆建华信，寄上自序和几个剧本，对陆编年表，表示同意。序文后以"却顾所来径，苍苍横翠微——汪曾祺文集自序"为题刊于《光明日报》1993年5月26日。

5月27日

致信陆建华，告年表稿丢失。

5月28日

作小说《黄开榜的一家》，刊于《精品》1993年创刊号。

1　周荣池《江湖满地一纯儒》，载《扬州日报》2006年3月23日。作者向笔者提供。

5 月 29 日

参加在鲁迅文学院进修的青年作家曾明了（曾英）的作品研讨会并发言。[1]

5 月 30 日

写信给时任高邮市市长戎文凤，请求归还祖传房产。信中云："曾祺老矣，犹冀有机会回去，写一点有关家乡的作品，希望能有一枝之栖。区区愿望，竟如此难偿乎？"[2]

本日，施松卿托高邮机关干部刘翔驹带给陆建华信及照片，并附短信。

5 月

散文《手把肉》刊于《新苑》（双月刊）1993 年第 2、3 期。

5 月

沈阳出版社"当代散文大系"开始出版。汪曾祺与马红伦、忆明珠、王蒙、王充闾、林建法、贾平凹为编委。每种书前都收有汪曾祺所作《当代散文大系总序》。

6 月 1 日

作散文《看画》。似未单独发表，收入《草花集》《塔上随笔》。

6 月 19 日

作创作谈《却顾所来径，苍苍横翠微——小说回顾》，原载《小说家》

1　据飞舟《写出真正属于自己的东西——记曾明了（曾英）作品研讨会》，载《当代》1993 年第 4 期。

2　见陈其昌、姜文定编《走近汪曾祺》，第 113 页。

1993 年第 6 期。《小说月报》1994 年第 3 期转载。

6 月 21 日

作《〈草花集〉自序》。散文集《草花集》，成都出版社 1993 年 9 月出版。

6 月

致陆建华信，告以文集自序将在《光明日报》发表事。

6 月

应周谛嘱书对联赠之："往事回思如细雨，旧书重读似春潮。"[1]

6 月

赵园主编《沈从文名作欣赏》一书由中国和平出版社出版，是该社"名家析名著"丛书之一。收入汪曾祺应约撰写的《又读〈边城〉》。

6 月

《汪曾祺散文随笔选集》作为"当代散文大系"第一辑之一种，由沈阳出版社出版。

7 月 9 日

作小说《小姨娘》，刊于《小说家》1993 年第 6 期。

7 月 17 日

作小说《忧郁症》，刊于《小说家》1993 年第 6 期。

7 月 21 日

作小说《仁慧》，载《小说家》1993 年第 6 期。

1　扬州潘珠军藏。见 http://shequ.kongfz.com/768010.html。

7 月 22 日

致陆建华信，谈关于文集出版事。提到对最近写的三篇小说（指《小姨娘》《忧郁症》《仁慧》）比较满意，说"准备同时交给香港《大公报》和台湾《中国时报》。这三篇不打算收入文集。等字数凑够时，单独出一个小说集"。谈及 10 月初去台湾事。

7 月 28 日

作散文《裘盛戎二三事》。似未发表过，有手稿留存。[1]

7 月 31 日

作小说《露水》，刊于《十月》1993 年第 6 期。

7 月

散文《贴秋膘》刊于《中国美食家》1993 年 7 月试刊号。

7 月

散文《名实篇》刊于《中国名牌》1993 年第 4 期。

8 月 2 日

应湖南娄底地区文联之邀赴娄底讲学。同行者有人民日报文艺部缪俊杰、散文诗作家刘虔、诗人李瑛、《十月》杂志社张守仁、人民文学出版社《当代》杂志胡德培。

8 月 3 日

为娄底文学界做讲座，题为"思想·语言·结构"。

1　据汪朝提供手稿。

8月4日

天不亮即登祝融峰看日出,后参观圣帝庙。

在娄底为人写字若干,其中为张小牛的题字是"勤负轭,不畏虎",又为其画《小鸟荷花》。[1]

夏

台湾《中国时报》陈国祥来北京,在饭店与汪曾祺餐晤。此后陈每到北京必会汪,有次在汪家过除夕,喝得酩酊大醉。

8月13日

作散文《文章余事》,包括《写字·画画·做饭》一篇,刊于《今日生活》1993年第6期。中引自作诗一首("年年岁岁一床书")。

8月17日

追记娄底演讲《思想·语言·结构》,先在娄底文联内刊《大地》刊登,后刊于人民日报社主办的《大地》1993年第3、4期合刊。

8月20日

因《故乡的野菜》获奖,参加《钟山》杂志社在北京举行的"《钟山》杂志社文学大奖赛颁奖暨首届董事会成立大会"。颁奖会期间,胡丹娃、刘坪等来访。

《生命的极致:读曾明了的小说〈风暴眼〉》刊于本日出版的《当代》1993年第4期。

1　2013年3月17日张小牛向笔者提供书画图片。

8 月 21 日

作小说《生前友好》，刊于《大公报》1994 年 1 月 20 日。

8 月 22 日

作小说《红旗牌轿车》，刊于《北京文学》1998 年第 1 期。

8 月 27 日

作小说《子孙万代》，刊于《大公报》1993 年 12 月 1 日。

8 月

散文《栗子》刊于《家庭》1993 年第 8 期。

8 月

旧作散文《咸菜和文化》（1986）重刊于台湾《联合文学》1993 年第 8 期。

9 月 8 日

作散文《自序·我的世界》，先以《我的世界》发表于《文汇报》1993 年 12 月 12 日，后作为《逝水》（中国青年出版社 1996 年 3 月第一版）一书自序收入该书。

9 月 11 日

作散文《创作的随意性》，生前未发表过。

9 月 12 日

作散文《读诗抬杠》，似未发表，收入《塔上随笔》。

9月17日

作文艺随笔《诗与数字》，似未发表过，收入《塔上随笔》。

9月28日

作散文《沙弥思老虎》，收入《塔上随笔》，后刊于《长春日报》1996年9月23日。

9月

旧作散文《苦瓜是瓜吗？》（1986）重刊于台湾《联合文学》1993年第9期。

9月

散文集《榆树村杂记》由中国华侨出版社出版。系李辉主编"金蔷薇随笔文丛"之一种。

9月

《语文世界》杂志编辑部的谢怡等几名编辑来访，为谈语文学习经验问题。谢怡撰写的访问记《语文·修养·责任——著名作家汪曾祺先生访谈录》刊于《语文世界》1994年第1期。

9月

《中国书法》杂志召开文学家"文学与书法"座谈会，与会者有汪曾祺、李准、邓友梅、唐达成、林斤澜、管桦、张志民、梁光弟等。汪曾祺有发言。整理稿《文人与书法——部分著名文学家座谈会发言纪要》刊于《中国书法》1994年第5期。

9月

陆建华主编《汪曾祺文集》（四卷五册）由江苏文艺出版社出版。全书分为小说卷（上下）、散文卷、文论卷、戏曲剧本卷。

该书首印 3000 套，1994 年 4 月第二次印刷 3000 套。后获得江苏省人民政府颁发的第三届文学艺术奖。

9 月

张学正主编《中国当代文学名篇选读》由南开大学出版社出版。《受戒》入收。

9 月

散文集《草花集》由成都出版社出版，列入该社"听雨楼文丛·中国当代名家散文随笔精品"系列。

秋天

应大连日报社之邀，住棒槌岛宾馆。同来者有苏叔阳、徐城北、余秋雨及东北的几位作家，讨论《大连日报》办报思路等。

曾去旅顺口参观。还曾在私人聚会上自告奋勇唱《关云长单刀赴会》。

10 月 4 日

作《〈塔上随笔〉序》。《塔上随笔》是群众出版社出版的"当代名家随笔丛书"中的一种，本年 11 月出版。

10 月 4 日

为朱小平报告文学《画侠杜月涛》作《序诗》，并致信杜月涛。诗及信又见《画侠杜月涛》，新华出版社 1993 年出版。后诗又刊于《北京晚报》1994 年 1 月 26 日。[1]

为散文集《塔上随笔》作《小传》，见汪曾祺随笔集《塔上随笔》书前，

1　《北京晚报》刊本落款缀"1993 年 11 月 4 日"，"11 月"或为"10 月"之误植。另外，诗后注释比书上多出三条。

群众出版社 1993 年出版。

10 月 9 日

作散文《金陵王气》，刊于《银潮》1993 年第 9 期。

10 月中旬

江苏电视台到北京拍摄反映汪曾祺文学生涯的专题节目《梦故乡》。该片以汪曾祺高邮背景主题作品为线索，包括汪曾祺自述、代表作介绍、他人评论等几方面内容，展示了汪曾祺与高邮文化的密切联系，从一个侧面反映了汪曾祺的成就与影响。拍摄台本由景国真、杨宪泽、陈芸生编创。

10 月 14 日

作《美——生命——〈沈从文谈人生〉代序》，刊于《中华散文》1994年第 1 期。《沈从文谈人生》，关克伦编，中国青年出版社 1994 年出版。

10 月 15 日

为鲁迅文学院 1993 年度文学创作培训班（第九期进修班）授课，题为"谈创作"。[1]

10 月 26 日

作小说《卖眼镜的宝应人》，刊于《中国作家》1994 年第 2 期。

10 月

旧作散文《五味》（1990）重刊于台湾《联合文学》1993 年第 10 期。

10 月

儿媳刘阳到香港，因题赠《散文随笔选集·汪曾祺》《榆树村杂记》二

---

1 据《鲁迅文学院与中国当代文学》，鲁迅文学院编，2009 年 6 月。

书请她带给古剑，并自书诗《七十抒怀》。同时带去两组小说（《小姨娘》《忧郁症》《仁慧》；《生前好友》《红旗牌轿车》《狗八蛋》《子孙万代》），分别给古剑和《大公报》选用。

同时也写了给舒非的信。

10 月

百花文艺出版社出版《泰山心影——当代作家写泰山》一书，主要收录1991 年泰山笔会作品，也有此前此后登临过泰山、未参加此次笔会的几位作家的作品，共 25 篇。汪曾祺《泰山片石》入收。该书封面用汪曾祺题签。

11 月 3 日

作散文《老年的爱憎》，刊于《钟山》1994 年第 1 期。

11 月初

《沈从文全集》编辑委员会成立，汪曾祺与王序为顾问。

11 月 7 日上午

参加在北京人民大会堂广西厅举行的《沈从文全集》出版签约仪式，并作简短讲话。

2002 年，《沈从文全集》32 卷外加附卷全部出齐。

11 月 18 日

作散文《继母》，刊于《大家》1998 年第 2 期。

11 月 20 日

散文《小乐胃》刊于本日出版的《上海文化》创刊号。

11 月中旬

参加花城出版社《随笔》出刊百期作者座谈会。

11 月底

苏北来家，送来《小林》等两篇小说求教。

11 月

随笔集《塔上随笔》由群众出版社出版。

12 月 4 日

苏北来，与谈作品。批评《小林》体现什么不清楚；批评苏北，一是缺乏自信、一是太懒。

12 月 15 日

林斤澜陪同获得《中国作家》优秀小说奖的温州青年作家程绍国来访。

12 月 15 日

在香港中文大学客座的巫宁坤致信汪曾祺，问候近况。此信未获回音，后向南京某朋友询问。[1]

12 月 16 日

因《小芳》获得《中国作家》与马钢江东轧钢厂联合举办的 1991—1992 年度《中国作家》"江轧杯"优秀短篇小说奖，参加本日在北京举办的颁奖会。

约 12 月中下旬

广东白马广告公司为开发西山八大处山庄所制广告宣传性质的画册，汪

1　巫宁坤《往事细思如细雨》，载《文汇读书周报》2004 年 7 月 19 日，及巫宁坤先生接受笔者访问提供情况。"南京的一位作家朋友"，系指杨苡。

曾祺应邀为作散文《西山客话》。[1]

12 月 26 日

致信琛子，补寄为"西山八大处"项目画册所作《西山客话》中的"风水宝地"所引诗（"青山排户入"）及骈体"后记"（"门对青峰"）。琛子是受公司委托来请汪写文案的联络人。

年末

为《中国城乡金融报》"文苑风"副刊画《墨菊》。[2]

12 月

旧作散文《萝卜》（1990）重刊于台湾《联合文学》1993 年第 12 期。

12 月

散文集《中国当代名人随笔·汪曾祺卷》由陕西人民出版社出版。为该社"中国当代名人随笔"系列之一。封面勒口有近照一帧及自撰小传。

12 月

李双、张忆主编《中国新时期文学精品大系》由中国文学出版社出版。汪曾祺的《尾巴》《陈小手》两篇入收其中的微型小说卷《醉人的春夜》，《大淖记事》入收其中的短篇小说卷《伤痕》。

本年

为弟弟汪海珊撰题对联："断送一生唯有，清除万虑无过。"[3]

　　1　原文不缀作日。作者在 1993 年 12 月 26 日致琛子信，谈及写完此文即将赴台湾一事（作者赴台在 1994 年 1 月 6 日）。据此判断，该文约作于此时。
　　2　见苏北《一汪情深——回忆汪曾祺先生》，上海远东出版社 2009 年版，第 172 页。
　　3　姜文定、陈其昌主编，汪曾祺文学馆编印《走近汪曾祺》，2003 年版。

本年

福建东山文联主席、海峡艺文社社长刘小龙通过何振邦约请汪曾祺题诗，乃作《五绝·旅东山岛口占》。收入《东山文史资料》增刊《东山岛诗词选》，1999 年 10 月印刷。[1]

本年

为韩少功书大字横幅"不即不离"。

本年

作文艺随笔《散文应是精品》，未发表过。

本年

作散文《耿庙神灯》，刊于《散文天地》1994 年第 3 期。

本年

作散文《露筋晓月》，刊于《散文天地》1994 年第 3 期。[2]

本年

何振邦、曾明了有一次偕武汉青年作家萧斌臣到宅访问，畅谈许久，留吃午饭。为客人写字。又为萧斌臣拟创建中的"未来作家文学院"题名。[3]

1　福建东山县政协副主席刘小龙先生接受笔者访问时提供信息。

2　《耿庙神灯》和《露筋晓月》均收入 1994 年出版的散文集《塔上随笔》。该书"序"作于 1993 年 10 月 4 日，则知全书 1993 年就已编就，本篇当作于此前。故本谱将其置于此处。

3　萧斌臣《在汪曾祺家做客》，作者新浪博客（"萧斌臣的一亩三分地"）2006 年 11 月 22 日文章（http://blog.sina.com.cn/s/blog_4b5e185f010007uh.html）。

本年

与姜德明一起推荐山东作家毕玉堂加入中国作家协会。

1994 年，74 岁

年初

以汪曾祺为题材的两集纪实专题片《梦故乡》在江苏电视台首播。由景国真编创，陆建华担任顾问。汪曾祺亲自创作了主题歌《我的家乡在高邮》。此后，该片陆续在东方电视台、浙江电视台、中央电视台等播出。

1月2日

写信给古剑，嘱用《华侨日报》稿费代为偿还舒非为购照相机费用。

1月6日

本日动身赴台北，参加《中国时报》"人间副刊"举办的"1940—1990两岸三边华文小说研讨会"。

晨，由北京乘机，先赴香港，再转机台北。出席会议的大陆作家还有刘心武、李锐、柯灵夫妇。香港作家郑树森、刘以鬯、施叔青等，台湾作家林海音、叶石涛、黄春明、陈映真、王文兴、李昂等共同出席。

1月7日

下午三点，"研讨会"主办方中国时报社假台北诚品书店艺文空间举行酒会，欢迎与会作家。

诚品书店同时在二楼图书展售区展售作家亲笔签名图书。另外，艺文空间还展出摄影家何经泰此前专为17位作家造像的摄影展"作家群像"。

晚上，与会人员在希尔顿饭店接受台湾"教育部长"郭维藩宴请。[1]

1月8日

"研讨会"进入第一天会程。作家、评论家、学者和读者几百人参加了在诚品书店"艺文空间"举行的讨论会。本日共进行了三场讨论会。其中第二场"四〇—五〇年代（下）"由吕正惠解析汪曾祺，陈传兴解析叶石涛。吕正惠作了题为"人情与境界的追求者"的主题发言。

1月9日

"研讨会"继续举行三场讨论会。

晚上，全体与会作家接受台湾"新闻局长"胡志强的晚宴招待。

五位大陆与会作家参与了每一场的研讨并参与讨论。[2]

《中国时报》"人间副刊"研讨会系列专刊本日刊出汪曾祺专题，计发表《汪曾祺重要作品年表》、何经泰所摄汪曾祺照片、汪曾祺的小说《忧郁症》、吕正惠的《人情与境界的追求者》。

1月10日

五位大陆作家和香港作家刘以鬯夫妇在《中国时报》"人间副刊"同仁陪同下参观台北近郊的风景与文物。

汪曾祺在故宫博物院发表演讲。

下午，众人沿淡水河欣赏风景，并拜会云门舞集。晚上，云门舞集创办人林怀民设宴招待众位作家。

1月11日

上午，参加研讨会的大陆作家赴阳明山"国家公园"参观，汪曾祺因疲劳未往。在宾馆休息闻急救车声，作短文《在台北闻急救车鸣笛声有感》，

1　《郭维藩宴请两岸艺文界人士》，载台湾《中国时报》1994年1月8日。

2　《五位大陆作家表示此行收获良多》，《中国时报》1994年1月10日第5版。

刊于 12 日《中国时报》"人间副刊"。该文在作者生前未收入作品集。

下午，五位大陆作家访问《中国时报》。

晚上，《中国时报》总编辑黄肇松设宴招待，并逛万华夜市。[1]

1 月 12 日

大陆作家前往北海岸参观。

1 月 13 日

取道香港返回大陆。

1 月 14 日

《中国时报》"人间副刊"研讨会系列专刊发表蔡珠儿对汪曾祺的专访文章《小说像童年的往事》，同时刊出何经泰所摄照片一帧。

1 月 15 日

云南人民出版社大型文学双月刊《大家》创刊号出版。汪曾祺受邀担任该刊"散文"主持。该期"散文"栏，共发表六篇散文，其中有汪曾祺的《白马庙》和《昆虫备忘录》。

1 月 25 日

致信金家渝。因拟撰写高邮画家王匋民传，请王尔聪、陈其昌等人搜集有关材料。建议有创作意向的金传捷写写"鹿女丹泉"。

1 月

旧作散文《寻常茶话》（1989）重刊于台湾《联合文学》1994 年第 1 期。

1　《五位大陆作家拜访本报》，载《中国时报》1994 年 1 月 12 日第 5 版。

初春

为陆建华画国画，题"建华饰壁"。[1]

2月1日

为作家文牧拟出版的《文牧散文选》作序《再淡一些》，附信寄给文牧，让他"审处"。后来再次写信，叫他携序文找《文艺报》吴泰昌，联系序文在该报发表事宜。后发表于《文艺报》1996年6月7日。[2]

2月15日

作散文《七载云烟》，包括《天地一瞬》《骑了毛驴考大学》《斯是陋室》《不衫不履》《采薇》《一束光阴付苦茶》《水流云在》七篇，刊于《中国作家》1994年第4期。

2月15日

作小说《辜家豆腐店的女儿》，刊于《收获》1994年第4期。

2月

旧作散文《马铃薯》（1987）重刊于台湾《联合文学》1994年第2期。

2月

作画《风梅》，后赠送作家阿成，刊于中共黑龙江省委宣传部理论刊物《新向导》（月刊）1994年第6期封底。[3]

1　画见陆建华《汪曾祺传》插页。
2　文牧先生接受笔者访问提供信息。文牧（1933—），笔名方半林、田陵，江西萍乡人，编审、作家。历任吉林人民出版社、时代文艺出版社、《新苑》文学杂志社编辑。有诗集、散文及散文诗集、小说集等20余种。
3　现归书法家王立民藏。王利民先生见示。

初春

应请为陈时风收藏的戴敦邦画作《十二金钗及宝玉图》题诗（"十二金钗共一图"）。[1]

约 2 月

为朱德熙的夫人何孔敬、儿子朱蒙各作《花卉》画作一幅。[2]

3 月 1 日

作文学评论《小滂河的水是会再清的》，刊于《文艺界通讯》1994年第 4 期，后又刊于《光明日报》1995 年 8 月 3 日。系为陶阳诗歌所作评论，并为其诗集《扶桑风情》（南海出版公司 1994 年版）代序。[3]致信陶阳，随信寄上序言。

3 月 2 日

小说《要账》刊于本日《平顶山日报》。

3 月 23 日

作《马道士》。作为《道士二题》之一刊于《长城》1994 年第 5 期。

3 月 27 日

作《五坛》，作为《道士二题》之一刊于《长城》1994 年第 5 期。这两

1　陈时风收藏，见 http://jy.boyie.comdispbbs.aspboardid=332&id=4647&star=1&page=1。《金陵十二钗与宝玉图手卷》，戴敦邦作，陈时风收藏，征集了冰心、曹禺题引首，汪曾祺、张中行、余秋雨、陈从周、史树青、端木蕻良等三十一位文化名人题跋。

2　画见何孔敬《长相思》，中华书局 2007 年版，第 322 页。本年立春在 2 月 4 日，故本事系于 2 月。

3　陶阳（1926—），原名李伯海，民间文艺家，时任《民间文学论坛》主编。

篇文体介乎小说、散文之间，发表时归入小说。

3月

旧作散文《鳜鱼》（1987）重刊于台湾《联合文学》1994年第3期。

3月

拟创刊的《金融作家》主编王祈、副主编龚文宣在何振邦陪同下来请汪曾祺题写刊名。为该刊及两位主编各撰题联语。[1]

1月至3月间

参加《大家》在北京举行的首发式并发表嘉宾感言。

4月21日

作散文《长城漫忆》，刊于《长城》1995年第1期。

4月25日

在香港的巫宁坤再次致信汪曾祺，询问前（1993年12月15日）信何以不复。

4月

旧作散文《口蘑》（1986）[2]重刊于台湾《联合文学》1994年第2期。

4月

张国华来访，透露了其要写汪曾祺传的想法。汪曾祺推辞："我是不值

　　1　王祈《请汪曾祺先生题字》，载《金融时报》2004年10月29日；《汪曾祺先生送我的书法逸品》，见 http://blog.sina.com.cn/s/blog_45ac391701000l0fb.html。另据王祈先生接受笔者访问时提供信息。

　　2　本篇系《菌小谱》的一部分，前未见发表，但曾收入散文集。有关情况，见本谱1986年记事。

得一写的。"张国华后出版《汪曾祺传》，中国文史出版社 2005 年出版。[1]

5 月 6 日

复信巫宁坤，附书画作品各一幅。信中解释前来信未复的原因（地址搞丢了），"故未复，与'大红大紫'无关也"。字为草书对联："往事回思如细雨，旧书重读似春潮。"画为《丁香结》。[2]

5 月 9 日

作散文《写景》，刊于《新民晚报》1994 年 8 月 15 日"夜光杯"副刊。

最迟 5 月

为即将出版的王晓建编《逛旧书店淘旧书》一书题写书名。[3]

5 月前后

中央电视台拍摄汪曾祺专题，与萧乾、赵朴初等成一系列。[4]

6 月初

高邮市利用在京举办经济商贸洽谈会之机，顺邀汪曾祺、姜恩柱、秦华孙、汪云等在京高邮籍名人。饭后，汪为高邮市委市政府、朱福生、汪云等题诗联多幅。[5]

1　据周荣池《读张国华〈汪曾祺传〉》，载《高邮日报》2010 年 11 月 15 日。

2　巫宁坤《往事回思如细雨》，载《文汇读书周报》2004 年 7 月 19 日。

3　王晓建《汪曾祺题书名》，载《人民日报》2003 年 8 月 1 日。

4　据赵李红《未公开的采访手记》。

5　尤泽勇《汪老，高邮老乡》（《高邮信息》2007 年 5 月 9 日）及陈其昌《汪曾祺为家乡书记挥毫》（"今日高邮"，http://www.gytoday.cn/wy/wx/20090316-84150.shtml）。

6月2日

致信古剑,谈自己近况。

6月10日至13日

赴南京参加《钟山》杂志与德国歌德学院联合举办的"1994中国城市文学学术研讨会"。参会者还有王安忆、孙甘露、池莉、朱苏进、赵本夫、苏童、叶兆言、陈思和、王晓明、陈晓明、陈辽、黄毓璜、丁帆、王干、吴炫、徐兆淮等三十多人。

汪曾祺就"城市文学""新状态文学"等概念和现象发表了自己的见解,并与王干展开讨论。[1]

会后,应邀到江苏省戏剧学校与师生见面,欣赏戏剧学校学员表演他的名段,并为学校题写校名。又为江苏省戏剧学校、上海戏剧学校、刘德菜等单位和个人题字题联。

约此时

为纪念反法西斯战争胜利50周年,北京电影制片厂拟将孙犁抗战题材小说改编为一部散文化电影。导演王好为等请汪曾祺改编。[2]

6月22日

应约为香港三联书店主编《中学生文学精读·沈从文》,原定月底交稿,因忙,本日致信责任编辑舒非,要求缓交。该书于1995年出版。

---

1 参见金用《激战秦淮状元楼——'94中国城市文学国际学术研讨会札记》,载《钟山》1994年第5期。

2 王好为《写在荷花开放之前》,载《电影创作》1995年第4期。

6 月 23 日

参观"沈从文文物研究展览"。

6 月 27 日至 28 日

与法国作家座谈。李锐亦出席。

6 月 30 日

本日出版的上海《文学报》第 704 期发表北京郭晓春前不久对汪曾祺的访问记《汪曾祺的"彩儿"》。

6 月

五卷本《朱德熙文集》编成，汪曾祺为之题写书名。[1]

6 月

林建法选编《再度漂流　寻找家园　融入野地——中国当代作家面面观》由时代文艺出版社出版。其中"自报家门"卷收了汪曾祺的《却顾所来径，苍苍横翠微》；"作家眼中的作家"卷收了林斤澜的《注一个"淡"字》（汪曾祺印象）。

7 月上中旬

酷暑中为《中学生文学精读·沈从文》撰稿，包括《前言》《〈边城〉题解》《〈边城〉赏析》《〈牛〉题解》《〈牛〉赏析》《〈丈夫〉题解》《〈丈夫〉赏析》《〈贵生〉题解》《〈贵生〉赏析》9 篇。

1　该书迟至 1999 年才由商务印书馆出版，但由书前"编辑说明"可知，最晚在本月即已编辑完毕。

7月17日

致信舒非，先交上《边城》《丈夫》《牛》三篇的"题解"与"赏析"。

7月19日

写完《贵生》的"题解"与"赏析"，致信舒非。

8月9日

参加"中华诗城规划设计研讨会"，并题苏轼句"青山一发是中原"。共同出席者有张弦、吴祖光、中杰英、李准、刘征、王为政等。[1]

8月

文论《〈职业〉自赏》刊于《文友》1994年第8期。

8月

作散文《大地》，含《祈祷》《雹子》《雪湖》三题，刊于《大地》1994年第9期。

8月

作文学评论《濠河逝水》。评南通青年作家黄步千短篇小说，后收为《崇川纪事——黄步千作品自选集》（江苏文艺出版社1995年版）代序。

9月

白烨、雷达编选《女人之约——20世纪末文学作品精选短篇小说卷》由时代文艺出版社出版，选收1992年、1993年短篇小说佳作26篇。汪曾祺《露水》

---

1 据是次活动签名簿，孔夫子旧书网勤斋画廊2008年5月30日，见http://www.kongfz.cn/2014911/。

入选。

9 月

舒楠、兴安《92 中国小说精萃》由农村读物出版社出版，共选作品 18 篇。汪曾祺的《新笔记小说二篇》（《明白官》《牛飞》）入收。

9 月

系列小说《非往事》（包括《无缘无故的恨》《鞋底》《打叉》三题）刊于《钟山》1994 年第 5 期。当期刊物目录题作《短篇近作三题》。前两题又以"非往事"为题刊于《北京文学》1998 年第 1 期。

9 月

《异秉——汪曾祺人生小说选》由甘肃文化出版社出版，列为该社"名家名作丛书"之一。

10 月中旬

闭户改编孙犁小说为电影剧本（《炮火中的荷花》）。[1]

10 月 18 日

上午，《福建文学》编辑施晓宇、北京大学中文系福建籍硕士研究生[2]王枫、姚丹按照前一日约定，为组稿事来访。[3]

深秋

陆建华来访，与谈《中国政协报》引发的《毛主席改戏词》一文，

1　据施晓宇《"布衣作家"汪曾祺》，见《山东文学》2003 年第 9 期。
2　施晓宇文记为博士研究生。
3　施晓宇《"布衣作家"汪曾祺》，见《山东文学》2003 年第 9 期。这一开头，特别是人物语言，与最终定稿（刊于《电影创作》1995 年第 4 期）有所不同。

加以辩讹。[1]

10 月

文艺随笔《使这个世界更诗化》刊于《读书》1994 年第 10 期。

10 月

为湖北黄冈画家王建新画兰花题句"冷月葬诗魂",又为其画梅花题句:"山家除夕无他事,插了梅花便过年。"[2]

10 月

江苏省委老龄委《银潮》杂志胡丹娃来京约稿。何志云代为电话约时间,登门访问约稿,签赠胡丹娃《草花集》。[3]

11 月 25 日

上午,中国作家协会、中华文学基金会主办的"中国作家十人书画展"在中国美术馆西南厅开幕。展出竣青、汪曾祺、秦兆阳、管桦、张长弓、梁斌、阮章竞、鲁光、冯其庸、李准每人十件作品。

11 月 30 日

作《〈中国京剧〉序》。徐城北著《中国京剧》,广东旅游出版社 1996 年出版。

1　陆建华《听汪曾祺细说〈沙家浜〉》,收入《不老的歌》,江苏文艺出版社 1995 年版。参见 6 月 9 日纪事。
2　见《王建新书画选》(湖北黄冈地区书画研究会 1995 年)。王建新,1963 年生,黄冈报社编辑,画家。
3　胡丹娃《也忆汪曾祺先生》。

11 月

作绘画《延寿》。[1]

11 月

《受戒》被北京电影学院 1989 级学生邱怀阳作为毕业作品改编拍摄成电影，参加法国朗格鲁瓦国际学生电影节，同时入围法国克雷芒电影节。[2]

12 月 10 日

散文《夏天（外一篇）》刊于本日出版的《大家》1994 年第 6 期。"外一篇"是《一技》，包括《珠花》《发蓝点翠》《葡萄常》三题。随文刊出汪曾祺、施松卿合影近照一幅。

12 月 13 日

午后 4 点到 8 点，舅表弟杨汝纶之子、时在北京大学做访问学者的佛山大学教授杨鼎川对汪曾祺做访谈。主要谈 40 年代文学创作。录音整理稿刊于《中国现代文学研究丛刊》2003 年第 2 期。

约此时

汪曾祺作诗《赠杨汝纶》《赠杨鼎川》。

12 月 29 日

小说《祁茂顺》刊于本日《钱江晚报》。

1　天涯网"我是白知"2009 年 6 月 28 日网帖，见 http://bbs.tianya.cn/post-books-108775-1.shtml。

2　施晓宇《"布衣作家"汪曾祺》，载《山东文学》2003 年第 9 期。

12月30日

与北影录音录像公司就作品《受戒》《大淖纪事》《徒》的影视改编拍摄问题续订合同，将合同约定期限续签三年。[1]

12月末

年终岁尾的一天，应妻侄、时任上海外国语大学《外语电化教学》杂志常务副主编的施行之请为该杂志题刊名。[2]

12月

上海文艺出版社编选《九十年代散文选 1993》由该社出版，共从 1993 年全国各报刊选收散文作品 37 篇。汪曾祺的《胡同》入选。

本年

好友丁聪为作漫画肖像。作诗《题丁聪画我》，生前未发表，后收入《我画你写——文化人肖像集》（外文出版社 1996 年版）。

本年

书对联："静对古碑临黑女，闲吟绝句比红儿。"收入《汪曾祺书画集》。

本年

为朱维宁书写旧作诗《高邮王氏纪念馆》。[3]

1　《中华人民共和国最高人民法院公报》1996 年第 1 期。

2　方人（施行）《著名作家汪曾祺为本刊题写刊名》，《外语电化教学》1995 年第 1 期。并参照施行先生致笔者信所提供情况。

3　墨迹图片见金实秋《汪曾祺诗联品读》第 146 页。

约本年

在中国人民大学作讲座"文学漫谈"。

1995 年，75 岁

年初

因疝气住院检查，准备开刀。后因条件欠佳暂未施行手术。

王好为去医院看望，并谈《炮火中的荷花》的修改事宜。在中宣部文艺局、广电部电影局推动下，河北电影制片厂、中影公司影视制片部计划合作拍摄该片，后因经济原因搁浅。剧本在《电影创作》1995 年第 4 期发表。[1]

1 月 14 日

《戏剧电影报》总第 729 期报道北京电影学院《受戒》参加法国朗格鲁瓦国际学生电影节，并入围法国克雷芒电影节。早于 1992 年获得《受戒》独家改编、拍摄权的北影录音录像公司看到报道后认为北京电影学院侵权，将其告上法庭。[2]

1 月 31 日

本日是甲戌春节。作小说《鹿井丹泉》，刊于《上海文学》1995 年第 7 期。小说系改写高邮民间传说。

1　据王好为《写在荷花开放之前》，载《电影创作》1995 年第 4 期。
2　后经北京海淀区人民法院、北京二中院两次判决，原告胜诉。

1月

张晓春、龚建星编多人书话散文集《读书有味》由上海社会科学院出版社出版，列为该社"名家谈丛"之八。汪曾祺《读廉价书》入收。

1月

散文《草巷口》，刊于《雨花》1995年第1期。

2月1日

散文《小议新程派》刊于本日出版的香港文学艺术杂志《大成杂志》第255期。

2月14日

汪曾祺75岁生日。鲁迅文学院何振邦带领学生张晴等人来汪家庆贺，汪曾祺为客人做菜。[1]

约2月

早春，沈阳青年作家麦风来访。为麦风题写书斋名"香衣书斋"。[2]

3月13日

复刘琫信。透露因住院，原定应香港岭南学院之邀3月前往讲学之事取消，"错过看到你这小疯子的机会，遗憾！"针对对方来信提及的生活波折

1　据张晴《汪曾祺的美食》，载《人民日报》（海外版）2012年4月27日。
2　见麦风《汪曾祺送我画》，载《沈阳晚报》1999年2月某日。又据麦风致笔者信。麦风博客文章《回忆汪曾祺先生二三事》（http://blog.sina.com.cn/118916maifeng）中说此事在1992年。在与笔者交流中，又曾回忆说是在1996年。据文意，函索画作与早春拜访间隔不远，而汪曾祺复函在1995年10月14日已确证。根据这些情况，早春拜访系于1995年。

加以安慰。

3月20日

《中国青年报》第 6 版"人物访谈"发表实习记者李春宇前不久对汪曾祺的访谈录《"写作时，我才活着……"——访作家汪曾祺》。其中谈到自己如何走上写作道路、对职业的态度、对年轻人热衷下海现象的看法、沈从文对自己的影响、个人遭受的挫折，最后表示："我写东西，是因为我自己想写东西。我觉得只有写东西的时候，我才活着，才能表明我的确存在，才能表明世界上有一个人叫汪曾祺。"

3月25日

作小说《喜神》，刊于《收获》1995 年第 4 期。

3月25日

作小说《丑脸》，刊于《收获》1995 年第 4 期。

3月

钱谷融、陈子善主编大型文库《中国现代散文精品文库》由中国社会科学出版社出版。全套 10 册，以作家年庚为序排列选文。其中《梦见紫荆树开花》一册（收 1914 年至 1920 年出生作家）收入汪曾祺七篇散文：《花园》《牙疼》《翠湖心影》《泡茶馆》《跑警报》《金岳霖先生》《吴大和尚和七拳半》。以七篇之数，汪曾祺成为本册中作品见收最多的作者。

4月8日

作小说《水蛇腰》，刊于《中国作家》1995 年第 4 期。

春

杨鼎川偕同在北大访学的徐文海（时为内蒙古民族师院教师）到宅看望。

约5月中旬

何振邦带中国和平出版社编辑庞旸为该社组织的"名家品精品"丛书之《汪曾祺名作欣赏》卷的编辑事宜来访。为同为编辑的庞旸夫妇题联："泛览周王传，流观山海图。"[1]

5月28日

女电影导演张暖忻在北京逝世，6月3日举行葬礼。汪曾祺以"友好"的名义替朋友们撰挽联并书写："繁花此日成春祭，云水他乡梦白鸥。"[2]

6月1日

时逢"六一"儿童节，因赠喜儿童文学的作家高洪波诗一首（"洪波何澹澹"）。[3]

6月

作散文《〈矮纸集〉题记》。《矮纸集》，长江文艺出版社1996年出版，列为该社"跨世纪文丛"第四辑之一种。

6月

小说《熟藕》刊于《长江文艺》1995年第6期。

6月

为贺平画《藤花》，题："藤扭枝枝曲，花沉瓣瓣垂。"[4]

1　2013年3月23日庞旸女士接受笔者访谈提供。

2　何志云《送张暖忻》一文引作"云水他年梦白鸥"。何文收入《最后的角落》，广东旅游出版社1997年版。

3　见高洪波《星斗其文，赤子其人》，载《南方周末》1997年6月6日。

4　贺平女士向笔者提供。

夏

散文《故乡的野菜》获得中共江苏省委宣传部举办的江苏省第二届报刊优秀文学作品"蝶美奖"散文一等奖。

7月

台湾徐欣娴以《汪曾祺作品研究》获"中国文化大学"中文研究所硕士学位。

7月

金介甫作、符家钦译《沈从文传》易名《沈从文史诗》，由台湾幼狮文化事业公司出版。汪曾祺作《〈沈从文传〉序》仍收书前，题名"汪序"。

7月

1947 年在上海致远中学的学生、时为珠江电影制片厂编剧的张希至来访，以《异秉——汪曾祺人生小说选》相赠，嘱她回去读读以致远中学生活为素材的《星期天》。张希至读完后，倍感亲切。[1]

7月

苏北与《中国城乡金融报》副刊部主任王文媛来访。汪曾祺亲下厨待客。[2]

7月

为中国作协《小说选刊》所办"百草园书屋"题写匾额。[3]

1　张希至《我的初中老师——汪曾祺》，收入《你好，汪曾祺》，山东画报出版社 2007 年版。

2　苏北先生接受笔者访问时提供信息。

3　据柳萌《在汪曾祺老先生字纸篓中淘画》，见 http://blog.sina.com.cn/s/blog_5b1077250100efud.html。

7月

丁聪画《我画你写——文化人肖像集》由宗文编竣。收有丁聪绘画的文化人肖像 80 幅，每幅后面特约肖像主人的自嘲语句及友朋以轻松笔调写的简短印象。汪曾祺的肖像收录在内，附了汪曾祺的自作像赞（"我年七十四"）和范用的一段印象记。该书 1996 年由外文出版社出版发行。

7月

小说《兽医》刊于《十月》1995 年第 4 期。

7月

谢冕、洪子诚主编《中国当代文学作品精选》由北京大学出版社出版，《受戒》《异秉》入收。

8月7日

小说《公冶长》刊于本日《平顶山日报》。

9月2日

作《难得最是得从容——〈裴盛戎影集〉前言》，刊于《新剧本》1995 年第 6 期。[1] 中引自作诗一首（"千秋一净裴盛戎"）。

9月15日

小说《窥浴》刊于《作品 》1995 年第 9 期，旋为《中国文学》中文版转载。后收入《中国文学》编辑部编、傅活主编《中国文学新佳作集成》第 6 卷（短篇小说卷）《荒湖之恋》（中国文学出版社 1998 年 2 月版）。

1　《裴盛戎影集》，似未出版。

9 月 22 日

作小说《莱生小爷》，刊于《山花》1996 年第 1 期。

9 月

陆建华散文集《不老的歌》由江苏文艺出版社出版。汪曾祺为之题签。

10 月 3 日

作小说《薛大娘》，刊于《山花》1996 年第 1 期。

散文《一辈古人·薛大娘》（《北方文学》1991 年第 12 期）与小说《薛大娘》写的是同一个故事，适为本篇小说的生活原型。

10 月 14 日

收到沈阳麦风索画函，当即提笔作画，并复函寄去，同时退回酬金。随信寄来的画，"黑褐色枝叶，黄色、粉色的花朵，很像他的文风，简约而散淡"，题款云"帘外雨潺潺，春意阑珊"。麦风随即回寄两本新杂志及一本荣宝斋艺术品拍卖公司春季拍卖图录《中国书画》以为报。

10 月 15 日

作散文《造屋为人》，刊于建设部主办的《中华锦绣》1995 年 11、12 月合刊号。

10 月

散文集《中国当代名人随笔·汪曾祺卷》（陕西人民出版社 1993 年 12 月版）易名为《老学闲抄》重印发行。

10 月

香港作家古剑随香港作家访问团来访北京，再次到宅拜会汪曾祺。汪亲自下厨做菜招待，并赠以《散文随笔选集·汪曾祺》。

10 月底

应温州市瓯海区之请，由作家、书法家组成的瓯海采风团赴瓯海采风。成员有邵燕祥、唐达成、姜德明、蓝翎、赵大年、母国政、陈世崇、陶大钊、傅用霖、汪曾祺夫妇和林斤澜夫妇，另有谢冰岩等四位书法家。其间，陈建功也参加部分活动。

在瓯海，曾游三垟湿地。

题字若干。为雁荡山风景区管理局题"山深海阔"。在泽雅风景区，为深箩漈题行草大字"深箩碧漈"。为泽雅宾馆服务员陈月靓题字"家居绿竹丛中，人在明月光里"。又为其父亲开的饭馆写招牌"春来酒家"。[1]

约 10 月

为北京风入松书店题写店招匾额："风入松书店，汪曾祺题。"[2]

11 月上旬

采风团在结束瓯海活动后，从温州乘坐高速客轮，赴洞头继续参观。在洞头期间，曾游览几个海岛，欣赏"仙叠岩"摩天巨石，品尝海鲜，观摩先锋女子民兵连实弹射击，为题字"既爱红妆，也爱武装"。此次还为洞头题写"百岛之县"。[3]

洞头县文化局、洞头县文联 1997 年 11 月印行《百岛彩贝：名家笔下的洞头》一书，收录采风团来洞头采风的作品多件，其中有汪曾祺（与施松卿合署）《百岛之县——洞头拾贝》一文。

1　据汪曾祺《温州杂记》，载《温州晚报》1998 年 8 月 16 日"池上楼"。

2　未缀作日，因该书店 1995 年 10 月开张，姑系于此。

3　见赵大年《汪曾祺的魅力》（载《北京青年报》2007 年 5 月 26 日），及洞头县文化局、文联编《百岛彩贝》。

11 月 15 日

作小说《名士和狐仙》，刊于《大家》1996 年第 2 期，又刊于《中国城乡金融报》1996 年 9 月 6 日。

约 11 月

作铭文《瓯海修堤记》，刊于《温州晚报》1997 年 1 月 1 日"池上楼"第 1 期。系四言铭文，20 句，80 字。

约 11 月

作散文《温州杂记》，包括《深箩漈》《月亮》两篇，刊于《温州晚报》1998 年 8 月 16 日"池上楼"第 80 期"纪念汪曾祺"专题。

冬天

苏北、龙冬来访。亲自下厨做饭，有煮干丝、咖喱牛肉。[1]

初冬

夫人施松卿突患脑梗，住院治疗。春节前出院。

12 月

作为评委之一在北京天桥宾馆为首届《大家》文学奖评审投票。本次获奖作品为莫言的《丰乳肥臀》。

12 月

季涤尘、丛培香主编《1991—1993 散文选》由人民文学出版社出版。《多年父子成兄弟》入收。

1　见苏北《一汪情深——回忆汪曾祺先生》，上海远东出版社 2009 年版，第 13 页。

12 月

袁鹰主编《华夏二十世纪散文精编》由华夏出版社出版。汪曾祺《湘行二记》《故乡的食物》《林肯的鼻子》入选其中的"山川风物卷"；《吴大和尚和七拳半》《七十抒怀》入选其中的"随笔小品卷"。

年底

作小说《钓鱼巷》，刊于《大家》1996 年第 2 期。

年底

上海市出版局例行刊物年检，汪曾祺所题《外语电化教学》被勒令改换简体字。施行写信给汪曾祺陈情。汪曾祺收信后又题写多份简体字刊名寄来。[1]

本年

母校高邮中学庆祝建校九十周年，应学校之请，作《高邮中学校歌》。歌载《百年邮中——江苏省高邮中学百年华诞》（2005 年版，内部发行）。

本年

以行楷书为金实秋《佛教名胜楹联》（宗教文化出版社 1997 年版）书联"一花一世界，三邈三菩提"并题跋语。

本年

为《徐卓人中短篇小说集》题签。是书于 1995 年 12 月由安徽文艺出版社出版。

---

1 施行《玩年集》，北京万书缘文化出版工作室，第 302 ～ 304 页。并参施行先生致笔者信所谈情况。

本年

丁聪为出版家范用作漫画头像，汪曾祺为题诗（"往来多白丁"）。该诗生前未发表。[1]

本年

作《贵在坚持——序〈雨雾山乡〉》。《雨雾山乡》是云南青年作家彭鸽子散文集，1995 年 12 月由云南民族出版社出版。[2]汪曾祺逝世后，该序文重刊于《文汇报》1997 年 6 月 23 日。

1996 年，76 岁

1月5日

节气小寒。几年来都到深圳过春节的徐迟，本年留在武汉过春节。闲暇中偶读到《蒲桥集》，十分喜欢，情不自禁地为作评论《偶读〈蒲桥集〉》，刊于《光明日报》1996 年 2 月 28 日。

1月22日

作小说《关老爷》，刊于《小说界》1996 年第 3 期。

1月

作《〈吃的自由〉序》。《吃的自由》，符中士著，人民文学出版社

1　杨建民《丁聪与文化人肖像》（《人民日报·海外版》2003 年 1 月 17 日）载录。又见范用《我很丑，也不温柔——漫画范用》，生活·读书·新知三联书店 2006 年版。
2　据彭鸽子女士接受笔者访问提供的信息，并参见《幸运的邂逅》一文。

1997 年出版。

1月

作散文《题画二则》，刊于《随笔》1996 年第 3 期。

1月

散文集《五味集》由台湾幼狮文化事业公司出版。该书由丁帆编选，前有代序，正文共分两辑，选散文作品 23 篇。

1月

为施行、雷佩庆夫妇作绘画《同度春光》。[1]

1月

作绘画《牵牛花》，并题长篇跋文，载《随笔》1996 年第 3 期封底。

2月19日

春节。作散文《晚翠园曲会》，刊于《当代人》1996 年第 5 期。

2月24日

短文《人间送小温》刊于本日《羊城晚报》。

2月下旬

春节（2 月 19 日）过后某个雨夹雪天气的晚上，张锲、陈建功及几位年轻人到虎坊桥新居访问。汪曾祺打开书画卷，让众人挑选，题签相赠。陈建

功选中《升庵桂花图》。[1]

2月末

正月底，青年作家谭湘陪同逛福州馆后街的农贸市场。[2]

2月

搬家到宣武区虎坊桥福州会馆前街经济日报社宿舍楼，住在 405 室。是儿子汪朗单位分配的房子。

2月

王庆生主编《中国当代文学辞典》由武汉出版社出版，"汪曾祺""《大淖记事》""《受戒》""《沙家浜》"词条见收。

3月4日

元宵节，汪曾祺 76 岁生日。张晴等青年作家来贺并留饭。新居煤气尚未开通，满桌凉菜。[3]

3月6日

作散文《〈废名小说选集〉代序》，刊于《中国文化》（半年刊）1996 年第 1 期（1996 年 6 月出版），发表时改名为《万寿宫丁丁响》；后又刊于《芙蓉》1997 年第 2 期。《废名短篇小说集》，冯思纯编，湖南文艺出版社 1997 年出版。

1　陈建功《在汪曾祺家"抢"画》，《人民日报》2008 年 3 月 9 日。又见《散文》（海外版）2007 年第 5 期。

2　据谭湘《相约在春季——散忆汪曾祺先生》，收入《城市徜徉——谭湘随笔》，河北教育出版社 2002 年版。

3　张晴《汪曾祺的美食》，载《人民日报·海外版》2012 年 4 月 27 日。

3月15日

《短篇二题》，包括《名士和狐仙》《钓鱼巷》，刊于本日出版的《大家》1996年第2期。

3月27日

作散文《果蔬秋浓》（含《水果店》《果蔬秋浓》《逐臭》三篇）、《颜色的世界》，刊于《小说》1996年第4期。发表时题为"果蔬秋浓（外一篇）"。

3月

散文集《逝水》由中国青年出版社出版，列入该社"我的世界"丛书第一辑。

3月

小说集《矮纸集》由长江文艺出版社出版，列入该社"跨世纪文丛"第四辑。除题记外，收有自选小说36篇。另收1993年所撰《却顾所来径，苍苍横翠微》一文为"代跋"。后附李国涛跋《读〈矮纸集〉兼及汪曾祺小说文体描述》及《汪曾祺主要作品目录》。

4月6日

作绘画《凌霄》并题句："凌霄不附树，独立自凌霄。"收入《汪曾祺书画集》。

4月9日

作散文《果园的收获》。生前未发表。

4月15日

作《国风文丛总序》。"国风文丛"是汪曾祺应邀担任主编的地域文化散文集丛书，由中国对外翻译出版公司 1996 年出版。同时，汪曾祺《故乡的元宵》《故乡的食物》《文游台》入收《杂花生树》卷。

4 月 21 日

小说《死了》刊于《天涯》1996 年第 4 期。

4 月

小说《唐门三杰》刊于《天涯》1996 年第 4 期。

4 月

高邮市文联编印《甓社珠光——高邮市文联十年成果集》一书，汪曾祺关于高邮的一组诗冠以"我的家乡在高邮——故乡诗吟"的总标题入收，包括《我的家乡在高邮》等 29 首。

4 月

老品、王平编《二十世纪中国学术散文精品·奠基者卷》由中央编译出版社出版，选收 20 世纪学术散文 65 家 85 篇，汪曾祺的《中国戏曲和小说的血缘关系》入收。

约 3、4 月间

施松卿第二次发病，从此卧床，生活不能自理。

春夏之交

麦风携学舞蹈的女友刘丹来访。为麦风画《海棠图》并题联："子贡文辞如泄水，陶朱舞袖似飘风。"[1]

1　据麦风先生接受笔者访问所提供材料。

5月10日

上午，金实秋趁出差北京之便到宅访问。

稍后，人民文学出版社编辑龚玉、赵水金来访，洽谈该社拟出的汪曾祺散文集。[1]

持事先特为画好的《荷花图》题"门外野风开白莲"赠金实秋，并允几位客人从竹箩里各挑画作题赠。[2]

5月28日

潮州市书画展览在中国美术馆开幕。汪曾祺应邀出席揭幕仪式。仪式结束后，东道主在天伦王朝饭店宴请。[3]

6月7日

《再淡一些——〈文牧散文选〉序》刊于本日出版的《文艺报》1996年第22期。又载《长春日报》1996年7月15日。

6月26日

复信陆建华，回答关于送张抗抗诗事。

6月

青年作家曾明了赴日本进行文化交流。行前，汪曾祺特意告诉她出国交流的若干注意事项。[4]

1　据金实秋《近访汪曾祺》，载《珠湖》1996年第5期。又收入《补说汪曾祺》，吉林人民出版社2013年3月版。

2　据金实秋《近访汪曾祺》。后来，苏州、昆明之行实际都有变化。

3　石湾《送别汪夫子》，载《十月》1997年第5期。又收入《昨夜群星灿烂——石湾编辑漫记》，作家出版社2005年版。具体日期，由潮州美术家方明闪先生接受笔者询问时告知。

4　见曾明了《我的导师汪曾祺先生》，曾明了女士接受笔者访问提供。

最迟 6 月

作散文《彩云聚散》，包括《蕉叶白》《田黄》《珍珠》3 篇，刊于《中国珠宝首饰》1996 年第 3 期。

上半年

应程小玲、徐勇之约，作散文《古都残梦——胡同》，收入程小玲主编《胡同九十九》一书，北京出版社 1996 年 10 月出版。[1]

7 月 16 日

致信陆建华，因拟将作品资料输入电脑光盘，向陆建华索要其所掌握的资料。

7 月 19 日

文艺随笔《简论毛泽东的书法》刊于《中国艺术报》1995 年 7 月 19 日第 4 版。此前，该报副刊主编梅墨生与崔自墨二人曾登门约稿。

7 月 23 日

作小说《百蝶图》，刊于《中国作家》1996 年第 6 期。

7 月

小说《小嬢嬢》《合锦》刊于《收获》1996 年第 4 期。

7 月

世界福州十邑同乡会设立"冰心文学奖"，邀请汪曾祺、谢冕、李子云、李岫、

1　原稿不缀作日，北师大版《全集》归入"未编年"。2013 年 3 月 11 日，笔者访问摄影家徐勇，确定写作时间为 1996 年上半年。

王炳根组成评委会。首次"冰心文学奖"奖励散文作品，1996年9月28日揭晓。[1]

夏

为褚时健作四尺宣纸横幅画《紫藤》，自认"酣畅饱满"，题诗一首（"璎珞随风一院香"）。[2]

夏

沈阳麦风再次来访，汪曾祺又赠以当日早晨刚画好的《荷花图》一幅。[3]

夏

某次苏北来访，为书沈从文经常说的两字"耐烦"，题款为"做甚么事都要耐烦"。[4]

夏

中央电视台"中国报道"栏目为汪曾祺拍摄电视片。[5]

夏

《羊城晚报》"花地"副刊编辑胡区区来访，为画荷花图。见《羊城晚报》1997年6月5日"花地"。

夏

受何振邦一位企业家朋友邀请，到其公司做客、作画。在会议室为该公

1　综合《台港与海外华文文学评论和研究》1995年第3期、《福建文学》1997年第3期有关报道和作品。

2　作于1997年1月16日，生前未发表。

3　据麦风先生接受笔者访问提供信息。

4　见苏北《一汪情深——回忆汪曾祺先生》，上海远东出版社2009年版，第72页。

5　汪朝向笔者提供情况。

司作巨幅《荷花画》，题"风从何处来"。[1]

8月5日

作小说《不朽》，刊于《中国城乡金融报》1996 年 8 月 9 日。

8月14日

作小说《当代野人系列三篇》第一篇——《三列马》，刊于《小说》1997 年第 1 期。

8月15日

作小说《当代野人系列三篇》第二篇——《大尾巴猫》，刊于《小说》1997 年第 1 期。

8月17日

作小说《当代野人系列三篇》第三篇——《去年属马》，刊于《小说》1997 年第 1 期。

8月23日

致信陆建华，开列清单索要有关照片资料。

8月27日

小说《可有可无的人——当代野人》刊于《当代》1996 年第 6 期。

8月28日

因要撰文谈编者与作者的关系，致信陆建华，请其代查《文艺复兴》发表小说《复仇》时主编郑振铎在编后记中的有关语句。

1　何振邦《说不尽的汪曾祺》。

金秋

江苏滨海县工人文化宫陈海鹰来访。

8月

散文《哀哀父母,生我劬劳》作为代序收入中国工人出版社"走近名人文丛"（1996年8月版）。

8月

作散文《师恩母爱——怀念王文英老师》,刊于《江苏教育报》1996年9月9日。

9月初

作小说《吃饭——当代野人》,刊于《当代》1996年第5期。

9月10日

散文《书到用时》刊于《书友周报》1996年9月10日。

9月26日

中秋节。作散文《北京的秋花》,包括《桂花》《菊花》《秋葵·鸡冠·凤仙·秋海棠》《黄栌·爬山虎》四篇,刊于《北京晚报》1996年10月28日。

10月5日

小说《礼俗大全》刊于本日出版的《大家》1996年第5期。

10月11日

作绘画《海棠》,收入《汪曾祺书画集》。

10 月 18 日至 20 日

北京京剧院青年团在人民剧场演出现代京剧《沙家浜》。演出由北京市文化局、中国文化艺术总公司主办，演出公告中有"二十年来首次复排首演"字样。演出公告中署"编剧：汪曾祺、杨毓珉、肖甲、薛恩厚"，而没有交代该剧系根据沪剧《芦荡火种》改编这一信息。沪剧原编剧文牧的遗孀后因此事以及《汪曾祺文集》所收剧本未提"据文牧沪剧改编"这一事实，提起侵权诉讼。

10 月 20 日

高邮朱延庆、柏孝岭来寓所拜访，以事先准备好的一幅绿菊图相赠朱延庆。留客饭，闲谈文坛逸事。饭后为朱延庆即将出版的《三立集》题签。[1]

10 月 28 日

作散文《草木春秋》，包括《木芙蓉》《南瓜子豆腐和皂角仁甜菜》《车前子》《紫穗槐》《阿格头子灰背青》《花和金鱼》6 篇，刊于《收获》1997年第 1 期。[2]《新华文摘》1997 年第 8 期转载《阿格头子灰背青》一篇。

10 月

参加《人民文学》笔会的青年作家李黎力、林伟光来访。当时，汪曾祺正在创作一幅纪念老舍的画作。与客谈文学创作并以《木香图》《青藤图》及《汪曾祺小品》一书题赠。[3]

1　朱延庆《三立集》，香港天马出版社 1999 年版。

2　手稿藏中国现代文学馆。作者生前亲自捐赠。

3　林伟光《人淡如菊，情浓似酒——记著名作家汪曾祺》，载《文化月刊》1997年第 3 期；并据李黎力先生接受笔者访问时提供的信息。

秋

作绘画《新疆蓼花》并题跋，收入《汪曾祺书画集》。[1]

秋

作绘画《丁香》。初冬续作跋语。

深秋

青年作家李黎力再次来访，汪曾祺作《青藤图》赠之。

初冬

自书 1982 年旧作诗《宿桃花源》（"红桃曾照秦时月"），款缀"丙子入冬"。收入《汪曾祺书画集》

初冬

自书《六十岁生日散步玉渊潭》，收入《汪曾祺书画集》。

初冬

作绘画《孤雁头上戴霜来》，收入《汪曾祺书画集》。

11 月 17 日

作回忆散文《关于于会泳》，生前未发表。

11 月 28 日

作散文《哲人其萎——悼端木蕻良同志》，刊于《北京文学》1997 年第 3 期。端木蕻良当年 10 月 5 日逝世。

1　此画画过不止一遍，题款皆同，画面布局也大致相似。见该书第 97 页。

11月

作绘画《芍药》并题跋，收入《汪曾祺书画集》。

11月

作诗《偶感》，有"国事竟蜩螗，民声如沸煮""创作要自由，政治要民主"句，载《时代文学》1997 年第 1 期。

11月

作散文《平心静气——〈布衣文丛〉序》。邓九平主编"布衣文丛"系多人散文选汇，全套六本，民主与建设出版社 1997 年出版。

11月

翻译家、西南联大 1938 级外文系同学许渊冲回忆西南联合大学的著作《追忆逝水年华》由生活·读书·新知三联书店出版。许渊冲给健在的联大同学赠书。赠汪曾祺书题词："同是联大人，各折月宫桂。"

11月

散文集《独坐小品》由宁夏人民出版社出版。[1] 列为该社"中国名家随笔精品丛书"之一种。编于 1993 年。全书凡 13.7 万字，选文 37 篇。

11月

在纪念京剧创始人程长庚诞辰 185 周年举行的系列演出中，北京京剧院青年团演出京剧《沙家浜》全剧。

1　《独坐小品》的"自序"作于 1993 年 3 月 26 日。此前数日（1993 年 2 月 6 日）所作《祈难老》一文曾有言："我将为深圳海天出版社编一本新的散文集，取名就叫《独坐小品》。"这说明这个集子原是应海天出版社之约而编选。

12月3日

随笔《辞达而已矣》刊于《书友周报》1996年12月31日。

12月5日

人民文学出版社和江苏省作家协会在人民大会堂联合举办周梅森《人间正道》研讨会。汪曾祺参加并发言。

12月11日

艺术评论《好人·平安——马得及其戏曲人物画》刊于本日《徐州日报》。

12月15日

入住京西宾馆，参加次日开幕的第五次作代会。晚上，季红真、叶梦来访。

约12月15日

高晓声到第五次作代会报到，汪曾祺、林斤澜先后往探。

12月16日

中国作家协会第五次全国代表大会开幕。开幕前参加理事会议。会议前，为叶梦作字画。[1]

12月17日

参加第六次文代会和第五次作代会的代表们收到一份《文汇报》，该期报纸转载了南京《服务导报》上的文章《文艺界频频出现剽窃外国作品的公案》。该文依据北京《为您服务报》上张颐武的《精神的匮乏》一文，指控

1　叶梦《我所认识的汪曾祺先生》，载《老年人》2005年第4期。

韩少功的长篇小说《马桥词典》抄袭帕维奇《哈扎尔词典》。作家们议论纷纷。汪曾祺也对此大感不平。[1]

12 月 20 日

下午，广西作家何培嵩来访。长谈两个多小时，触及当前文坛一些现象，直言无忌。合影留念并书旧作诗《宿桃花源》赠何培嵩。[2]

本次作代会上当选为 37 名顾问之一。

会议期间，为湖南湘泉集团题诗《慰中国作协第五次代表大会诸俊才》。[3]

张曰凯编辑《当代百家小说精品集成》丛书，拟选收《桥边小说三篇》。张曰凯在餐桌上请汪曾祺在出版社的委托书上签字。

青年作家凤洁（蒯凤洁）在会议期间来访，拟为《深圳风采周刊》"大家风范"栏目撰稿。[4]

12 月 24 日

上午，《中国戏剧》记者田京辉就文牧夫人起诉汪曾祺《沙家浜》署名侵权问题电话采访汪曾祺。下午，又当面采访了杨毓珉。采访报道《心平气和话署名》说："他们两位都明确表示，京剧《沙家浜》是根据沪剧《芦荡火种》改编的。他们对沪剧作者文牧同志也是很尊重的。杨先生认为……侵权的说法是不符合事实的。"[5]

12 月 31 日

随笔《对仗·平仄》刊于《书友周报》1996 年 12 月 31 日。

1　参见本谱 1997 年 1 月 5 日纪事。

2　何培嵩《汪老谈文学》，载《南方文坛》1997 年第 5 期。

3　手迹载《湘泉之友》1997 年 7 月 10 日。

4　据凤洁《汪曾祺最后的梦》，载《中国民族博览》1997 年第 3 期。

5　田京辉《心平气和话署名——就〈沙家浜〉著作权纠纷访汪曾祺、杨毓珉同志》，载《上海戏剧》1997 年第 2 期。

12月

以评委身份参加云南人民出版社《大家》杂志在北京举行的首届"大家·红河文学奖"颁奖大会。莫言以《丰乳肥臀》（刊《大家》1996年第1期）获得该奖项。

12月

应王建新嘱作书法，内容为："不为无益之事，何以遣有涯之生。"[1]

12月

《南方周末》通过电话向汪曾祺和丁聪约稿，敲定由二人合作，一撰文，一配画。随后，编辑来到汪家面谈细节。汪曾祺拟定并题写"四时佳兴"的栏头。专栏从1997年1月10日开始不定期刊出文章。[2]

12月

《汪曾祺散文选集》由百花文艺出版社出版，列为该社"百花散文书系·当代散文丛书"之一种。前有散文评论家范培松的长篇《序言》。

冬

旅居香港七年的黄永玉第一次返回北京，约老友聚餐见面。汪曾祺被邀请赴会。这是两位老朋友最后一次见面。[3]

1　书作图片见 http://shequ.kongfz.com/768010.html。

2　见苏北《一汪情深——回忆汪曾祺先生》，上海远东出版社2009年版，第79页、第142页。

3　李辉《传奇黄永玉》，人民日报出版社2010年版，第163页。

冬

书李商隐句"一春梦雨常飘瓦，尽日灵风不满旗"，收入《汪曾祺书画集》。

冬

书"无事此静坐"，见《中国当代才子书·汪曾祺卷》书前插页。

冬

书"苍山负雪，洱海流云"，收入《汪曾祺书画集》。

冬

书放翁句"矮纸斜行闲作草，晴窗细乳戏分茶"，收入《汪曾祺书画集》。

冬

书旧作诗《宿桃源》（"山下鸡鸣相应答"），见《中国当代才子书·汪曾祺卷》插页。

冬

书 1992 年旧作诗《岁交春》，盖闲章"岭上多白云"，收入《汪曾祺书画集》。

冬

作绘画《蝴蝶花》，收入《汪曾祺书画集》。

冬

书李商隐《春雨》诗句"红楼隔雨相望冷，珠箔飘灯独自归"，收入《汪曾祺书画集》。

冬

书宋儒句"顿觉眼前生意满，须知世上苦人多"，并题跋。语云："宋儒是人道主义者，未可厚非。"收入《汪曾祺书画集》。

本年

作绘画《昆明猫》记 40 年代昆明女主人和她的猫，并题跋语及诗（"四十三年一梦中"）。[1]

本年

作绘画《吴带当风》，收入《汪曾祺书画集》。

本年

应高瑛之嘱作书："万物静观皆自得，四时佳兴与人同。"收入《汪曾祺书画集》。

本年

作绘画《杜鹃》并题跋："遍青山啼红了杜鹃。"收入《汪曾祺书画集》。

本年

作绘画《春城无处不飞花》，收入《汪曾祺书画集》。

本年

作绘画《门外野风开白莲》赠云南张昆华。[2]

1　最早见于苏北《灵狐》一书（人民日报出版社 2004 年版）中《呼吸的墨迹——两篇手稿》。又见苏北散文《关于〈昆明猫〉》引，文载汪曾祺文学馆馆刊《汪曾祺文学馆》2008 年 12 月号，附画作图片。"四十三年"，如按从在昆明时期到作跋的 1996 年，实应为 53 年。

2　张昆华《寻呼汪曾祺》，见《永远的汪曾祺》，上海远东出版社 2008 年版。

本年

作绘画《花卉》(荷花)，题"万古虚空，一朝风月"。收入《汪曾祺书画集》。

本年

作绘画《瀑布》，见《汪曾祺：文与画》（山东画报出版社 2005 年版)。

本年

为金坛作者沈成嵩的散文集《洮湖短笛》题写书名。

本年

曾任高邮市市长、时任扬州市常务副市长的戎文凤等进京受到国家主席江泽民的接见，汇报工作时列举了多位当地历代文化名人。江泽民提醒说："高邮还有个汪曾祺！"

1997 年，77 岁

1月1日

本日《经济新闻报》重刊《好人·平安——〈马得戏曲人物画集〉代序》一文，同时刊登马得戏画《钟馗醉归》。

年初

《北京晚报》记者赵李红来家拜年，汪曾祺以书画数幅相赠。[1]

1　赵李红《未公开的采访手记》，团结出版社 2010 年版，第 109 页。另据赵李红女生接受笔者访问提供的信息。

年初

中国广播电视出版社《书话文丛》丛书编成。主编邓九平。汪曾祺为丛书编委之一，并提交多篇作品入收丛书各卷。

年初

为苏北当时供职的《中国城乡金融报》作画、题写刊头"文苑风"。[1]

1月5日

在围绕韩少功《马桥词典》被指控抄袭引起的轰动文坛的风波中，史铁生、何志云、汪曾祺、蒋子龙、方方、李锐、蒋韵、何立伟、迟子建、余华、乌热尔图十位作家发表公开信，吁请中国作家协会介入仲裁。[2]

1月6日

应红塔集团邀请，飞赴昆明参加中国作协和玉溪卷烟厂联合举办的第二次红塔山笔会。

晚七点，抵达红塔大酒店。参观红塔集团关索坝新厂址。因玉烟厂与褚时健的变故[3]，汪曾祺当晚心情沉闷，作感怀诗《再访玉烟不遇褚时健》。[4]

1月7日

红塔山笔会本日举行开幕式。

早上，汪曾祺血压高，右眼眼底出血。随团大夫为治疗。

散文《辣椒》《清汤挂面》《"安逸"》以《辣椒（外二章）》为总题，

1　苏北《温暖而无边无际的包围》，载《大家》2007年第2期。另据苏北先生接受笔者访问时提供的信息。

2　该案最终以法庭判决方式解决，韩少功胜诉。

3　当时褚时健因被举报贪污，接受调查。

4　散文《玉烟杂记》（1997年1月16日）自引，文未发表。此据《玉烟杂记》手稿。

刊于本日《重庆晚报》。

1月8日

诗《人间仙境花果山》刊于本日《连云港日报》。

本日《文汇报》报道上海第四律师事务所受上海沪剧院和文牧家属委托，日前向上海市第一中级人民法院提起诉讼，法院已受理此案。

1月10日

散文《张郎且莫笑郭郎》刊于《南方周末》1997 年 1 月 10 日"四时佳兴"栏。

1月11日

红塔山笔会作家们飞赴景洪，游览西双版纳。

1月12日

游览西双版纳植物园。参观植物学家蔡希陶纪念馆。

约 1 月 13 日

从西双版纳回到昆明，入住锦华酒店。来访、索要字画者甚多，疲于应付。为红塔山电视台撰题联："声闻玉水，文绣丹山。"为红塔集团题诗（"客从远方来"）。[1]

在翠湖投食海鸥。到云南师范大学访西南联大旧址。[2]

屠夑昌、张长等来访。

1　红塔山题联事均见崔篱《云南心、红塔情》（《红塔时报》第 741 期）引。此据金实秋《汪曾祺诗联品读》。

2　张昆华《寻呼汪曾祺》，载《春城晚报》1997 年 5 月 26 日；并参高洪波《鸥盟》，载《北京晚报》1997 年 3 月 2 日。

1月14日[1]

在晓东街福顺居吃中午饭，云南艺术学院邀请为该院举办的作家班演讲。课毕，应邀题字，书写了旧作诗《昆明》（"莲花池外少行人"）。[2]

1月16日

中午，登机北归。

1月16日

借上海、南京两地报纸向沪剧《芦荡火种》作者文牧的夫人公开道歉。《新民晚报》以转《服务导报》消息的方式刊出记者冯秋红的题为《汪曾祺向文牧夫人道歉。他说：还是得按法律办事》一文。

苏北来催《中国当代才子书·汪曾祺卷》自序。接关于《沙家浜》署名纠纷官司电话，十分生气。[3]

1月16日

作散文《玉烟杂记》，包括《带狗的女工》《两点建议》《诗谶》三题。生前未发表。

1月18日

《温州晚报》"池上楼"文学副刊本日（第4期）开始启用汪曾祺题写的刊头。

1　张昆华《寻呼汪曾祺》，载《春城晚报》1997年5月26日。又据王道平女士接受笔者访问提供信息。

2　活动图片及所书诗墨迹，刊于《吴德铭散文作品研讨会画刊》，2011年印行。

3　据苏北《一汪情深——回忆汪曾祺先生》，上海远东出版社2009年版，第87页。

1 月 20 日

作散文《梨园古道》,包括《郝寿臣》《姜妙香》《萧长华》《赵喇嘛》《贯盛吉》《谭富英》六篇,分四次于本年 3 月 14 日、6 月 20 日、7 月 11 日、8 月 8 日刊发于《南方周末》"四时佳兴"专栏。另外,《谭富英》又单独发表于《北京晚报》1997 年 3 月 5 日,题作"谭富英佚事"。

1 月

作散文《潘天寿的倔脾气》,刊于《南方周末》1997 年 2 月 14 日。

1 月

作散文《齐白石的童心》,刊于《南方周末》1997 年 4 月 11 日"四时佳兴"栏。[1]

1 月

参加在京高邮籍名人聚会。高邮刘俊(时任东墩乡党委书记)、萧维琪邀约。[2]

1 月

《芒种》创刊四十周年之际,在 1997 年第 1 期刊出汪曾祺的题诗《贺〈芒种〉四十周年》。

约 1 月、2 月之交

自云南返京后某日、生日之前,青年作家凤洁依照作代会期间约定来宅

1　据丁聪插图署"97.1",系于本月之下。

2　萧维琪《思念到永远》,载《扬子晚报》1997 年 5 月 25 日。转据金实秋《补说汪曾祺》,吉林人民出版社 2013 年版,第 195 页。

采访，以为《深圳风采周刊》撰稿。汪曾祺为该刊题词："万古虚空，一朝风月。"[1]

2月10日前后

春节（2月7日）过后，计划拍京城名人专题片的福建电视台编导小骆一行在青年作家南翔介绍下登门为汪曾祺拍片。汪曾祺亲自做饭招待他们并赠送书画。[2]

2月13日

作《〈日下集〉题记》，刊于《北京晚报》1997年4月24日"文学与社会"版。后收入汪曾祺小说散文戏剧选《去年属马》。收入该书时，增加了最后一段。

《去年属马》，北京燕山出版社1997年出版，是"京味文学丛书"一种。原定名"日下集"，后改现名。

2月20日

作《〈旅食与文化〉题记》。《旅食与文化》，广东旅游出版社1997年出版。系1992年在该社所出版的《旅食集》一书的修订增补本。

2月21日

为苏北的女儿陈浅画《燕来红》一幅，题《少年》。署"曾祺 丁丑元夜 赠陈浅"。[3]

2月

散文《林斤澜！哈哈哈哈……》刊于《时代文学》1997年第2期。

1　凤洁《汪曾祺最后的梦》，载《中国民族博览》1997年第3期。

2　南翔《无法寄达的情感》，载《解放日报》2008年3月20日。

3　原画不系作日。因丁丑元夜（元宵）为1997年2月21日，故本谱系于此日。画作见苏北《一汪情深——回忆汪曾祺先生》，上海远东出版社2009年版，第107页。

2月

"文革"题材小说《当代野人系列三篇》（《三列马》《大尾巴猫》《去年属马》）刊于《小说》双月刊 1997 年第 1 期。

2月

钱理群编《二十世纪中国小说理论资料（第四卷）》由北京大学出版社出版，收 1937 年到 1949 年期间小说理论文章 82 篇。汪曾祺《短篇小说的本质——在解鞋带和刷牙的时候之四》（1947）入选。另外，唐湜《虔诚的纳蕤思——谈汪曾祺的小说》（1948）也入选。

2月

为文斌作画《葡萄》并跋。文斌身份不详。[1]

3月5日

作散文《才子赵树理》，刊于《南方周末》1997 年 5 月 9 日"四时佳兴"栏。[2]

3月7日

从《北京日报》"生活"栏目读到车军《爱是一束花》一文，感触很深，当即向邵燕祥、林斤澜推荐车文，相约共撰读后感。当日写下《花溅泪》一文，邵、林也分别撰写《不止因为真情》《隔河看柳》。托孙郁带稿子给晚报编辑黎红（赵李红）。后发表于 19 日《北京日报》。

作散文《面茶》，刊于《南方周末》1997 年 9 月 5 日"四时佳兴"栏。

1　原作图片见苏北《一汪情深》，上海远东出版社 2009 年版，第 74 页。

2　系日根据苏北《一汪情深——回忆汪曾祺先生》，上海远东出版社 2009 年版，第 24 页。苏北是根据手稿记下的日期。

3月11日

作散文《唐立厂先生》，刊于《南方周末》1997年9月19日。

3月12日

作散文《闻一多先生上课》，刊于《南方周末》1997年5月30日。

3月13日

作散文《"诗人"韩复榘》，刊于《南方周末》1997年8月22日。

3月14日

作《只可自怡悦，不堪持赠君——〈当代才子书〉序》，刊于《当代作家》1997年第3期，又刊于《人民日报》1997年10月5日第11版。是为《中国当代才子书·汪曾祺卷》所作序。该书由长江文艺出版社1997年9月出版。

3月18日

作散文《炸弹和冰糖莲子》，生前未发表。
致信陆建华，谈《沙家浜》署名官司事。

3月21日

散文《羊上树》刊于本日《南方周末》上的"四时佳兴"栏。系摘旧文《羊上树和老虎闻鼻烟儿》（1992）前半略加修改而成。

3月21日

到八宝山革命公墓参加刘绍棠遗体告别仪式。[1]

1　《人民日报》1997年3月22日第2版报道。

3 月 23 日

作散文《猫》，手稿。生前未发表。

3 月 28 日

《北京日报》刊出车军《载不动的真情》一文，叙述因《爱是一束花》而引起的事情始末。同日，《北京日报》《北京晚报》特意安排汪曾祺、林斤澜、邵燕祥与车军和她的妹妹见面。以《受戒》《老学闲抄》和一幅丁香图赠送车军。

3 月底某日

龙冬来访，从 10 点谈到 12 点，苏北后至。

约 3 月

作绘画《青藤》并题跋，收入《汪曾祺书画集》。

3 月

检绘画《青藤》，题赠孙郁。[1]

春

为袁敏作绘画《杏花》并题陆游诗句"小楼一夜听春雨，深巷明朝卖杏花"。

4 月 3 日清晨

夜间梦见沈从文先生，晨起即撰文记之，成《梦见沈从文先生》，刊于《文汇报》1997 年 5 月 28 日。

1　孙郁先生向笔者提供影印件。

4月中上旬某日

读到《人民文学》1997年第4期发表的刘白羽散文《小平同志万古千秋》，认为语言有问题，乃打电话与林斤澜共赏析。[1]

4月7日

散文《济公坐轿子——四时佳兴之七》刊于《北京晚报》1997年4月7日"文学与社会"版。

4月8日

因母校江苏南菁中学115周年校庆，作《江阴忆旧》（又题《忆旧》）诗：

> 君山山上望江楼，鹅鼻嘴前黄叶稠。
>
> 最是缴墩逢急雨，梅花入梦水悠悠。

4月10日

因母校江苏南菁中学115周年校庆，作《樱花》诗。

4月10日

晨，为江阴南菁中学115周年校庆而写组诗《江阴漫忆》中的《河豚》一首。[2]在此前后还作成组诗中的《河豚》一首。

9点，金坛沈成嵩来访，谈三小时。其间，北京燕山出版社某编辑为组"京派小说"书稿事来访。[3]

1　据程绍国《文坛双璧》，引文据刘白羽作品原文加以校正。

2　本篇手迹原不缀作日。金实秋《汪曾祺诗联品读》第200页所刊该诗手迹缀日作"1997年4月9日"。对照汪朝女士向笔者提供的手迹原貌复制件知，这一行字系剪切了9日所作《樱花》一首的题款。据下引沈成嵩文，知本篇当作于10日。

3　沈成嵩《酒重百花清且醇——缅怀汪曾祺先生》，《金坛报》1997年5月20日。

4 月 11 日

作散文《富贵闲人，风雅盟主——企业家我对你说》，有手稿留存，人民文学出版社 400 字稿纸 5 页。

4 月 17 日

下午，凤洁来访，送来登有她所写的关于汪曾祺的特写稿件的《深圳风采周刊》，并以诗集《少女的诗行》相呈。以绘画《野樱桃》《紫藤萝》题赠凤洁。[1] 应允担任《中国民族博览》杂志顾问，并为杂志撰题："故国山河壮，各族俊才多。"[2]

4 月 17 日

本日出版的《作品与争鸣》杂志 1997 年第 4 期刊出 "《小孃孃》争鸣" 专栏。除转载小说（原载《收获》1996 年第 4 期）外，又发表王知北《说〈小孃孃〉》、陶红《流于邪僻的文字》两篇评论。同期 "读者中来" 也刊出郑宗良（河南洛阳拖拉机研究所宣传科）的《〈小孃孃〉是一篇宣扬乱伦的小说》，指作品 "低级庸俗，无聊乏味"。

4 月 24 日

常跃强来访。以绘画《碧桃花》题赠。[3]

约 4 月中下旬

晚春，徐城北为送稿费来访。谈话中言及想出一本书画集。[4]

1　见凤洁《汪曾祺最后的梦》附图，落款写 "一九九七年一月"，或为作画时间。

2　据凤洁《汪曾祺最后的梦》（《中国民族博览》1997 年第 3 期）及《汪曾祺最后的梦——哭汪曾祺先生》（《文艺报》1997 年 5 月 27 日）。

3　常跃强《汪老赠我 "碧桃花"》，载《齐鲁晚报》2010 年 3 月 4 日。

4　徐城北《汪曾祺的遗愿》，载《博览群书》2000 年第 5 期。

4月24日

作绘画《芭蕉荔枝》。

4月25日

九点乘机离京赴成都，参加"中国当代作家五粮液笔会"。在机场见到同行的刘锡诚夫妇。

4月26日

到成都郊区竹岛。在草径上见到作家白桦。[1] 在宾馆与马识途见面。以《紫葡萄》画赠马识途。随后参加笔会开幕式。赴宜宾，住翠屏山庄。

在宜宾期间，为五粮液酒厂撰对联并书写："任你读通四库书，不如且饮五粮液。"收入《汪曾祺书画集》。

曾任富顺县县长等职的舅家表弟杨汝纶驱车来宜宾相访，畅谈三个小时，写诗《赠杨汝纶》。又写李商隐句"何当共剪西窗烛，共话巴山夜雨时"赠。[2]

其间，游蜀南竹海。

4月底

西南联大成立六十周年，各地校友赴京庆祝。杨毓珉约若干老友到家聚会，电话邀请汪曾祺，以在四川，未能出席。

4月某日

邻居詹国枢、杨乔勋夫妇来看望卧病的施松卿。汪曾祺以刚画好的《蜻蜓荷叶图》题赠。

1　白桦《假我十年闲粥饭》，收入《你好，汪曾祺》，山东画报出版社2007年版。
2　据金实秋《汪曾祺诗联品读》第184页。

4 月

以绘画《莲花与藕》题赠某人。画上题小说《鉴赏家》中季匋民的题画诗。[1]

4 月

作诗《石林二景》，记 1987 年游石林印象。一为《牧童岩》，一为《夫妻岩》。跋语云："十余年前曾游石林，见诸景皆酷肖，非出附会。今足力已衰，不复能登山矣，怅怅。"生前未发表。

4 月

彭匋来访，汪曾祺为作《杜鹃图》。中午到川菜馆吃饭。主动允诺为彭匋随笔集作序。[2]

4 月

为迎接香港回归，中华诗词学会等十几个单位发起"回归颂"中华诗词大赛，获奖作品由著名书家书写成件，结集出版。本日汪曾祺应请，书写高邮陈春啸获奖作品《沁园春·香港回归颂》。收入《"回归颂"诗书画珍藏集》，改革出版社 1998 年 6 月版。[3]

5 月 3 日

夜，从宜宾乘火车到成都。

在成都，到大姐汪华家看望，为其子女及孩子们挥毫题诗数幅。给汪华

1　柳萌《在汪曾祺老先生字纸篓中淘画》一文著录，见 http://www.tsinghua.org. cn/alumni/infoSingleArticle.do？ articleId=10025828。受赠人名字漫漶不清。

2　据彭匋《千山响杜鹃》，载《出版广角》1997 年第 4 期。

3　据萧维琪《思念到永远》（载《扬子晚报》1997 年 5 月 25 日）、陈春啸《最后的墨宝》（载《珠湖》2006 年第 2 期）。

孙女李佳题诗"身中尚有西湖水，年年花发芙蓉城"，为李宏题诗（"奶奶是才女"），为朝焜一家三口题诗（"同文能重译"）。

5月5日前后

王干携醉蟹一瓶来访。席间曾谈及《小孃孃》，王干说这是90年代的《受戒》。汪曾祺说：这个故事是有生活原型的，我一直想写这个故事，现在终于写出来了。又说：这篇小说若名声大了，会惹一些道德批评家们恼火，来批判的。[1]

5月6日

与青年作家谭湘夫妇等赴陶然亭春游，乘脚踏船，给年轻人讲笑话和故事。谭湘替人索字画，取旧作任挑。

5月8日

凌晨作散文《铁凝印象》，刊于《时代文学》1997年第4期"名家侧影"栏，又刊于《北京晚报》1997年6月16日。

应中国作家协会庆祝香港回归倒计时五十天之征，画《紫荆梅花图》，题"喜迎香港回归"。画作刊于《文艺报》1997年5月15日，收入《汪曾祺书画集》。

晚间，何振邦来访，取关于铁凝的稿件。[2]

5月9日

苏北携女儿陈浅来访。留吃晚饭，为陈浅背儿歌。[3]

1　见王干《赤子其人，赤子其文》，载《大家》1997年第5期。

2　何振邦《怀念一位纯粹的文人》，《中华读书报》2007年5月16日。

3　见苏北《一汪情深——回忆汪曾祺先生》，上海远东出版社2009年版，第20页。

5月11日

《扬州日报》记者高蓓来访。拍照、写字、闲聊并留午饭。赠高蓓绘画《丁香图》，收入高蓓《走向卓越》（南京大学出版社 2005 年版）。

午后，昆明时期的朋友（当时为中法大学学生）、法国文学专家、南京大学教授徐知免来访。[1]

本年因病入院之前

作不缀作日的书画数幅，计有：绘画《蝴蝶花》，题"为杨扬画其外公园中蝴蝶花"；绘画《杜鹃》，题"千山响杜鹃"；绘画《朱荷》，均收入《汪曾祺书画集》。

5月11日

夜 10 时许，食道出血，在邻居詹国枢、杨乔勋夫妇帮助下急送友谊医院。

5月12日

中国作家协会在作协大楼会议厅举行"喜迎'97 香港回归倒计时 50 天——首都文学界诗文会"，同时在大厅内外展出作家、艺术家书画。汪曾祺的绘画《紫荆图》参加展出并刊于《文艺报》5 月 15 日。

5月12日

食道又出血。

5月13日

再次出血。

1　徐知免《最后一次看到汪曾祺》，载《散文》1998 年第 8 期。

5月14日

出血基本控制。同医务人员开玩笑："我还有许多东西要写，我也得把你们写进去。"

下午，林斤澜来探视。遵医嘱，汪曾祺"只听不说"。北京京剧院有关人员来探视，送慰问支票。张志民夫妇等今日来院探望。

5月15日

林斤澜再来探视。

5月16日

上午，想看书，让女儿从家里取来眼镜。想喝茶水，要龙井茶。医生勉强同意以水沾唇。他对汪朝说："给我来一杯碧绿透亮的龙井。"女儿回家取茶叶时，汪曾祺猝然离世。

余响 1997 年

5月16日

汪曾祺逝世，子女于悲痛中开始紧急张罗后事。因施松卿卧病在床，家人向她隐瞒了消息。

5月21日

新华社发出电讯，报道汪曾祺逝世的消息：

作家汪曾祺逝世

新华社北京 5 月 20 日电 （记者张宝瑞）作家、剧作家汪曾祺

5 月 16 日上午 10 时 30 分病逝于北京友谊医院, 享年 77 岁。

汪曾祺曾著有《受戒》《大淖记事》《邂逅集》《羊舍的晚上》等小说, 深受读者喜爱。他还著有京剧剧本《范进中举》《沙家浜》等。他的文学作品多次在全国获奖。他生前曾担任中国作家协会理事等职务。[1]

5 月中下旬

去世后, 收到大姐汪巧纹带来的祖传笔筒并一封信。信中说: "这东西随我东搬西迁四十多年了。你现在画画写字, 是爷唯一继承衣钵的人。"[2]

5 月 26 日

《羊城晚报》"花地"副刊不定期刊出的"南方文评"专刊, 本日起采用汪曾祺生前题写的刊头。

5 月 27 日

傍晚, 为汪曾祺遗体整容。整容后, 在友谊医院有一个小规模的告别仪式。李陀、何志云、史铁生、李锐等向汪曾祺行礼告别。[3]

5 月 28 日

汪曾祺遗体告别仪式在北京八宝山公墓举行。中国作家协会党组书记翟泰丰、副书记陈昌本, 中国作家协会副主席王蒙及文学界人士陈建功、徐怀中、杜运燮等数百人参加了告别仪式。中国作家协会, 北京市委、市政府, 以及巴金、冰心、臧克家等送了花圈。新华社发出电讯《汪曾祺遗体告别仪式在京举行》。

1　《人民日报》1997 年 5 月 21 日第 4 版。
2　陈其昌《骨肉情深——汪曾祺与其兄弟姐妹》, 载《扬州日报》2007 年 5 月 16 日。
3　李锐《告别》, 收入《谁的人类》, 时代文艺出版社 2000 年版。

5月28日

《文汇报》"笔会"在显著位置加花边刊出《句读·气口(外一章)》(外一章即《梦见沈从文先生》)。这是作者生前最后的文章。"笔会"同时加了编者按语加以纪念。

5月30日

《闻一多先生上课》刊于《南方周末》1997年5月30日,并配编者短文《悼念汪老》。

6月5日

《羊城晚报》"花地"以"南方文评"专刊名义整版刊登"汪曾祺纪念专版",发表汪曾祺的《"活着多好呀!"——〈旅食集〉题记》(题目为该报编者所加)及白桦、区区、陈其昌纪念文章,据电话采访录音整理的"名家缅怀汪曾祺"小辑(包括王蒙、邵燕祥、林斤澜、吴冠中、苏童),并刊出汪曾祺为区区所画《荷花图》和个人照片两帧,其中一帧是其生前最后一张照片(5月11日摄)。

6月12日

上海第一中级人民法院和上海第四律师事务所派人到南京,与江苏文艺出版社及陆建华协商赔偿。最终出版社方出3500元赔偿原告,官司就此了结。

7月

《北京文学》刊出纪念汪曾祺专辑,发表傅用霖等纪念文章。

7月

钱仲联、傅璇琮、王运熙等总主编《中国文学大辞典》由上海辞书出版社出版,"汪曾祺""大淖记事"两词条见收。

7 月

陆建华著《汪曾祺传》由江苏文艺出版社出版。全书凡 29 万字，全面叙述了汪曾祺一生的经历与创作。

8 月

小说、散文、剧本集《去年属马》由北京燕山出版社出版，列为该社"京味文学丛书"之一种。

9 月 9 日

《南方周末》"四时佳兴"专栏最后一篇稿件《唐立厂先生》发表。编者后记中交代，该栏目被评为该报第一季度精品栏目。为表缅怀，栏目继续保留。

9 月 21 日

《谈散文》刊于《中国青年报》1997 年 9 月 21 日。系为"午夜散文随笔书系"所作序言。该书系共十种，收钱理群等十位人文学者的随笔集，由河北人民出版社 1997 年 8 月出版。

9 月

《中国当代才子书·汪曾祺卷》由长江文艺出版社出版。选收书法、绘画、诗歌、散文、小说诸种样式作品。

9 月

张岱年、邓九平主编的多卷本大型散文丛书"人世文丛"由北京师范大学出版社出版。汪曾祺的《金岳霖先生》《星斗其文，赤子其人》《老舍先生》《一个爱国的作家》《自报家门》《当代野人系列三篇》《沈从文先生在西南联大》入收其中各卷。

10 月

　　钟敬文、张岱年、邓九平主编"书话文丛"系列由中国广播电视出版社出版。其中《竹窗记趣》一册收入汪曾祺的《两栖杂述》《〈大淖记事〉是怎样写出来的》《读廉价书》《一折八扣书》《扫叶山房》《旧书摊》《小镇书遇》《鸡蛋书》《关于〈受戒〉》《〈水浒〉人物的绰号》《〈戏联选萃〉序》《〈市井小说选〉序》《一个爱国的作家》《胡同文化——摄影艺术集〈胡同之没〉序》《〈逝水〉自序·我的世界》《平心静气——〈布衣文丛〉序》诸篇。

1998 年

5 月 13 日

　　骨灰安葬福田公墓。书法家大康为书碑。

附录：作年不详的作品

小说

《侯银匠》；

《熟人》；

《梦》（包括《梦》《锁梦》两篇）；

《抽象的杠杆定律》；

《历史》。

散文

《下大雨》；

《三圣庵》；

《阴城》；

《牌坊——故乡杂忆》；

《叹皇陵》（以上五篇，冠以《散文五篇》总题刊于《收获》1998年第1期）；

《豆汁儿》；

《草木鱼虫鸟兽》（包括《雁》《琥珀》《瓢虫》《螃蟹》《豆芽》《落叶》《啄木鸟》7篇，前三篇发表于《大家》1998年第2期）；

《北京人的遛鸟》（系代施松卿所撰新华社对外特稿）；

《秘书》；

《记梦》（刊于《大家》1998年第2期）。

文艺随笔

《无意义诗》；

《浅处见才——谈写唱词》（包括《本色当行》《层次和连贯》《写一人即肖一人之口吻》《时代色彩和地方色彩》《摘用、脱化前人诗词成句》5篇）；

《动人不在高声》。

访谈录

《心地明净无杂质》（刊于《名家口述中国文艺》，文化艺术出版社2007年7月版。汪曾祺口述，杨劼整理）。

旧体诗

《山居》；

《松，钟》；

《题画诗二则》（含《竹》《紫藤》二题）；

《豆腐》。

新诗

《夏天》（含《早晨》《井》《花》《淡竹叶》《蝈蝈和纺织娘》《萤火虫》六题，刊于《中国作家》1998年第1期）；

《秋冬》（含《爬山虎》《黄栌》《下雪》《雪后》《热汤面》五题，刊于《中国作家》1998年第1期）；

《啄木鸟》。

除《心地明净无杂质》《山居》《松，钟》《题画诗二则》《豆腐》《啄木鸟》外，其他均收入北京师范大学出版社出版的《汪曾祺全集》。

后记：还原一个人的历史

一

年谱是以谱主为中心，以年月日为经纬，全面载述谱主一生行实的传记体裁。所谓"叙一人之道德、学问、事业，纤悉无遗而系以年月者，谓之年谱"。[1] 自宋以来，中国年谱代有所作、绵延不绝，共产生了 5000 多部年谱。[2] 年谱在人物研究中有着不可替代的作用，因此备受人们重视。近代学者孙德谦曾誉年谱为"最得知人论世之义"。夏承焘先生指出："年谱一体，不特可校核事迹发生之先后，并可鉴定其流传之真伪，诚史学一长术也。"[3] 胡适对于年谱的价值评价最高："年谱乃是中国传记体的一大进化。最好的年谱（……）可算是中国最高等的传记。"[4]

在文学研究中，出于"知人论世"之需，作家研究亦常常采用年谱的形式。现代以来的作家年谱有两大类，一是为异代作家所作，这在古典文学领域内屡见不鲜，如夏承焘作《唐宋词人年谱》、缪钺作《李贺年谱》、安旗等作《李白年谱》、卞孝萱作《刘禹锡年谱》、朱金城作《白居易年谱》、章培恒作《洪

1　近人朱士嘉《中国历代名人年谱目录·序》，转引自来新夏《近三百年人物年谱知见录》前言，上海人民出版社 1983 年版。

2　据吴泽为《中国年谱辞典》所作"序"。《中国年谱辞典》，百家出版社 1997 年版。

3　夏承焘《唐宋词人年谱》，上海古典文学出版社 1955 年版，《自序》第 1 页。

4　胡适《〈章实斋年谱〉自序》，《章实斋先生年谱》，收入《胡适文集》第七卷，北京大学出版社 1998 年版。引文见该卷第 26 页。

昇年谱》等，都是"独立的年谱"中的名作。至于在作家传记、全集后"附见的年谱"，就更多了。二是为现代作家作谱。笔者据三部代表性的年谱目录——杨殿珣编《中国历代年谱总录》（书目文献出版社 1980 年版）、杨著的增订本（北京图书馆出版社 1996 年版）、黄秀文主编《中国年谱辞典》（百家出版社 1997 年版），按同一谱主不同年谱作了统计。三书一共著录新文学作家年谱 152 家 435 种，其中杨著所著录者，以该书增订本所收为多数，也就是说，为新文学作家修谱是在书从初版到增订这段时间里（1980—1996）开始兴盛。[1] 另外，笔者还就较大规模（独立成书）的新文学作家年谱加以调查，得 40 余种，其中绝大多数是新时期撰成，半数以上撰于 20 世纪 90 年代以后。从中可以看出，涉及新文学作家的较大规模的独立年谱之制，有几个倾向：一是集中于大作家，有些影响极大的作家甚至又不止一种年谱。对于重要作家，开始出现"年谱长编"，但总数不算多，涉及谱主仅有鲁迅、胡适、闻一多、丁玲、叶圣陶、郁达夫、杨振声、曹禺、艾青等几家。二是集中于现代作家，当代作家年谱除《王蒙年谱》（曹玉如著，中国海洋大学出版社 2003 年版）等为数不多的几部以外，还很少有独立年谱之行世。至于空白，比比皆是。很多文学大家，一直缺少一部与其地位相当的年谱。

近年来，年谱之制重新引起学界的重视。例如《新文学史料》《文教资料》（前身为《文教资料简报》）等一直注重刊发现当代作家、学人年谱。《淮阴师范学院学报》从 2001 年起开辟"现当代学人年谱"专栏，十几年来发表了一大批年谱成果，并结集出版《现当代学人年谱与著述编年》，颇有影响。林建法先生主编《东吴学术》特辟"学术年谱"栏目，致力于发表当代作家年谱，在当代文学研究界力倡年谱体裁，响应日广，已经出现了一批年谱力作，在当代文学文献与史实叙述方面做出了不可忽视的贡献。可以预见，年谱这种有中国特色的历史著述方式，必将在未来的文学研究中发挥日益重要的作用。

1　新时期以来，发表新文学作家年谱最多的刊物要数《新文学史料》。在上述三种总录出版时间以前的该刊所刊发年谱，多以被上述三种所收。笔者另外统计了该刊自 1994 至 2013 年所刊发的全部年谱、年表、大事记等，共 54 种。

二

　　汪曾祺（1920—1997）是 20 世纪中国文坛极其重要的、多体兼擅的作家。其创作生涯跨越现、当代，以逾 500 万字的各体作品参与和见证了中国文学的多半个世纪。

　　在当代作家中，汪曾祺是有着特殊意义的"跨代作家"：承接废名、沈从文的衣钵，起步于抒情小说相对低迷的 20 世纪 40 年代，特色初显；20 世纪 50—60 年代前期徘徊、观望、积累，创作数量骤减，仅仅偶露峥嵘，就不意贡献了一批优秀的散文和堪称当代经典的代表作《羊舍的夜晚》；"文革"期间受命参与"样板戏"创作，经历了一般作家未曾体尝的特殊生涯与复杂心态；进入新时期后"衰年变法"，创造力得到大激发，以先锋与传统大跨度糅合的独特面貌介入八九十年代文学，迎来个人艺术的高峰期。从当代文学格局的角度看，他以"抒情人道主义者"作家形象成为当代文坛不可忽视的存在。他自身和他的作品的复杂命运都颇耐寻味，堪为当代文化沉浮的一个特殊窗口。

　　近二十年来，读书界、学术界对汪曾祺的兴趣日渐浓厚，其意义正逐渐显现出来。据不完全统计，他逝世以来的 16 年间，作品的各类选本出版约 50 种，合计印行近百万册，有些印行多版。在各类现当代小说散文戏剧选本中，汪曾祺都榜上有名，且往往占据醒目地位。另一方面，在文学研究界，汪曾祺也是近 16 年间"作家研究"中最吸引注意力的个体之一。20 世纪 90 年代以来，时至今日，海峡两岸关于他的研究论文不下千篇，专著也几乎每年都有问世。在当代文学界较有影响的史论著作中，汪曾祺都获得了十分重要的位置和较高的评价。[1] 这些"盖棺论定"式的结论以及读书界对汪曾祺的持久而愈来愈浓厚的兴趣充分表明，汪曾祺正在步入 20 世纪汉语文学经典作家行列。

　　为汪曾祺撰述一部规模较大、学术价值较高的年谱，既是汪曾祺研究本

　　1　如陈思和《中国当代文学史教程》，洪子诚《中国当代文学史》，温儒敏、赵祖谟主编《中国现当代文学专题研究》等。

身的需要，也是当代作家经典化过程中一个必要的工程。就前者而言，这里
不能不指出，汪曾祺研究界在表面热闹的背后，存在着某种低水平重复的现象。
在千余篇论文中，角度陈腐、观点相似、立论雷同、材料引述重复者比比皆是。
与此同时，在作家基本行实的研究方面又有大量基础工作没有人做，大片区
域处于撂荒状态。例如，他的很多旧作亟待系统蒐集；很多与其创作关系较
为密切的行实在以往研究著述中要么语焉不详，要么付诸阙如。这些都值得
下大力气厘清。就后者而言，一个作家经典化程度越高，吸引的研究者越众，
值得研究的专门问题越多、研究精深程度越大，就越需要扩大基础研究的"占
地面积"，以为进一步的深度开掘提供水平宽广维度的保证。

汪曾祺研究这一领域已经取得的实绩，已经具备了撰述一部详确年谱的
条件。这些条件有：汪曾祺本身是散文家，散文中自传纪实材料众多，绝大
多数是可靠的信息；汪曾祺 20 世纪 40 年代开始走上文坛，那时以来的报刊
传媒存世状况良好，有可能发掘出大量信息；汪曾祺在文坛交友广泛，生前
及辞世后，均有大量的同代人发表文章记述、回忆他，其中可供采撷的事实
极多；他的亲友、故旧健在者，还能够提供大量有关材料。

当然，为汪曾祺作一部较详确的年谱也面临着很多困难。比如，由于汪
曾祺一生散淡随意，不记日记（仅存少数几则日记也是散文诗体，少有普通
纪事），不能像鲁迅（日记连贯完整，16 卷本《全集》中日记、书信占煌煌
四大卷）、胡适（日记、书信文献丰富）、郑振铎（有完整连贯的日记）、
吴宓（日记连贯、丰富，已公开出版者20卷）等作家的年谱撰述那样有着大
量连贯的日记文献可供参考。又比如，有关档案还在不开放状态。特别是涉
及他参加"样板戏"创作一段历史的档案。凡此，都构成真相完全呈现和细
节充分描述之障碍。研究者能做的就唯有在客观条件限制下尽量挖掘、辨析、
校正史实，不断逼近、还原汪曾祺的真面目。

三

本谱系笔者承担的教育部人文社会科学研究青年基金资助项目"汪曾祺
与现代小说"的成果，也是国家哲学社会科学基金项目"汪曾祺年谱长编"

的阶段成果。

"长编"的目标是全面、翔实地载述作家汪曾祺一生的行实、创作、交游，力求"为生性散淡、不记日记的汪曾祺还原出一部'日志'式的、可靠的生活史与创作史"，"还原'历史的汪曾祺'"。在研究过程中需要做的工作有几大方面：族谱世系描述；编年事辑、行实编年；文献辑佚、系年、校勘、考释。

笔者参加了人民文学出版社拟出新版《汪曾祺全集》的编纂工作，分工主编和执编散文、诗歌、杂著各卷。年谱撰著与《全集》编纂同步进行，可以说是《全集》编纂的副产品，也是《全集》的必要学术基础。此前并无一套完备、谨严的《全集》可供依据（北师大版《全集》近年来发挥了重要作用，但受当时研究基础所限，远未臻完善），作者生前出版的各种别集讹误较多，背景信息标注也不全。因此，本谱撰述始终只能依靠最原始文献，尽量做到资料基础扎实可靠。

在谱主作品方面，本谱充分吸收近年学术界辑佚成果，所载述、征引的作品比此前所有别集、选集、全集所涉总范围多出三百篇（首、件）。其中本谱作者个人的辑佚成果占相当一部分。

在谱主行实、交游方面，《长编》资料来源广泛。首先是遍引历史档案、方志、年鉴、新闻报道，及相关人士的散文、日记、回忆录、传记、年谱和各地政协"文史资料选辑"、戏剧演出公告、说明书、演出门票等文献。对于有些重要报刊，几乎加以"地毯式"搜索。二是广泛访问谱主的亲友、故交、当事人、知情人，受访者共逾300人，提供有效信息者，无虑二百人以上。年龄最长者94岁，70岁以上不下50人。如汪曾祺的中学好友、大学同学至交、旅居美国的著名翻译家巫宁坤先生（94岁），贵州黔东南师专教授梅宗乔先生（93岁），书画家、军史专家、军事科学院研究员那启贤先生（85岁），作家高缨先生，汪曾祺同事与"右派"难友杨香保先生（84岁），汪曾祺上海时期的两个学生、诗人臧克家先生的两个儿子——哲学家臧乐源先生（84岁）和翻译家臧乐安先生（83岁），作家宗璞先生（84岁），机械学家林益耀先生（83岁），冯至先生的女儿冯姚平女士（78岁）等都向笔者提供了重要信息。有些高年的访问对象尚未来得及回复就遽然辞世（例如汪曾祺昆明时期的朋友、93岁的吴奎先生），这使笔者在遗憾之余更迫切地意识到，很多访问是带有资料抢救的性质。

在广泛掌握第一手材料的基础上，《长编》加以深入考辨，使一些长期不清楚的行实浮出水面，理清了很多线索，纠正了大量错讹，相信比既往研究更为可靠地还原了汪曾祺的行实、交游、创作与影响。

《人间送小温——汪曾祺年谱》在《长编》的材料基础上删繁就简，呈现了汪曾祺创作生涯的基本面貌。首先，删掉大量细节化叙述材料，使骨干线条更为清晰地凸显出来。其次，将"国家纪事""乡邦纪事"等背景性叙述加以精选后安插入谱主行实中，使全书结构简单化。再次，行实、交游中一些与文学关系不大的材料舍弃，突出汪曾祺作为作家的"文学生涯"。相信通过这样的处理，本谱更加适合一般的读者与研究者。

汪曾祺研究界的前贤著作，本书多有吸收。季红真教授、孙郁教授、林建法编审、刘雨教授等都给予了热情鼓励和大力支持。在王干先生邀约下，本书纳入他主编的这套丛书出版。在此统致谢意。感谢胡婉君、林可两同学在文字校对方面的精心帮助。

对于谱中难免存在的错失疏漏之处，恳请读者批评指正。

徐　强

2014 年 11 月 12 日